컴퓨터와
디지털
도서관의
이해

컴퓨터와 디지털 도서관의 이해

유양근 지음

한국학술정보(주)

머리말

　정보기술 발달에 의한 정보화는 정치, 경제, 사회, 문화, 교육 등 사회 전반에 걸쳐 모든 면에 혁신적인 변화를 주고 있다. 세계의 주요 선진국들은 정보화의 발전기를 이미 지났거나 실행단계에 있으며, 정보화가 더욱 다양한 분야에서 지속적으로 진행되고 있다. 지금 우리는 이러한 영향으로 문서, 소리, 공간정보들이 디지털(Digital) 방식으로 처리되어 통합된 정보망을 이용하여 쌍방향 정보 교류가 세계적인 차원에서 이루어짐으로써 본격적인 지구촌 시대에 돌입하여 살고 있다. 특히 가상현실 및 3차원 지리정보시스템이 인터넷과 연계되면서 시간과 공간의 제약 없이 실시간에 필요한 정보를 수집·보완·평가가 가능하게 되어 사회 전반에 걸쳐서 획기적인 변화를 가져오고 있다.

　디지털도서관은 고도의 정보처리기술과 도서관의 기능이 융합된 전자도서관을 말한다. 디지털도서관이야말로 정보기술과 더불어 정보화의 촉진제이며 지식정보사회에서 없어서는 안 될 중요한 사회적 장치이다. 자료 보존 중심이었던 전통적인 도서관과는 달리 디지털도서관은 다양한 이용자의 정보요구를 해결해 주는 도서관 이용자 중심의 운영체제로 조직되어 있다. 컴퓨터와 정보통신기술은 디지털도서관을 등장시켰고 디지털도서관 발달에 지대한 영향을 주었다. 디지털도서관시스템은 계속 이용자 중심의 형태로 발달하고 있어 최근에는 유비쿼터스 시스템이 도입되고 모바일서비스 및 웹기반의 정보 이용과 스마트폰 모바일 운영체제로 확대되고 있다. 본서는 이러한 점을 감안하여 디지털도서관은 컴퓨터와 통신기술과 무관할 수 없으므로 제 1부에서는 컴퓨터시스템의 개관, 정보표현, 멀티미디어 기술, 컴퓨터 네트워크, 유비쿼터스시스템, 디지털정보기술의 산업화, 컴퓨터 멀티미디어 등 정보처리기술과 관련 내용으로 기술 구성하였고, 제2부에서는 이러한 발전된 정보처리기술의 사회적 환경을 기반으로 하여 디지털도서관의 출현배경, 디지털도서관의 의의, 시스템 구축방법, 관련 기술, 국내외 디지털도서관 구축 사례, 전자책, 서비스, 기대효과, 저작권, 최근 기술동향, 메타데이터 등 디지털도서관의 이해에 관련된 지식을 총망라하여 구성하였다.

본서는 학부학생에게 컴퓨터의 기본적 지식을 학습하게 하고 디지털도서관에 관련된 지식을 습득하는 데 유용할 것으로 본다. 저자의 생각으로는 21세기 지식정보사회에서는 디지털도서관 이용이 어느 때보다 활발할 것으로 본다. 본서는 수정 보완할 부분이 많을 것으로 생각되며 컴퓨터 및 디지털도서관과 관련된 내용들을 다루지 못한 점도 있을 것으로 본다. 부족한 내용들은 더 연구해서 차후에 개정판이 출판될 시 보충하고자 한다. 독자들의 지속적인 관심을 기대한다. 본서가 출판될 수 있도록 도움을 주신 한국학술정보(주) 관계자 여러분들에게 진심으로 감사를 드린다.

2012년 1월

연구실에서 유양근

목차

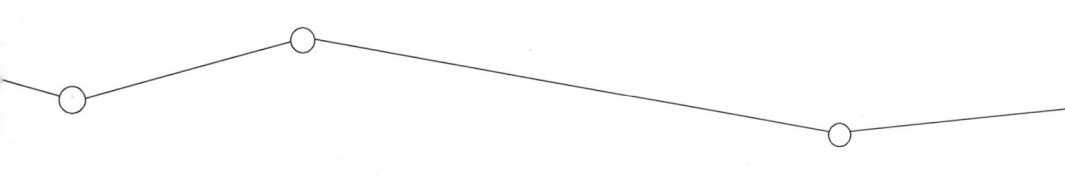

02 디지털도서관의 이해

01

컴퓨터의 이해

1장 컴퓨터시스템의 이해

　모든 컴퓨터는 디지털 신호에 의해 처리되기 때문에 디지털 컴퓨터라 할 수 있다. 디지털 컴퓨터의 기본기능은 입력기능·저장기능·제어기능·처리기능·출력기능으로 구성되어 있다. 디지털 컴퓨터는 데이터를 디지털 신호의 형태로 받아들여 여러 가지 주기억장치 또는 보조기억장치에 저장한다. 저장장치에는 컴퓨터의 동작을 지시하는 명령을 불러오고 산술－논리 장치 ALU(Arithmatic-Logic Unit)라고 불리는 처리장치에 적절한 명령을 전달하며 ALU에 다양한 입출력장치들을 접속하고 동기화시키는 일을 한다. 처리장치는 극히 빠른 속도로 사칙연산과 나열기능을 수행하는 일종의 계산기처럼 작동하며, ALU는 저장된 정보에 기초하여 비교·선택하는 판단을 할 수 있다. 출력은 입력처럼 다양한 형태를 지닌다. 일반적으로 인쇄되거나 각종 출력매체 또는 기억장치들에 기록되고 때로는 음극선관의 화면에 표시되거나 다른 장치에 전달된다. 디지털 컴퓨터는 전기기계적이며 전자적인 요소와 장치들을 결합한 주기억장치, 제어장치, ALU 시스템의 핵심인 중앙처리장치 CPU(Central Processing Unit)를 이루고, 여러 가지 입출력장치와 보조기억장치인 주변장치로 이루어진다. 주변장치들이 CPU에 직접 연결되어 있으면 온라인 상태에 있다고 하고 독립적으로 작동하면 오프라인 상태에 있다고 한다.

Ⅰ. 컴퓨터에 대한 개요

컴퓨터(computer)는 자료를 입력받아, 미리 저장된 프로그램에 의해 산술·논리 연산을 거쳐 외부에 결과가 출력되는 전자적인 기계장치로 전자계산기라고도 하며 약칭으로 EDPS 또는 ADPS라고도 한다. 이것은 단순한 산술계산뿐만 아니라 인간의 논리적인 사고까지 대신할 수 있는 정보 처리 기계로서 "자료 또는 정보에 대해 일련의 계획된 조작 처리를 수행함으로써 원하는 결과를 얻기 위한 전자식 기계 조직체"라는 의미를 지니고 있다. 최근의 컴퓨터는 과학 계산, 수학적 응용 이외에 각종 자료의 해석이나 모의실험 능력을 갖는 계산 능력, 컴퓨터의 기억, 검색, 전달 기능을 이용한 대량 정보의 수집, 저장 능력, 정보를 여러 형태로 분류, 검색하는 정보처리 능력과 프로그램에 의하여 지시된 일관된 작업을 기억하여, 순서에 따른 진행과 비교 판단하면서 작업의 순서를 변경할 수 있는 판단 및 관리 능력을 갖고 있다. 다음은 컴퓨터시스템을 개략적으로 나타낸 것이다.

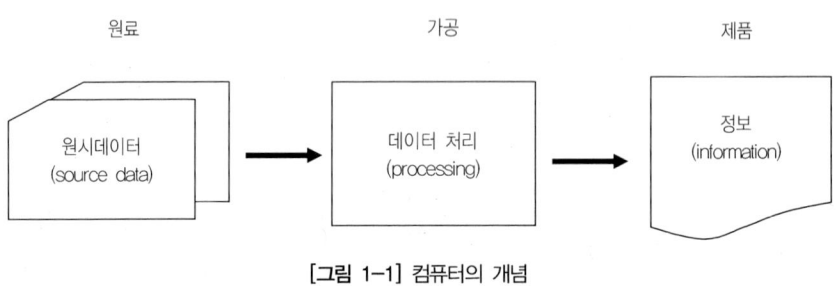

[그림 1-1] 컴퓨터의 개념

위 그림에서 자료(data)는 사람이나 컴퓨터가 개념 또는 명령을 인식하고 소통하며, 처리하기에 규정된 대로 표시된 평가되지 않은 단순한 자료로서 인간 또는 기계로 쉽게 처리할 수 있도록 형식화된 것을 말하며 아직 가공되지 않은 상태를 의미한다. 또한 정보(information)는 일정한 약속에 따라 인간이 자료를 정리 가공하여 얻은 일종의 지식을 의미한다. 따라서 컴퓨터란 데이터를 입력시켜서 보다 유용한 정보로 가공 처리하는 정보처리 장치라고 할 수 있다.

- EDPS(Electronic Data Processing System): 전자적인 원리에 의해, 입력된 데이터를 처리하는 기계조직체
- ADPS(Automatic Data Processing System): 자동적으로 입력된 데이터를 처리하는 자료 처리 조직체
- 자료(data): 현실세계로부터 단순한 관찰이나 측정을 통해서 수집한 사실이나 값을 문자, 숫자, 기호 등을 통해 인간이나 기계가 인지할 수 있도록 형상화한 것
- 정보(information): 자료를 선택·결합하여 유용한 형태로 만든 것으로, 상황에 대하여 어떤 의사를 결정할 수 있도록 하는 지식

Ⅱ. 컴퓨터의 기본 시스템

컴퓨터의 기본시스템은 컴퓨터를 구성하는 기계적인 장치인 하드웨어시스템(Hardware system)으로 입력, 저장, 제어, 처리, 출력장치로 구성되어 있으며 하드웨어를 사용할 수 있도록 지원해 주는 프로그램으로 소프트웨어시스템(Software system)으로 구성되어 있다. 소프트웨어는 시스템소프트웨어와 응용소프트웨어로 구분된다. 또한 하드웨어와 소프트웨어의 중간적인 성격을 가진 하드웨어에 반영구적으로 저장된 펌웨어(Firmware)로 구성된다. 주로 롬(ROM)에 저장되는 BIOS 프로그램이 이에 속한다. 플래시 롬(Flash ROM) 등의 기술로 쉽게 변경할 수 있게 되었다.

1. 하드웨어 컴퓨터 5대 장치

1) 입력장치(Input Unit)

컴퓨터자판으로서 키보드, 마우스 등 다양한 형태로 이루어진다. 또한 입력은 주기억장치 및 보조기억장치와 다양한 변환장치를 통해 직접 2진 신호 형태로 이루어질 수도 있다. 1970년대 초부터 인쇄물, 심지어 인간의 필적도 입력으로 사용될 수 있었다. 포스(POS: point of sales)의 단말기에서 사용되는 광학 레이저 스캐너들은 바코드나 광학 폰트를 읽을 수 있다. 공학 및 기타 분야에서는 태블릿이나 마우스 등 자유롭게 지시하고 스케치도 할 수 있는 형태의 입력장치가 중요한 도구가 된다. 음성입력도 발달했고, 변복조장치인 모뎀(MODEM: Modulator/Demodulator)은 컴퓨터와 단말기들이 전화선을 이용하여 다른 컴퓨터와 통신할 수 있게 했다.

2) 저장장치(Memory Unit)

컴퓨터에서의 정보의 저장은 '0'과 '1'의 2진법을 이용하며, 저장장치는 주기억장치와 보조기억장치로 구분된다(→컴퓨터 기억장치).

3) 제어장치(Control Unit)

디지털 컴퓨터의 작동은 중앙제어장치 및 몇몇 하위 제어요소에 의해 제어되고 통합된다. 중앙제어장치는 CPU의 주요 부분이다. 이것은 기억장치에서 적절한 순서에 따라 프로그램의 명령을 선택하고 읽어들이며, 그들을 해석하여 처리와 출력을 위해 시스템 전체를 통한 데이터의 이동을 지시한다. 어떤 측면에서는 제어장치의 작동은 작지만 완전한 컴퓨터의 작동과 유사하다. 실제로 각각의 컴퓨터 명령은 마이크로스텝(또는 마이크로 명령)이라고 알려진 작은 연산들의 계열로 분해되는데 그 계열 전체를 주어진 명령에 대한 마이크로프로그램이라고 부른다. 마이크로프로그램 된 컴퓨터는 그 구조가 간단하고 이해·제작·확장이 상대적으로 용이하다.

4) 처리장치(Processing Unit)

주기억장치에 있는 모든 데이터는 ALU에 전달되어 처리되는데, 이 장치는 기본적인 산술기능과 몇몇 논리연산을 행한다. ALU의 논리연산에는 데이터의 비교와 명령계열 변화의 선택이 포함된다. ALU의 두 기본요소는 레지스터와 연산회로이다. 레지스터는 처리되는 데이터를 표상하는 2진수를 일시적으로 저장하는 요소이다. 이들은 0과 1을 뜻하는 안정적인 상태를 취할 수 있는 플립-플롭 회로로 이루어져 있다. 연산회로들은 AND게이트, OR게이트, NAND게이트, NOR게이트, NOT 회로 같은 2진 논리회로들로 다양하게 구성된다.

5) 출력장치(Output Unit)

입력장치로도 사용되는 장치들을 포함한 여러 가지 장치들이 ALU에서 온 전기신호를 사용자나 컴퓨터가 제어하는 기계에서 사용할 수 있는 형태로 변환한다. 대표적인 출력장치는 모니터(화상표시장치)·프린터 등이다. 최근에는 데이터를 말로 표현하는 오디오 응답장치도 개발되었다.

2. 컴퓨터 소프트웨어

컴퓨터에서 자료를 처리하도록 명령하는 일종의 컴퓨터 언어를 프로그래밍 언어라 하며 이러한 프로그램을 소프트웨어라 한다. 소프트웨어는 하드웨어의 운영을 지시하는 명령어 및 응용작업을 지시하는 프로그램을 소프트웨어라 한다. 소프트웨어는 시스템 소프트웨어와 응용소프트웨어로 나타낸다.

1) 시스템 소프트웨어

시스템 소프트웨어는 컴퓨터를 효율적으로 운용하는 데 필요한 프로그램으로 운영체제 OS(Operating System)를 각종 언어의 컴파일러, 링커, 로더, 텍스트 에디터, 라이브러리 프로그램, 진단 프로그램 등이 포함된다.

2) 응용 소프트웨어

응용 소프트웨어는 특정한 분야를 위하여 개발된 프로그램으로 게임, 그래픽과 CAD, 통신, 문서 처리, 사무 계산, 데이터베이스, 과학 기술용 수치해석 등 수많은 분야가 있다.

(1) 워드프로세서 패키지: 문서를 효율적으로 작성, 편집, 보관, 인쇄하는 기능을 제공해 주는 소프트웨어로 흔글, MS-워드, 훈민정음, 일사천리, 아리랑, 세종워드, 하나워드 등이 있다.

(2) 그래픽(Graphic) 패키지: 컴퓨터를 이용하여 그림을 그리거나 특정 사진 등을 컴퓨터로 읽어 편집하거나 리터칭할 수 있는 소프트웨어로 페인팅 프로그램, 드로잉 프로그램, 사진 편집 프로그램 등이 있다.

(3) 전자 출판(DTP) 패키지: 컴퓨터를 이용하여 단행본이나 신문 등을 전문적으로 편집하는 프로그램으로 PageMaker, QuarkXpress, Ventura Publisher, 문방사우, 한 페이지, 오토 페이지, 컬러 페이지 등이 있다.

(4) 통계 처리 패키지: 통계 분석을 전문적으로 하는 프로그램으로 SAS, SPSS 등이 있다.

(5) OA 패키지: 사무실의 업무를 보조할 수 있는 프로그램으로 MS-OFFICE와 한글-OFFICE 등이 있다.

(6) 데이터베이스 패키지: 상호 관련된 파일 간의 자료를 효율적으로 이용하기 위한 프로그램으로 계열, 클리퍼, 폭스 프로, ACCESS, 어프로치 등이 있다.

(7) 스프레드시트 패키지: 수식이나 수치의 계산을 자동으로 해주거나 데이터 그룹에 대해 여러 유형의 그래프 표현이 가능한 프로그램으로 Excel, Lotus 1-2-3, Quattro Pro 등이 있다.

(8) 프레젠테이션 패키지: 설득력 있는 설명이나 회의 자료를 사용하기 위해 애니메이션, 상황에 따른 그래프 등이 포함된 문서를 슬라이드 형식으로 보여 주는 프로그램으로 Powerpoint, Freelance Graphics, Presuasion 등이다.

(9) CAD/CAM 패키지: 컴퓨터를 이용하여 여러 부품의 설계도, 상호 연관 관계 등을 제공하는 명령으로 작성하는 프로그램으로 CAD, CAM이 있다.

(10) 도서관리프로그램 패키지: 컴퓨터를 이용하여 도서관 업무를 운영하며 도서관 DB를 구축하고 이용자들이 도서관 정보를 검색 활용할 수 있도록 한 프로그램이다.

3) 유틸리티 소프트웨어

시스템 프로그램에서 제공하지 못하는 범위를 사용자가 쉽게 시스템에 접근하거나 사용자의 편의를 위해 작성된 프로그램으로 압축 프로그램, 디스크 관리 프로그램, 바이러스 프로그램을 주로 사용한다.

3. 컴퓨터의 특징

1) 신속성

컴퓨터는 방대한 업무량을 순식간에 처리할 수 있는 특정을 지니고 있어 입력된 데이터를 보다 빠른 시간 내에 처리하여 원하는 결과를 신속하게 얻을 수 있다. 즉 판독, 연산, 기록 등을 하는데 μs(micro second), ns(nano second), ps(pico second)가 걸린다.

* 처리 속도 단위

- ms(milli second): 10^{-3}sec(1/1,000)
- μs(micro second): 10^{-6}sec(1/1,000,000)
- ns(nano second): 10^{-9}sec(1/1,000,000,000)
- ps(pico second): 10^{-12}sec(1/1,000,000,000,000)
- fs(femto second): 10^{-15}sec(1/1,000,000,000,000,000)
- as(atto second): 10^{-18}sec(1/1,000,000,000,000,000,000)

2) 대용량성

한 번에 많은 양의 자료를 기억하거나 처리할 수 있다. 컴퓨터가 기억할 수 있는 데이터나 정보의 양을 기억용량이라고 하며 컴퓨터의 기종에 따라 차이가 있지만 대형의 범용인 경우에는 800만 Byte 이상을 기억할 수 있고 보조기억장치를 부착하면 그 용량은 훨씬 늘어날 수 있기 때문에 한꺼번에 많은 양의 자료를 기억하거나 처리할 수 있는 대용량성의 특징이 있다.

* 바이트 단위

- 킬로바이트(KB): 1,024 Byte
- 메가바이트(MB): 1,024KB
- 기가바이트(GB): 1,024MB
- 테라바이트(TB): 1,024GB
- 페타바이트(PB): 1,024TB
- 엑사바이트(EB): 1,024PB
- 제타바이트(ZB): 1,024EB
- 요타바이트(YB): 1,024ZB

3) 다중성

컴퓨터는 재고관리, 판매관리, 급여 계산, 등의 업무를 동시에 처리할 수 있는 기능을 갖고 있다. 이와 같이 동시에 여러 가지의 업무를 처리하는 것을 다중 프로그래밍(multi programming)이라고 한다.

도서관리시스템에서도 수서, 정리, 대출, 열람 등을 동시에 처리할 수 있는 상호 연계가 되는 도서관리 프로그램이 되어야 한다.

4) 신뢰성 및 정확성

자료처리 과정에서 발생 가능한 오차를 최소화하여 정확한 결과를 얻을 수 있다. 컴퓨터의 처리 결과는 정확하고 믿을 수 있는데 오류(error)가 발생되는 경우는 온도, 습도 조절이 안 되었거나 다루는 사람이 잘못된 취급에 있다.

5) 호환성

다른 컴퓨터나 매체에서 작성한 자료도 공유하여 처리할 수 있는 특징을 갖고 있다. 호환성이란 컴퓨터의 기종을 고려하지 않고 어느 기종에서든지 소프트웨어를 쉽게 사용할 수 있음을 말한다.

예를 들면, 프로그램을 작성할 때에는 A 회사의 컴퓨터에서 하고 실행 처리는 B 회사의 컴퓨터에서 할 수 있을 때 서로 호환성이 있다고 말한다.

6) 논리 및 판단성

컴퓨터는 자체 논리적인 사고력이 없기 때문에 인간이 처리하는 과정 즉, 문제의 논리적인 분석이 필요하다. 이 문제의 논리적인 판단을 위해서는 흐름도(flow chart)나 디시전 표(decision table)를 사용해서 인간의 논리적인 판단

작업을 컴퓨터가 대신할 수 있도록 한다.

7) 범용성

컴퓨터에 입력되는 데이터는 수적인 데이터뿐만 아니라 의사 전달을 위한 영문자, 한글 및 특수 문자, 그리고 모든 사물의 형상을 나타낼 수 있으므로 과학 기술 계산, 사무 계산 등 여러 가지 분야에 다양하게 이용된다.

Ⅲ. 컴퓨터의 종류

컴퓨터의 분류 방법은 여러 가지 면에서 분류할 수 있겠지만 일반적으로 데이터 표현에 의한 분류, 기억용량에 의한 분류, 사용 목적에 의한 분류 등으로 나눌 수 있다.

[그림 1-2] 컴퓨터의 분류

1. 데이터 표현에 의한 분류

1) 아날로그 컴퓨터

연속되는 자료(전류, 전압, 온도, 속도, 압력)를 입력하고, 이들을 처리한 후에 결과를 곡선, 그래프 등으로 나타내어 종이나 모니터에 출력하는 컴퓨터로서, 주로 미적분 함수의 계산, 공정 관리를 위한 온도 조절, 프로세스 제어 및 미래 상품을 개발하고자 할 때 성능이나 특성에 대한 모의실험 등에 사용된다. 이 컴퓨터에는 증폭회로가 주로 사용되며 속도는 빠르나 저장용량이 제한되어 있고, 디지털 컴퓨터에 비해서 정확도에 한계가 있으며 범용성과 호환성도 훨씬 취약하다.

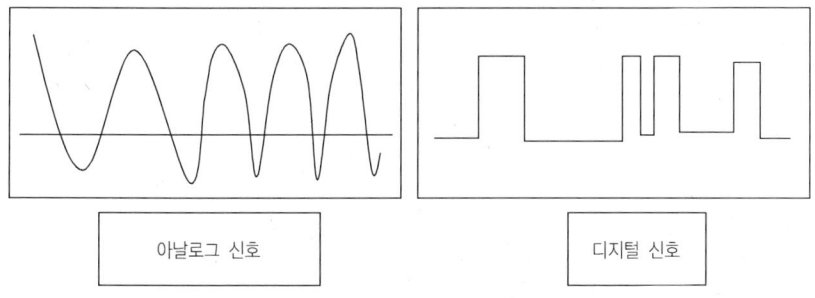

아날로그 신호   디지털 신호

[그림 1-3] 아날로그와 디지털 컴퓨터 신호

2) 디지털 컴퓨터

디지털 컴퓨터는 숫자나 문자 등 모든 자료를 코드화하여 사용하며, 필요한 정밀도까지 결과를 얻을 수 있는 컴퓨터로 논리회로가 주로 사용된다. 모든 동작은 프로그램에 의하여 수행된다. 아날로그 컴퓨터에 비해서 느리지만 최근에 하드웨어와 소프트웨어의 발전으로 큰 문제는 되지 않는다.

3) 하이브리드 컴퓨터

아날로그 컴퓨터의 저렴한 가격, 신속한 처리 속도와 디지털 컴퓨터의 정확성 및 모든 장점 등을 취하여 제작된 컴퓨터로서, 항공기 미사일 등의 복잡한 설계 및 기술 계산용으로 이용된다. 이 컴퓨터의 특징은 어떤 유형의 자료도 모두 처리하여 취급할 수 있도록 아날로그 신호를 디지털 신호로 변환하기 위한 A/D 변환기(ADC: Analog/Digital Converter)와 디지털 신호를 아날로그 신호로 변환하기 위한 D/A 변환기(DAC: Digital/Analog Converter)가 내장되어 있다. 다음 표는 디지털 컴퓨터와 아날로그 컴퓨터의 비교표이다.

〈표 1-1〉 디지털 컴퓨터와 아날로그 컴퓨터 비교

구분	디지털 컴퓨터	아날로그 컴퓨터
데이터 형식	불연속적인 자료	연속적인 자료
입력 형식	부호, 코드화된 숫자, 문자, 기호	길이, 전압, 전류 등 연속적인 양
출력 형식	숫자, 문자, 부호	곡선, 그래프
정밀도	필요한 한도까지 가능	정밀도 제한(0.01% 까지)
연산방식	사칙, 논리연산	미적분 연사, 고속
대상업무	범용	특수용, 미분방정식
회로구성	논리회로	증폭회로, 릴레이
프로그램	필요함	필요 없음

2. 기억용량에 의한 분류

1) 대형 컴퓨터

일반적인 기업체에서 사용할 수 있도록 중앙 처리 능력 장치의 능력이 우수하며, 기억용량이 큰 범용 컴퓨터이다. 기업체의 의사 결정 지원 시스템, 대형 파일의 처리, 정보 서비스용, 은행의 온라인용 등으로 사용된다.

2) 중형 컴퓨터

중형 컴퓨터는 가격과 성능 면에서 일반 PC와 메인프레임 중간에 있는 컴퓨터이다. 중형 컴퓨터의 처리 능력은 대형 컴퓨터만 못하지만, 많은 보조 용량의 보조기억장치를 갖출 수 있고 일반 업무도 처리할 수 있으므로 보다 규모가 작은 기업체에서 사용하기에 적합하다. 중형 컴퓨터는 현재 분산처리 네트워크의 지능 터미널과 실제 사용자 컴퓨터 시스템으로 사용되고 있다.

또한, 인터넷 분야에서 중형 컴퓨터는 서버(server)로서의 역할을 수행한다.

서버란 클라이언트(client)라고 부르는 많은 PC와 연결되고, 단말기가 필요로 하는 데이터베이스와 프로그램을 저장하는 중앙 컴퓨터이다. 이런 클라이언트들은 유무선 네트워크로 연결되어 있다. 네트워크 전체를 가리켜 클라이언트/서버 네트워크라고 한다.

3) 소형 컴퓨터

개인용 컴퓨터라고 불리며, 마이크로프로세서를 중앙처리 장치로 사용하고, 여기에 주기억장치와 주변 장치를 결합한 형태의 간단하고 소형인 컴퓨터이다. 개인용 컴퓨터는 가격이 저렴하고 사용과 설치가 간편하기 때문에 개인의 업무나 소집단의 사무, 사무 자동화, 교육, 연구용 등으로 널리 사용되고 있다.

3. 사용 목적에 따른 분류

1) 일반용(범용) 컴퓨터

일반적인 자료 처리는 물론 여러 분야에서 광범위하게 사용할 수 있도록 설계되고 제작된 컴퓨터를 말한다.

* 이용 분야

- 과학 기술에 필요한 수치계산
- 일반 사무 처리
- 생산, 판매, 재고, 급여, 인사 등의 기업업무

2) 특수용 컴퓨터

특수목적용 컴퓨터는 하나 혹은 그 이상의 특정 응용을 처리하기 위하여 특별히 설계된 컴퓨터이다. 이러한 컴퓨터들 중 일부는 그 작동 명령의 일부 혹은 전부가 전자 회로에 내장되도록 전문화되어 있다. 내장된 마이크로프로세서와 마이크로 전자 기억장치를 사용함으로써 컴퓨터를 특정목적에 쉽게 전문화시킬 수 있게 되었다.

* 이용 분야

- 군사용: 미사일이나 항공기의 괘도를 추적하는 일에 이용한다.
- 사업용: 핵반응 시설을 제어하거나 공장에서 생산공정을 제어하는 데 이용한다.
- 업무용: 지하철의 운행이나 개찰, 의료 단층 촬영 등에 이용한다.
- 기타: 항공기 및 선박의 자동 조정 장치 등에 이용한다.

4. 그 밖의 기타 분류

1) 데이터 처리 단위에 따른 분류

가변 필드 단위와 고정 필드 단위, 미정형 필드 단위로 구분한다.

2) 업무 처리 방식에 의한 분류

일괄처리방식, 온라인처리방식, 시분할처리방식 등으로 구분된다.

Ⅳ. 컴퓨터의 구성 및 기능

1. 컴퓨터의 5대 기능

1) **입력기능**: 외부의 데이터를 컴퓨터 내부로 읽어 오는 기능
2) **출력기능**: 컴퓨터에서 처리한 결과를 사용자가 인식할 수 있는 형태로 표현해 주는 기능
3) **기억기능**: 입력된 데이터 및 프로그램, 진행 중인 작업의 중간 결과들

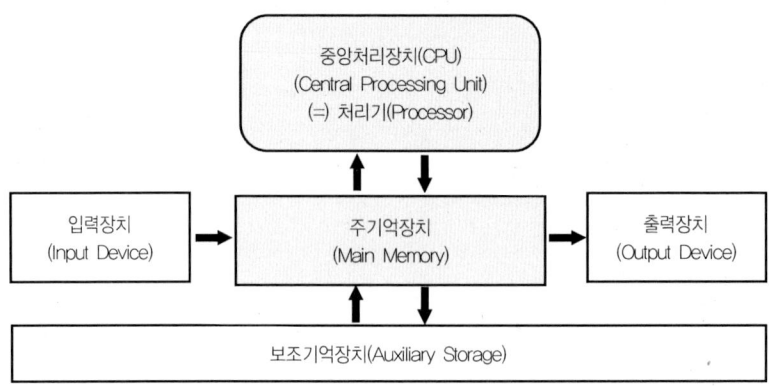

[그림 1-4] 컴퓨터의 5대 장치

　을 기억하는 기능

4) 연산 및 논리 기능: 산술·논리 연산을 수행하는 기능

5) 제어기능: 데이터의 처리 순서와 과정을 통제하고 감독하는 기능

　각 구성요소의 전체적인 구성 모습은 아래의 그림과 같다.

　CPU, 주기억장치 및 I/O 장치들을 시스템 버스를 통해 서로 접속하여 전체 컴퓨터 시스템을 구성한 모습을 보여 주고 있다.

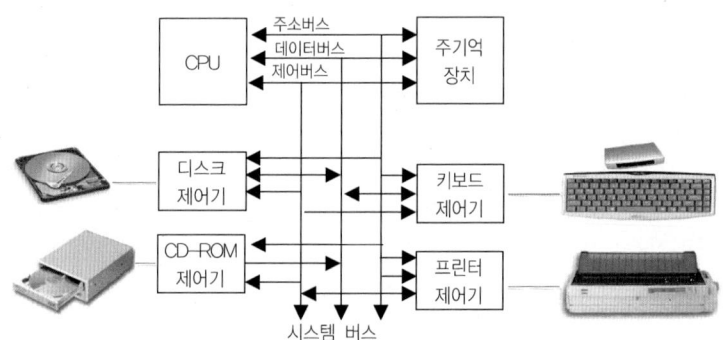

[그림 1-5] 컴퓨터 시스템의 전체 구성도

컴퓨터의 하드웨어는 크게 중앙처리장치(CPU)와 기억장치(Memory), 그리고 입출력 장치로 나눌 수가 있다. 중앙처리장치(CPU)와 기억장치(Memory)는 인간의 두뇌의 일부 기능인 정보의 기억과 기억된 정보의 처리라는 작업을 하는 곳이라고 말할 수 있다. 키보드, 마우스, 카메라, 마이크 등의 입력기기는 인간의 눈과 귀 등 감각기관의 기능을 한다고 말할 수 있고, 모니터, 스피커, 프린터 등 출력기기는 손, 입, 표정 등의 기능을 한다고 말할 수 있다. 버스(Bus)는 데이터, 주소, 제어정보의 통로 역할을 한다.

2. 중앙처리장치(Central Processing Unit: CPU)

중앙처리장치(CPU)는 컴퓨터에서 중심이 되는 부분으로서 인간의 머리와 같은 역할을 한다고 볼 수 있다. 인간의 머리는 몸의 움직임을 제어하는 기능과 판단, 계산을 하는 기능 두 가지 기능을 갖는다. 중앙처리장치도 이런 뇌의 기능을 갖는다. 중앙처리장치는 컴퓨터의 장치의 전체를 제어하는 제어장치(Control Unit)와 판단과 계산작업을 해 주는 산술논리장치(Arithmetic-logic Unit)로 이루어져 있다. 이 두 가지 요소 외에 중앙처리 장치(CPU) 안에는 자료의 일시적인 저장을 위한 레지스터(Register)들이 존재한다.

〈표 1-2〉 컴퓨터의 기본적인 기능들

프로그램 실행	CPU가 주기억장치로부터 프로그램 코드를 읽어서 실행한다
데이터 저장	프로그램 실행결과로서 얻어진 데이터를 주기억장치에 저장한다
데이터 이동	디스크 혹은 CD-ROM에 저장되어 있는 프로그램과 데이터 블록을 주기억장치로 이동한다
데이터 입력/출력	사용자가 키보드를 통하여 보내는 명령이나 데이터를 읽어 들인다. 또한 CPU가 처리한 결과 값이나 기억장치의 내용을 프린터, 혹은 모니터로 출력한다
제어	프로그램이 순서대로 실행되도록 또는 필요에 따라 실행 순서를 변경하도록 조정하며, 각종 제어신호들을 발생한다

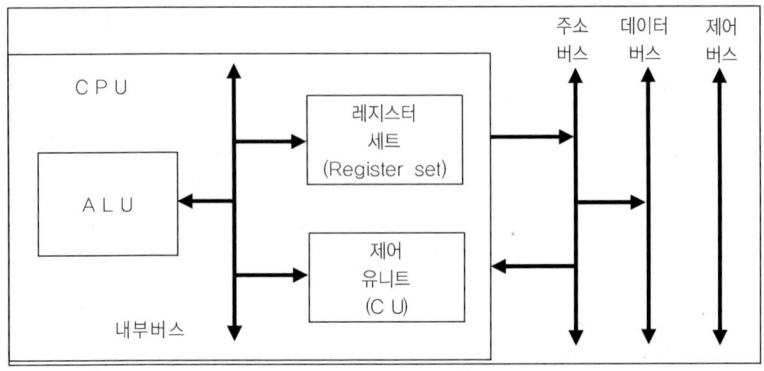

[그림 1-6] CPU의 내부 구조 및 시스템 버스와의 접속

CPU는 위의 그림과 같은 내부 구성요소들로 이루어져 있다. 즉 CPU는 산술논리연산장치(Arithmectic and Logical Unit: 이하 ALU라고 함)와 레지스터 세트(Register Set) 및 제어 유니트(Control Unit)로 구성된다.

1) 제어 유니트(Control Unit)

제어 유니트는 프로그램 코드(명령어)를 해석하고, 그것을 실행하기 위한 제어신호들(control signals)을 순차적으로 발생하는 하드웨어 모듈이다. 즉 명령어 실행에 필요한 각종 정보들의 전송 통로와 방향을 지정해 주고, CPU 내부 요소들과 시스템 구성요소들의 동작 시간도 결정해 준다. 이들을 조정하기 위한 제어신호들의 종류와 발생 시간은 명령어마다 서로 다르기 때문에, CPU가 제공하는 명령어들의 수가 늘수록 제어 유니트의 내부 회로는 더 복잡해진다. 이와 같은 복잡도를 줄이기 위하여 제어 유니트의 동작을 소프트웨어로 처리해 주는 방법이 마이크로 프로그래밍이다. 그러나 이 방법을 이용하면 명령어 실행시간이 길어지기 때문에, 최근에는 명령어의 수를 가능한 한 줄이고 명령어 형식을 단순화함으로써 하드웨어만으로 명령어를 실행할 수 있도록 하는 방식이 많이 사용되고 있다.

〈참고사항〉

◆ 제어 유니트 요약 ◆

· 프로그램에 의해 주어지는 연산의 순서를 차례대로 실행하기 위해 기억장치, 연산장치, 입출력장치에 제어신호 발생함
· 이들 장치로부터 신호를 받아 다음에 처리할 작업들을 제어하는 역할

· **동작**

(1) 명령어를 해독하여 제어장치 내의 명령어 레지스터에 저장하는 장치
(2) 명령어 레지스터에 기억된 명령어에 따라 명령어를 실행하는 명령어 실행 단계

· **프로그램 제어**

(1) 패치 단계: 기억장치의 명령어를 호출하여 명령어 레지스터에 저장하는 단계
(2) 실행 단계: 명령어를 해독하여 실행하는 과정

2) 산술논리연산장치(ALU)

ALU는 각종 산술 연산들과 논리 연산들을 수행하는 회로들로 이루어진 하드웨어 모듈이다. 여기서 산술 연산이란 덧셈, 뺄셈, 곱셈 및 나눗셈을 말하며, 논리 연산으로는 AND, OR, NOT 연산 등이 있다.

3) 레지스터(Register)

레지스터는 CPU 내부에 위치한 기억장치이며, 액세스 속도가 컴퓨터의 기억장치들 중에서 가장 빠르다. 그러나 레지스터는 내부회로가 복잡하여 비교적 큰 공간을 차지하기 때문에 많은 수의 레지스터들을 CPU에 포함시키기는 어렵다. 따라서 지정된 용도로만 사용되는 특수목적용 레지스터들과 적은 수의 일반 목적용 레지스터들만이 포함된다.

<표 1-3> 레지스터의 종류

MBR	모든 자료가 거치게 되는 자료 출입용 레지스터
MAR	기억장치 내의 정보를 호출하기 위한 주소 저장용 레지스터
IR	현재 수행 중인 명령어를 임시 기억해 두는 레지스터
PC	다음에 실행될 명령어의 주소를 기억한다
ID	명령어의 코드를 해독하여 필요한 실행 신호를 발생시킨다
AD	주소를 해독하여 그 정보를 MBR로 전달한다
IR	명령어 실행 중 상대 주소를 결정하는 레지스터를 말한다
GPR	사용자가 프로그램에서 다목적으로 활용할 수 있는 범용 레지스터
BR	프로그램의 기준 주소를 가지고 있는 레지스터를 말한다

4) 버스(BUS)

CPU와 시스템 내의 다른 요소들 사이에 정보를 교환하는 통로가 되는 것이 시스템버스(System bus)를 보여 주고 있다. 시스템 버스는 주소 버스(Address bus), 데이터 버스(Data bus) 및 제어 버스(Control bus)로 구성된다.

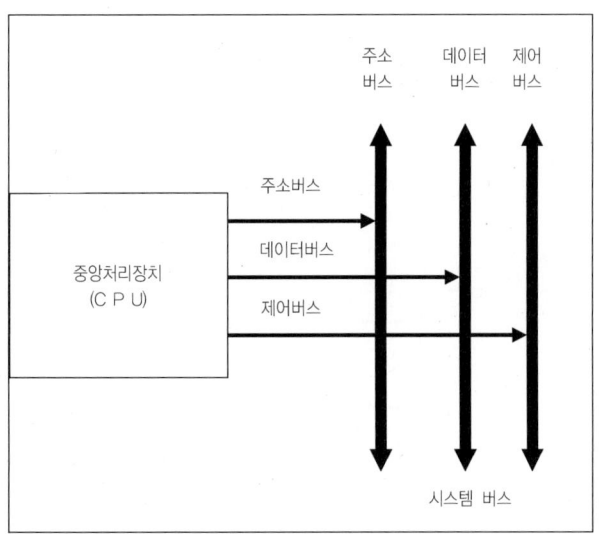

[그림 1-7] CPU와 시스템 버스

주소 버스는 CPU가 외부로 발생하는 주소 정보를 전송하는 선들의 집합이다. 이 주소 선들의 수는 CPU가 발생하는 주소 비트들의 수, 즉 주소 버스의 폭이 16비트라면 최대 216=65,536개, 즉 64K개 기억장소들을 주소 지정할 수 있다.

데이터 버스는 CPU가 기억장치 혹은 I/O 장치와 사이에 데이터를 전송하기 위한 신호 선들의 집합이다. 데이터 선들의 수는 CPU가 한 번 전송할 수 있는 비트 수를 결정해 준다. 예를 들어, 데이터 버스가 32비트인 시스템에서는 CPU가 기억장치로부터 한 번에 32비트씩 읽어 올 수 있다.

제어 버스는 CPU가 시스템 내의 각종 요소들의 동작을 제어하기 위한 신호 선들의 집합이다. 이 제어신호 선들의 수는 CPU에 따라 혹은 시스템 구성에 따라 달라진다.

그들 중에서 가장 기본적인 제어신호들은 기억장치 읽기/쓰기(memory read/write) 신호와 I/O 읽기/쓰기(I/O read/write) 신호가 있다.

주소는 CPU에 의해 발생되어 기억장치와 I/O장치로 보내지는 정보이기 때문에 주소 버스는 단방향성(uni-directional)이다. 반면에 데이터 버스는 읽기와 쓰기 동작을 모두 지원해야 하므로 양방향 전송(bi-directional transfer)이 가능해야 한다.

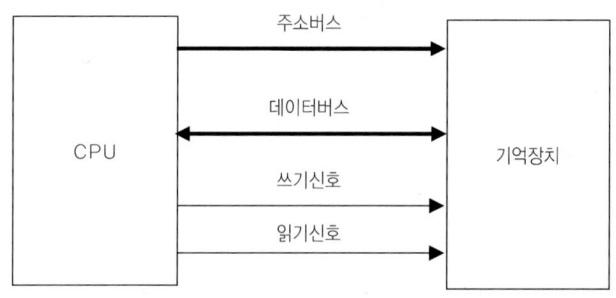

[그림 1-8] CPU와 기억장치의 접속

CPU가 기억장치의 특정 장소에 데이터를 저장하거나 이미 저장되어 있는 내용을 읽는 동작을 액세스(access)한다고 말한다.

[그림 1-8]은 CPU가 주소 버스, 데이터 버스 및 제어신호 선들을 통하여 기억장치와 접속된 모습을 보여 주고 있다. CPU가 특정 기억장소로부터 데이터를 읽고자 할 때 기억장치로 보내 주는 정보는 주소와 읽기 신호이다. 그리고 기억장소에 데이트를 저장하는 경우에는 주소와 데이터 및 쓰기 신호를 보내 주어야 한다. 따라서 CPU와 기억장치 사이에는 그러한 정보들의 전송 통로인 주소 버스, 데이터 버스 및 제어신호 선들이 필요하다.

3. 명령어 실행

중앙처리장치(CPU)는 레지스터를 이용하여서 명령어를 가져오고 그것을 실행하는 일을 한다. 명령어 실행 과정을 살펴보면 다음과 같다.

① 중앙처리장치(CPU) 내에서 어떤 명령어의 실행이 끝나면 프로그램 카

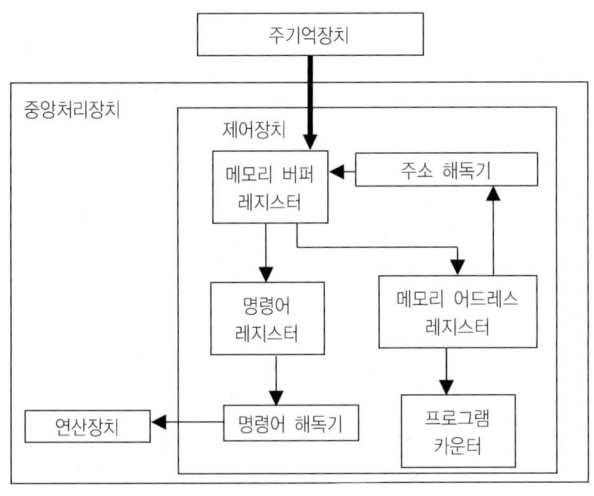

[그림 1-9] 명령어 실행 과정

운터 레지스터(PC)에 저장된 주소를 확인한다.

② 프로그램 카운터 안의 주소는 MAR로 전달되고 이 레지스터에 저장되어 있는 주소의 데이터를 기억장치로부터 MBR로 가져온다. 이때 프로그램 카운터 안에 있는 주소는 다음에 수행할 명령어의 주소로 증가하게 된다.

③ MBR로 가져온 명령어는 이 명령어의 해독과 실행을 위해서 명령어 레지스터로 보내진다.

④ 명령어 레지스터에 있는 명령어는 제어장치(Control Unit)에 의해서 해독(Decode)과정을 거친다. 그리고 제어장치는 그 명령어에 맞는 제어신호를 만들어 다른 장치로 보내어 제어기능을 수행한다. 산술 논리 연산이 필요한 경우 연산자(operator)와 피연산자(operand)를 산술 논리 연산장치로 보내어 연산기능을 수행하도록 한다.

4. 기억장치(Memory)

1) 기억장치
프로그램, 처리할 데이터, 처리된 결과 등을 저장하는 장치이다.

(1) 기능: 컴퓨터에서 사용하는 모든 프로그램이나 데이터를 기억시켜 두고 필요할 때에 이용한다.

(2) 분류: 기억장치는 처리 속도와 사용 속도, 용도, 용량에 따라 주기억장치, 보조기억장치, 레지스터, 캐시 등으로 나뉜다.

(3) 구조: 계층적 구조를 가지고 있으며 계층이 높을수록 기억장치 속도가 증가하고 비트당 기억장치의 비용이 증가하며 기억용량이 감소한다.

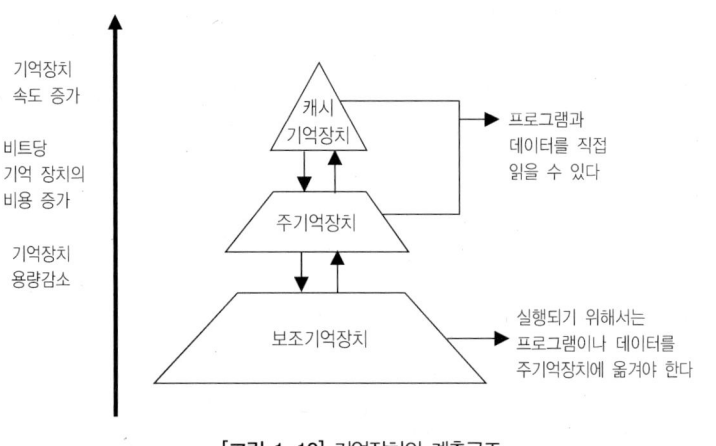

기억장치
속도 증가

비트당
기억 장치의
비용 증가

기억장치
용량감소

캐시
기억장치

주기억장치

보조기억장치

프로그램과
데이터를 직접
읽을 수 있다

실행되기 위해서는
프로그램이나 데이터를
주기억장치에 옮겨야 한다

[그림 1-10] 기억장치의 계층구조

2) 주기억장치(Main Memory)의 특징과 기능

〈표 1-4〉 메모리의 종류와 특징

구 분	장 치	접근 속도	메모리 용량에 따른 비용
주기억장치	동적 RAM	빠름	높음
캐시기억장치	캐시(정적 RAM)	가장 빠름	가장 높음
보조기억장치	하드디스크	보통	보통
	CD-ROM	느림	낮음
	백업 테이프	매우 느림	매우 낮음

주기억장치는 중앙처리장치에서 연산할 명령과 데이터 및 그 결과를 저장하는 곳이다. 주기억장치는 인간에게 비유할 때 대뇌의 기억장소와 동일하다고 볼 수 있다. 주기억장치는 현재 중앙처리장치(CPU)가 필요로 하는 자료만

을 저장해 두는 것을 의무로 하고 있다. 주기억장치에 없는 자료는 다른 입력장치나 보조기억장치로부터 가져온다. 주기억장치는 주소를 사용하여서 정보를 찾지만 접근시간(Access)이 해당 데이터가 저장된 물리적인 위치와 관계없이 항상 일정하도록 설계되어 있다.

- CPU는 필요할 때마다 주기억장치에 기록된 데이터를 가지고 와서 작업을 수행하게 된다.
- CPU 내부에는 주기억장치만큼 방대한 기억공간이 없기 때문에 주기억장치를 기억공간으로 이용하는 것이다.

주기억장치는 보조기억장치와는 달리 접근 속도가 매우 빠르다는 장점을 가지고 있으며, 보조기억장치는 주기억장치보다 용량이 크고 비용 면에서 매우 저렴하다는 특징을 가지고 있다. 캐시기억장치는 중앙처리장치와 주기억장치 간의 속도 차이를 극복하기 위한 고속의 메모리로서, 주기억장치보다 고가이지만 적은 용량으로도 빠른 처리 속도를 나타낸다. 주기억장치에 잇는 데이터나 내용들 중에 자주 사용되는 것을 속도가 빠른 캐시기억장치에 미리 복사해 두었다가 필요할 때 중앙처리 장치에서 불러다 쓰기 때문에 매우 빠른 처리가 가능하다.

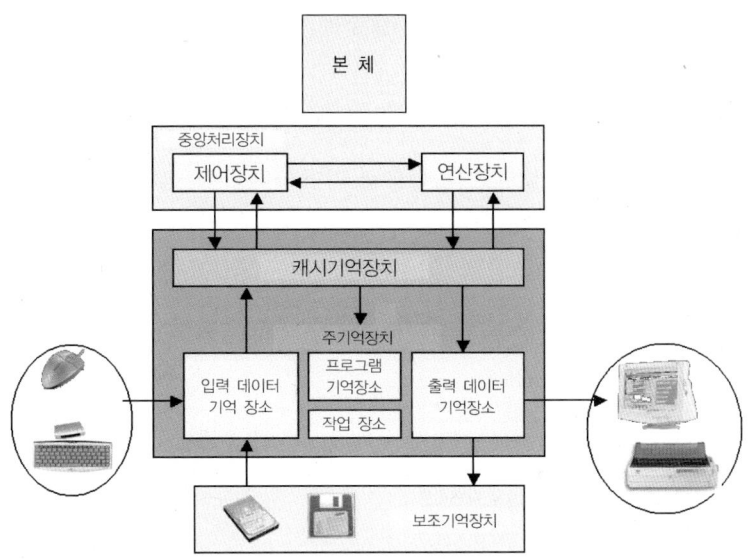

[그림 1-11] 컴퓨터 시스템 내의 주기억장치 구성

3) 메모리 구조

* 특성

· 기억할 수 있는 정보의 양은 바이트 단위로 나타낸다.

· 주기억장치와 CPU 사이에서 데이터를 주고받는 시간에 의해 성능이
  평가된다.

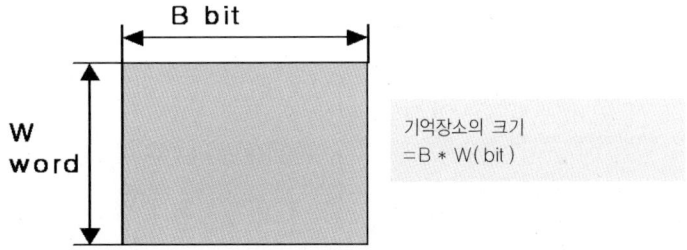

[그림 1-12] 메모리의 구조

・ 보조기억장치에 비해 속도가 월등히 빠르지만 용량은 적다.

4) 기억장치의 구성

기억장치의 구성을 살펴보자. 반도체 기억장치를 구성하는 기본적인 단위는 기억 셀(cell)이다.

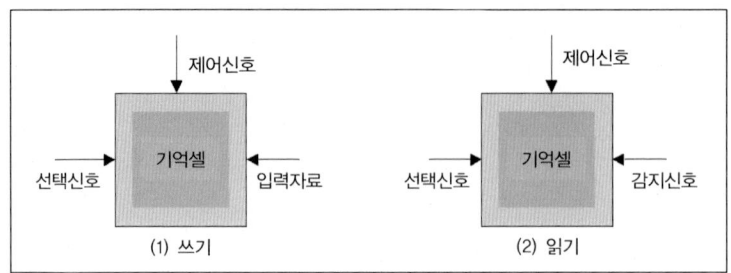

[그림 1-13] 기억 셀의 구성

위의 그림은 기억 셀에 데이터를 쓰거나 읽기 위해서 필요한 신호를 나타내고 있다. 여기에 포함된 신호는 주소 선택, 읽기/쓰기 제어 및 데이터 입력/감지(sense)를 위해서 이용되며 기억 셀 각각에 연결된 세 개의 단자를 통해서 전달된다.

5) 주기억장치의 종류

(1) 기억 매체

(2) ROM(Read Only Memory)

① 롬의 특성
- 기억된 내용을 자유롭게 읽을 수는 있지만, 데이터를 임의로 기억시킬 수 없는 읽기 전용 기억장치이다.
- 전자 회로적으로 기억하기 때문에 전원이 끊어져도 그 내용이 보관된다.
- 지워져서는 안 될 시스템 프로그램이나 기동 프로그램을 기록하는 데에 이용된다.

② 롬의 종류
- 마스크 롬(mask ROM), 피롬(PROM), 이피롬(EPROM), 이이피롬(EEPROM) 등이 있다.
- 마스크 롬(mask ROM): 제조 과정에서 내용을 미리 프로그래밍하여 기억시킨 것(펌웨어)으로서, 사용자가 내용을 변경할 수 없다.
- 피롬(PROM): 사용자가 사용 목적에 따라 프로그램을 기억시키는 장치로서, 한번 기억된 내용을 바꿀 수 없다.
- 이피롬(EPROM): 피롬을 개량한 것으로, 자외선이나 높은 압력을 이용하여 내용 변경이 가능하다.

(3) RAM(Random Access Memory)

① 램의 특성
- 내용을 마음대로 읽거나 기록 또는 변경할 수 있기 때문에, 사용자가 프로그램이나 데이터를 기억시키는 데에 사용한다.
- 전원이 끊어지면 기억된 내용이 모두 지워지는 휘발성 메모리이므로,

보조기억장치를 이용한다.

② RAM의 빠르기: SRAM > VRAM > EDORAM > DRAM

③ 램의 종류: 정적 램(SRAM), 동적 램(DRAM), VRAM, EDORAM이 있다.

구분	정적 램 SRAM(static RAM)	동적 램 DRAM(dynamic RAM)
구성	• 플립플롭으로 구성된 기억장치 • 전원이 끊어져도 계속 기억된다	• 콘덴서로 구성 • 일정한 주기로 재기억시켜야 한다
사용	• 고속처리가 요구되는 기억장치에 사용	• 주기억장치로 사용
장점	• 속도가 고속이다 • 원하는 내용을 즉시 접근 가능하다 • 특수 목적 기억장치로 사용한다	• 회로가 간단하고, 소비 전력이 적다 • 집적도가 높다(LSI, VISI, GLSI) • 가격이 저렴하다
단점	• 소비 전력이 크고, 집적도가 낮다 • 가격이 고가이다	• 처리 속도가 늦다 • 일정한 주기로 재생하여야 한다

5. 보조기억장치(Secondary Storage Device)

주기억장치는 용량이 한정되어 있으며, 영구 기억이 불가능하기 때문에 주기억장치의 제한을 해결하기 위해 설계된 외부 기억장치를 보조기억장치라 한다. 자주 사용되지 않는 프로그램이나 데이터를 기억시켜 두었다가 필요시 사용할 수 있도록 보관한다.

* 특징
- 주기억장치에 비해 가격이 싸다.
- 주기억장치에 비해 훨씬 더 많은 자료를 저장할 수 있다.
- 한번 저장된 자료는 전원 공급이 끊기더라도 유지된다.
- 보조기억장치에 있는 자료를 CPU가 접근을 하기 위해서는 먼저 주기억장치 위에 올려야 하기 때문에 많은 시간이 소요된다.

1) 자기 테이프(Magnetic Tape)

- 자기 테이프는 플라스틱 테이프 표면에 자성 물질을 입힌 것으로서, 데이터의 장기간 보관이나 순차 처리 업무에 많이 이용된다.
- 데이터를 기록하는 자화 위치를 트랙(track)이라고 하며, 트랙의 수에 따라 7트랙 또는 9트랙 테이프가 있다.
- 테이프의 기록 밀도는 1인치당 기록되는 바이트 수인 BPI(bytes per inch)를 사용하며, 자료 전송 속도는 1초당 전송되는 비트 수인 IPS(inch per second)를 단위로 사용한다.
- 자기 테이프는 레코드 단위 또는 블록 단위로 데이터를 기록하고 판독한다.
- 자기 테이프 장치는 데이터를 읽고 기록하는 판독 장치, 자기 테이프의 릴을 회전시키는 회전장치로 구성되어 있다.
- 자기 테이프는 데이터의 직접 검색 등 직접 처리가 불가능하다.
- 가격이 저렴하고 기억용량이 크기 때문에 데이터 보관용 또는 백업용으로 사용된다.

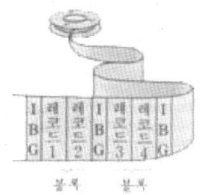

2) 자기 디스크(Magnetic Disk)

- 자기 디스크는 레코드판과 같이 얇고 둥근 플라스틱 원판에 자성 물질을 입혀 만들었으며, 데이터를 기록하고 판독하는 장치이다.
- 여러 장의 디스크를 하나의 축에 고정시켜 일정한 속도로 회전하도록 만든 것을 디스크 팩(disk pack)이라고 한다.
- 디스크 팩이 축을 중심으로 하여 회전할 때 액세스 암을 움직여 원하는 트랙을 찾아서 데이터를 읽거나 기록한다.
- 자기 디스크는 처리 속도가 빠르고 기억용량이 크며, 순차 처리와 직접 처리(direct access)가 가능하다.

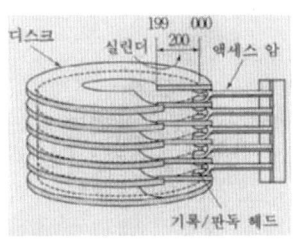

- 한 대의 중앙처리장치에 여러 장의 디스크를 연결시켜 많은 정보를 기억시켜 두고 사용할 수 있기 때문에, 은행의 온라인 업무 등과 같은 자료 처리 업무에 많이 이용된다.
- 용량 계산: cylinder 수 * track 수/cylinder * track 용량

3) 자기 드럼(Magnetic Drum)

- 금속으로 된 원통 표면에 자성 물질을 입힌 것으로서, 원통을 일정한 속도로 회전시켜 주변에 설치된 자기 헤드가 데이터를 기록하고 판독하는 기억장치이다.

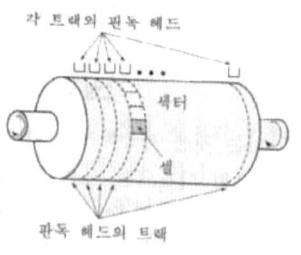

- 자기 드럼은 자기 디스크보다 직접 또는 순차 처리가 가능하며, 처리속도가 빠르지만, 기억용량이 적고 가격이 비싸서 현재는 사용되지 않는다.

4) 플로피디스크(Floppy Disk)

· 플로피 디스크는 얇은 플라스틱 디스크 표면에 자성 물질을 입힌 것으로서, 사각형 케이스에 들어 있으며, 디스켓(diskette)이라고도 한다.

· 가격이 저렴하고 휴대가 편리하다.

· 플로피 디스크는 크기와 규격에 따라 8인치, 5.25인치, 3.5인치가 있는데, 개인용 컴퓨터나 마이크로컴퓨터의 보조기억장치에는 5.25인치, 3.5인치가 많이 사용된다.

· 자기 디스크는 처리 속도가 빠르고 기억용량이 크며, 순차 처리와 직접 처리(direct access)가 가능하다.

 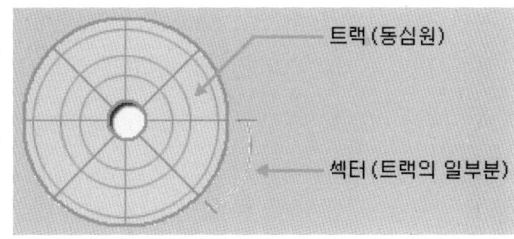

5) 하드디스크(Hard Disk)

· 알루미늄 판의 표면에 자성 물질을 입힌 딱딱한 원판으로 된 자기 디스크 장치이다.

· 기록 면과 헤드가 손상되지 않게 하기 위해서 밀폐된 상자에 밀봉되어 있다.

· 디스크 사이에 액세스 암이 부착된 헤드가 있어, 액세스 암을 움직여 지정된 트랙의 섹터를 찾아 데이터를 기록 또는 판독한다.

· 하드 디스크는 회전축을 중심으로 여러 개의 동심원이 있는데 이를 트랙(track)이라 하고, 1개의 트랙을 몇 개의 섹터(setor)로 분할되어 각각의

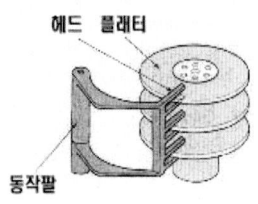

번지가 지정된다.

· 하드 디스크는 여러 장의 디스크를 겹쳐 연결시켜 놓았기 때문에 처리 속도가 플로피 디스크보다 빠르고, 가격이 저렴하기 때문에 대부분의 소형 컴퓨터에 사용된다.

· 하드 디스크에는 컴퓨터 내부에 설치되어 있는 내장형과 외부에 설치하는 외장형 하드 디스크가 있다.

· 최근에는 디스크 캐싱(disk caching)이 실용화되어 처리 속도가 주기억장치의 속도만큼 빨라졌다.

6) CD-ROM(Compact Disk-ROM)

· CD-ROM은 콤팩트디스크의 기술을 이용하여 컴퓨터의 기억장소로 활용한 것이다.

· 기억용량이 550MB 이상이며, 문자, 영상, 음성 등의 다양한 자료가 있는 백과사전 등을 기록하여 읽기 전용으로 사용한다.

7) WORM(Write Once Read Many times)

- WORM 고아 디스크는 사용자가 필요로 하는 영상이나 음성 또는 문자 등 다양한 자료를 기록하여 컴퓨터의 기억장소로 활용한 것이다. 읽기 전용으로 사용한다.

8) DVD(Digital Versatile Disk)

- DVD는 한 면에만도 4.7GB의 정보를 담을 수 있는데, 이는 133분짜리 영화를 수록하기에 충분한 양이다.
- 양면에 각각 2개씩의 레이어를 둔다고 가정하면, 총 17GB의 비디오, 오디오 및 기타 정보를 수록할 수 있게 된다.
- 현재의 CD-ROM 디스크는 외형적인 크기가 DVD와 같지만, 600MB 정도만을 저장할 수 있는 데 반해 DVD는 이의 28배나 되는 많은 양의 정보를 담을 수 있다.

9) MD(Mini Disc)

- 92년 일본의 Sony(소니)사가 발표한 디지털 음향매체로 CD와 같은 저장 용량을 가지면서도 CD 못지 않은 음향을 구현할 수 있고 녹음과 재생이 자유로운 차세대 음향매체이다.

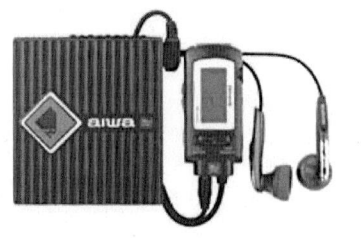 

* 특징

- 음질이 뛰어나다.
- 녹음과 재생이 자유롭다.
- 작아서 휴대하기 간편하다(MD의 크기: 지름 64mm, 두께 1.2mm, 무게: 18.06g).
- 충격에 강하다(매체가 플라스틱 케이스에 싸여 있다).
- 녹음 시 1,700자까지 각종 문자 정보를 같이 저장할 수 있다(곡이름이나 가수 등).
- CD와 같은 용량이 녹음 가능하다(스테레오는 74분, 모노는 148분까지 저장할 수 있다).
- Disc 방식이지만 Play할 때 음이 튀지 않는다(메모리를 사용한 튐 방지 기능을 갖추었다).

6. 입출력장치(Input/Output Device)

주기억장치나 보조기억장치와는 달리, 시스템 버스에 직접 연결되지 못하고 입출력 접속장치(Input/Output Interface Unit)를 통해서 간접적으로 연결된다는 점에서 주변장치라고 부르기도 한다.

1) 입력장치

우리는 문자, 숫자, 도형, 음성 등을 이해하고 느낄 수 있지만, 컴퓨터는 이들을 이해하지 못한다. 따라서 문자나 기호 같은 데이터를 컴퓨터가 이해할 수 있는 2진 코드로 변환시켜 주기억장치에 기억시켜 주는 장치가 필요한데, 이러한 장치를 입력장치라 한다.

(1) 키보드(Keyboard)

· 타자기와 같은 형태의 키들이 배열되어 있는 장치로서, 키를 누르면 그 키에 표시된 글자가 입력된다.

· 원하는 문자의 키를 눌러 데이터나 프로그램을 입력시키면 화면에 바로 출력되기 때문에, 수정과 편집이 용이해서 가장 많이 사용한다.

· 사람이 직접 입력하므로 입력 속도가 느리다.

· 종류: 자판의 배열에 따라 2벌식과 3벌식으로 나누며, 키보드의 글쇠 수에 따라 86키, 101키, 103키, 106키 등이 있다.

· 표준 자판: 공업진흥청에서 제정 발표되어 한글 2벌식 자판과, 영문 QWERT 자판을 표준으로 사용되고 있다.

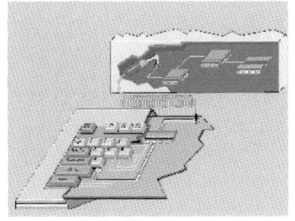

(2) 마우스(Mouse)

· 이동판 위를 움직여 메뉴나 삽화 등을 선택하거나, 화면상에서 선이나 도형, 그리고 삽화 등을 직접 그릴 수 있는 장치이다.

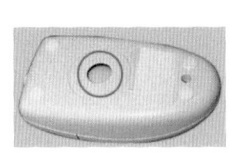

- 볼 마우스: 마우스의 바닥에 볼의 움직임에 따라 화면의 커서가 이동되는 방식으로 현재 가장 많이 사용되는 마우스이다.
- 광 마우스: 빛의 반사에 대한 감지 센서로 커서가 움직이는 방식으로 볼 마우스에 비해 비교적 정밀한 작업에 이용된다.

- 무선 마우스: 유선 마우스와는 다르게 본체와 마우스가 연결되지 않아 마우스를 자유롭게 이동시킬 수 있으며, 프레젠테이션 등에서 많이 사용된다.
- 인텔리 마우스: 인터넷의 웹 페이지를 마우스의 휠을 상하로 스크롤시키면서 손쉽게 이동시킬 수 있는 마우스로 휠은 좌우 버튼의 가운데 위치해 있다.

(3) 트랙볼(Trackball)

- 키보드에 장착되어 있는 볼로서, 손으로 굴려서 도형이나 메뉴 등을 선택하여 입력한다.
- 노트북이나 휴대용 노트북에 장착되어 많이 사용되고 있다.

- 위치 센서가 장치된 상자에 들어 있는 볼로서, 트랙볼은 그 위치에 정확한 비율로 직접 커서를 움직이는 것이 아니고 볼이 회전하는 방향과 속도에 따라 커서를 이동시킨다. 이러한 동작 방법은 회전 속도가 쉽게 제로에 접근하기 때문에 커서가 정확한 위치에 오도록 할 수 있다.

(4) 스캐너(Scanner)
- 스캐너는 컴퓨터에서 편집하고 표현하기 위해 사진, 포스터, 잡지 및 그 외의 자료로부터 이미지를 읽어 들이는 장치이다.
- 스캐너는 형태에 따라 수동식과 플랫베드 형식이 있으며, 읽어 들일 수 있는 색상에 따라 컬러와 흑백 스캐너가 있다.
- 높은 고해상도 스캐너는 고해상도 출력을 위한 스캐닝에 사용되며, 그러나 일반적으로 컴퓨터 화면에 나타내는 정도의 이미지 입력에는 저해상도 스캐너도 무난하다.
  스캐너는 보통 어도비 포토샵 제품과 같은 소프트웨어가 함께 딸려 나오는데, 이를 통하여 입력된 이미지의 크기를 조절하거나 수정할 수 있다.
- 스캐너는 보통 PC의 SCSI 인터페이스에 장착된다. 포토샵과 같은 응용 프로그램은 이미지를 읽어 들이기 위해 TWAIN 프로그램을 사용한다.

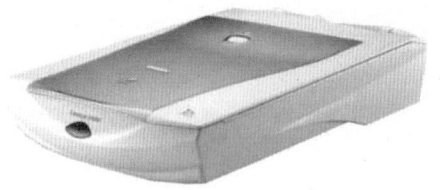
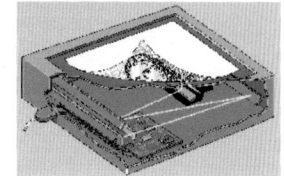

· 스캐너 제작회사로 유명한 곳으로는, 엡손, 휴렛팩커드, Microtek, Relisys
  등이 있다.

(5) 라이트 펜(Light Pen)

· 펜 끝에 감광소자를 내장하여 메뉴를 선택하거나 그
  림을 그리면 컴퓨터가 이를 인식하여 입력하는 방식
  의 장치이다.
· CRT나 태블릿 등의 디스플레이에 부속된 수동 입력
  장치이다.

(6) 디지타이저(Digitizer)

· 태블릿(tablet)과 광펜(light pen)으로 구성되어 있다.
· 태블릿 위에 광펜을 움직여 그림이나 도형을 입력하는 장치로서, 기계
  설계 도면이나 서류 등을 작성하는 데에 많이 이용된다.
· 아날로그 값으로 읽어 들인 후 이를 디지털화하여 컴퓨터에 전달하여
  인식하는 방식이다.

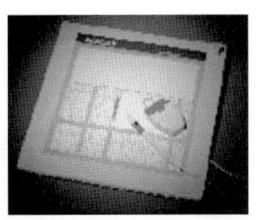

(7) 터치스크린(Touch Screen)

- 터치스크린은 사람이 만지는 데 따라 반응하는 컴퓨터 디스플레이 화면으로, 화면에 나타난 그림이나 글자에 사용자가 손가락을 갖다 댐으로써 컴퓨터와 상호작용을 할 수 있는 장치이다.
- 터치스크린은 정보 제공대, 컴퓨터 기반의 교육훈련 장치, 마우스나 키보드를 조작하기 어려워하는 사람들을 돕기 위해 설계된 시스템 등에 주로 사용된다.
- 터치스크린 기술은 웹브라우저와 같이 보통 마우스를 필요로 하는 응용프로그램에서, 사용자 인터페이스의 대안의 하나로서 사용될 수 있다.

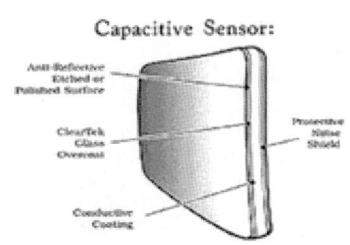

(8) 조이스틱(Joy Stick)

· 게임을 할 때 사용하는 조정용 입력 장치이다.

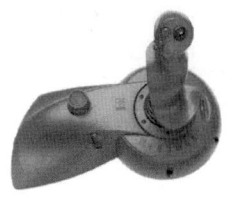  

(9) 마이크(Microphone)

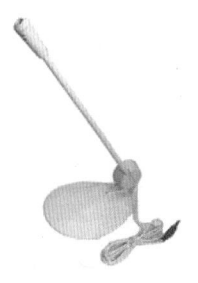

· 마이크를 통해서 입력된 사람의 음성을 디지털 형태로 변환시켜 음성 패턴을 만든 다음, 변환된 음성 패턴을 컴퓨터에 기억된 전자 사전 안에 음성 패턴과 비교하여 같은 패턴을 찾아 화면에 나타낸다.

· 현재는 제한된 사람의 제한된 단어만을 인식하지만, 앞으로 반도체와 컴퓨터의 기술이 발달되면, 사람의 음성에 따라 동작하는 로봇이 널리 활용될 전망이다.

2. 출력장치

출력장치는 2진 코드 형태로 기억된 모든 데이터를 외부로 출력할 때 사람이 이해할 수 있는 문자, 숫자, 도형, 영상, 소리 등으로 변환시켜 나타낸다.

1) 모니터(Monitor)

· 컴퓨터에서 모니터는 컴퓨터 디스플레이 및 그에 관련되어 하나의 물리적인 개체로 포장되어 있는 부품들을 말하며, 대개 컴퓨터의 다른 부

품들과는 분리되어 있다.

- 노트북 컴퓨터는 디스플레이와 관련부품이 컴퓨터의 나머지 다른 부분과 함께 같은 개체에 통합되어 있기 때문에 별도의 모니터가 없다.
- 실제로는 모니터라는 용어와 디스플레이라는 용어는 서로 바꾸어 쓸 수 있을 정도의 같은 의미로 사용된다.

(1) 모니터의 종류

① 음극선관 영상 표시 장치(CRT: Cathode Ray Tube)

음극선관은 TV의 브라운관처럼 전자총에서 나오는 전자빔이 화면의 형광면에 부딪치며 발광하여 표시하는 방식인데, 일반적인 모니터(Monitor)를 칭한다.

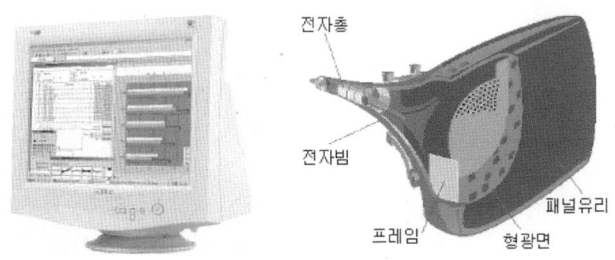

② 액정 표시 장치(LCD: Liquid Crystal Display)

액정 디스플레이는 액정 물질이 들어 있는 두 장의 유리판에다 전압을 가하고, 그로 인해 반사되는 빛의 양을 변화시켜 화면에 표시하는 장치이다. LCD는 얇으면서도 작은 화면을 가지므로 노트북이나 랩탑에 많이 쓰인다.

③ 플라즈마(Plasma) 표시 장치

플라즈마 디스플레이 패널(Plasma Display Panel:
PDP)은 두 장의 유리판 사이에 플라즈마라는 혼합
가스의 충돌로 일어나는 빛을 이용하여 화면에 표
시하는 장치이다. 최근에는 벽걸이형 TV에서 많이
사용되고 있다..

2) 프린터(Printer)

프린터는 컴퓨터로부터 텍스트나 그래픽 출력을 받아들여서 그 정보를 종
이에 옮기는 장치이다. 프린터들은 때로 컴퓨터와 함께 팔리기도 하지만, 별
도로 판매되기도 한다. 프린터들은 크기, 속도, 정교함, 가격 등에 따라 매우
다양한 종류가 있다.

(1) 프린터의 종류

① 도트매트릭스 프린터(Dot Matrix Printer)

도트매트릭스 프린터는 글자를 점(dot)으로 나타내는 방식의 프린터인데,

도트 매트릭스 프린터

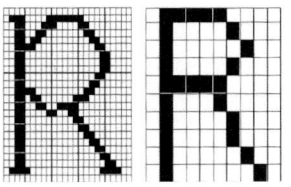
24x24, 10x10 도트 매트릭스 표현비교

프린터 헤드에 부착된 핀의 조합으로 잉크 리본을 두드려 인쇄하는 방식으로서, 소음이 크고 그림 표시 능력이 떨어지므로 지금은 많이 사용되지 않는다. 도트 매트릭스 프린터는 점이 미세할수록 인쇄의 품질이 좋다.

② 잉크젯 프린터(Inkjet Printer)

잉크젯 프린터는 프린터 헤드의 가는 구멍(노즐)을 통해 잉크를 분사하여 인쇄하는 방식인데, 적은 비용으로 컬러 인쇄까지도 가능하여 현재 개인용 프린터로 가장 많이 사용되고 있다.

③ 레이저 프린터(Laser Beam Printer)

레이저 프린터는 감광 드럼에 빛을 쏘아 토너를 묻혀 인쇄하는 방식의 프린터이다.

용지 입력부, 용지출력부, 인쇄부, 출력부, 드럼 등으로 이루어진다.

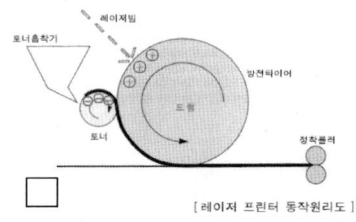
[레이저 프린터 동작원리도]

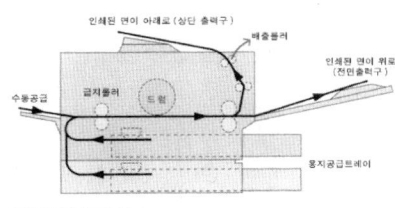
[용지 이동 과정도]

2장 컴퓨터의 정보표현

컴퓨터에서는 여러 가지 유형의 정보를 표현하기 위해 일정한 형태의 형식을 가지고 있다. 특히, 오늘날에는 다양한 형태의 정보를 혼합하여 다루고 있는데 이를 멀티미디어 데이터라고 한다. 컴퓨터에서 다루는 다양한 형태의 정보를 이해하면 사용자는 자신이 요구하는 정보를 보다 손쉽게 활용할 수 있을 것이다.

I. 문자의 표현

컴퓨터에서 문자는 입력장치를 통하여 입력되며 0과 1로 조합된 일련의 정해진 2진수로 변환하여 기억된다. 이러한 일련의 정해진 2진수의 형태를 코드(code)라 하며, 컴퓨터가 알파벳 문자권에서 만들어졌기 때문에 사용되는 문자들로는 영문자(alphabetic character), 숫자(numeric character) 그리고 특수문자(special character)로 구분된다.

오늘날 사용되는 코드는 유니코드(Unicode)이며 과거에는 BCD(Binary Code Decimal), EBCDIC(Extended Binary Code Decimal interchange Code), ASCII(American Standard Code for Information Interchange) 코드 등이 사용되었으며 국내에서는 한글을 위해 한글 코드가 개발되었다.

1. BCD 코드

10진수 한 자리를 네 자리 2진수로 표시하는 부호체계로 8421 코드라고도 한다. 두 자리 이상의 10진수에 대해서는 각 자릿수를 2진수 네 자리(4비트)의 BCD 코드로 표시하는데, 예를 들어 128은 0001 0010 1000의 12비트로 표시한다.

BCD 코드로 10진수를 표시할 경우, 4비트 각각은 2^3, 2^2, 2^1, 2^0의 가중값을 갖기 때문에 쉽게 변환할 수 있는 장점이 있는 반면 영문자의 대소문자를 구별할 수 없고 10진수의 경우 1010, 1011, 1100, 1101, 1110, 1111들을 사용하지 않기 때문에 기억장치의 낭비가 있는 단점이 있다.

존 비트		숫자 비트				표현문자	존 비트		숫자 비트				표현문자	존 비트		숫자 비트				표현문자	존 비트		숫자 비트				표현문자
0	0	0	0	0	1	1	0	1	0	0	0	1	Ⓐ	1	0	0	0	0	1	J							
0	0	0	0	1	0	2	0	1	0	0	1	0	B	1	0	0	0	1	0	K	1	1	0	0	1	0	S
0	0	0	0	1	1	3	0	1	0	0	1	1	C	1	0	0	0	1	1	L	1	1	0	0	1	1	T
0	0	0	1	0	0	4	0	1	0	1	0	0	D	1	0	0	1	0	0	M	1	1	0	1	0	0	U
0	0	0	1	0	1	5	0	1	0	1	0	1	E	1	0	0	1	0	1	N	1	1	0	1	0	1	V
0	0	0	1	1	0	6	0	1	0	1	1	0	F	1	0	0	1	1	0	O	1	1	0	1	1	0	W
0	0	0	1	1	1	7	0	1	0	1	1	1	G	1	0	0	1	1	1	P	1	1	0	1	1	1	X
0	0	1	0	0	0	8	0	1	1	0	0	0	H	1	0	1	0	0	0	Q	1	1	1	0	0	0	Y
0	0	1	0	0	1	9	0	1	1	0	0	1	I	1	0	1	0	0	1	R	1	1	1	0	0	1	Z
0	0	1	0	1	0	0																					

2. EBCDIC 코드

미국의 IBM사에서 사용하는 문자체계로 IBM이 과거 전 세계 컴퓨터 분야의 대부 역할을 했던 만큼 그 영향력도 커서 IBM에서 개발한 프로그래밍 언어인 Fortran(포트란), PL/I(피엘원) 등은 프로그래밍할 때 EBCDIC 코드의 문자 체계를 사용하였다. 8비트로 모든 문자를 표시하였으나 문자 사이에 일정한 체계가 없어 복잡하다는 단점이 있다.

EBCDIC 코드는 8비트 코드로 256개의 다른 문자를 나타낼 수 있으며 주로 IBM 대형 컴퓨터에서 기본 코드로 사용되었다. 초창기에는 주도적인 내부코드로 사용되었으나 아스키코드가 개발되면서 사용하지 않게 되었다.

EBCDIC은 IBM이 대형 운영체계에서 사용하기 위해 개발한 알파벳 및 숫자를 위한 바이너리 코드를 말한다. EBCDIC은 IBM S/390 서버의운영체계인 OS/390에서 사용되는 텍스트 파일용 코드로서, 종종 회사들이 자기 회사의 오래된 응용프로그램과 데이터베이스를 위해 사용되곤 한다.

Dec	Hx	Oct	Char	Dec	Hx	Oct	Char	Dec	Hx	Oct	Char	Dec	Hx	Oct	Char
0	0	000	nul (Nul)	65	41	101		130	82	202	b	195	c3	303	C
1	1	001	soh (Start of Heading)	66	42	102		131	83	203	c	196	c4	304	D
2	2	002	stx (Start of Text)	67	43	103		132	84	204	d	197	c5	305	E
3	3	003	etx (End of Text)	68	44	104		133	85	205	e	198	c6	306	F
4	4	004	pf (Punch Off)	69	45	105		134	86	206	f	199	c7	307	G
5	5	005	ht (Horizontal Tab)	70	46	106		135	87	207	g	200	c8	310	H
6	6	006	lc (Lower Case)	71	47	107		136	88	210	h	201	c9	311	I
7	7	007	del (Delete)	72	48	110		137	89	211	i	202	ca	312	
8	8	010	ge	73	49	111		138	8a	212		203	cb	313	
9	9	011	rlf	74	4a	112	¢	139	8b	213		204	cc	314	
10	a	012	smm (Start of Manual Message)	75	4b	113	.	140	8c	214		205	cd	315	
11	b	013	vt (Vertical Tab)	76	4c	114	>	141	8d	215		206	ce	316	
12	c	014	ff (Form Feed)	77	4d	115	(	142	8e	216		207	cf	317	
13	d	015	cr (Carriage Return)	78	4e	116	+	143	8f	217		208	d0	320	}
14	e	016	so (Shift Out)	79	4f	117	|	144	90	220		209	d1	321	J
15	f	017	si (Shift in)	80	50	120	&	145	91	221	j	210	d2	322	K
16	10	020	dle (Data Link Escape)	81	51	121		146	92	222	k	211	d3	323	L
17	11	021	dc1 (Device Control 1)	82	52	122		147	93	223	l	212	d4	324	M
18	12	022	dc2 dc2(Device Control 2)	83	53	123		148	94	224	m	213	d5	325	N
19	13	023	tm (Tape Mark)	84	54	124		149	95	225	n	214	d6	326	O
20	14	024	res (Restore)	85	55	125		150	96	226	o	215	d7	327	P
21	15	025	nl (New Line)	86	56	126		151	97	227	p	216	d8	330	Q
22	16	026	bs (Backspace)	87	57	127		152	98	230	q	217	d9	331	R
23	17	027	il (Idle)	88	58	130		153	99	231	r	218	da	332	
24	18	030	can (Cancel)	89	59	131		154	9a	232		219	db	333	
25	19	031	em (End of Medium)	90	5a	132	!	155	9b	233		220	dc	334	
26	1a	032	cc (Cursor Control)	91	5b	133	$	156	9c	234		221	dd	335	
27	1b	033	cu1 (Cursor Control 1)	92	5c	134	*	157	9d	235		222	de	336	
28	1c	034	ifs (Interchange File Separator)	93	5d	135	)	158	9e	236		223	df	337	
29	1d	035	igs (Interchange Group Separator)	94	5e	136	;	159	9f	237		224	e0	340	\
30	1e	036	irs (Interchange Record)	95	5f	137		160	a0	240		225	e1	341	
31	1f	037	ius (Interchange Unit Separator)	96	60	140	_	161	a1	241	~	226	e2	342	S

32	20	040	ds	(Digit Select)		97	61	141	/		162	a2	242	s		227	e3	343	T
33	21	041	sos	(Start of Significance)		98	62	142			163	a3	243	t		228	e4	344	U
34	22	042	fs	(Field Separator)		99	63	143			164	a4	244	u		229	e5	345	V
35	23	043				100	64	144			165	a5	245	v		230	e6	346	W
36	24	044	byp	(Bypass)		101	65	145			166	a6	246	w		231	e7	347	X
37	25	045	lf	(Line Feed)		102	66	146			167	a7	247	x		232	e8	350	Y
38	26	46	etb	(End of Transmission Block)		103	67	147			168	a8	250	y		233	e9	351	Z
39	27	047	esc	(Escape)		104	68	150			169	a9	251	z		234	ea	352	
40	28	050				105	69	151			170	aa	252			235	eb	353	
41	29	051				106	6a	152				171	ab	253			236	ec	354	
42	2a	052	sm	(Set Mode)		107	6b	153			172	ac	254			237	ed	355	
43	2b	053	cu2	(Customer Use2)		108	6c	154	%		173	ad	255			238	ee	356	
44	2c	054				109	6d	155			174	ae	256			239	ef	357	
45	2d	055	enq	(Enquiry)		110	6e	156	<		175	af	257			240	f0	360	0
46	2e	056	ack	(Acknowledge)		111	6f	157	?		176	b0	260			241	f1	361	1
47	2f	057	bel	(Bell)		112	70	160			177	b1	261			242	f2	362	2
48	30	060				113	71	161			178	b2	262			243	f3	363	3
49	31	061				114	72	162			179	b3	263			244	f4	364	4
50	32	062	syn	(Synchronous Idle)		115	73	163			180	b4	264			245	f5	365	5
51	33	063				116	74	164			181	b5	265			246	f6	366	6
52	34	064	pn	(Punch On)		117	75	165			182	b6	266			247	f7f	367	7
53	35	065	rs	(Reader Stop)		118	76	166			183	b7	267			248	f8	370	8
54	36	066	uc	(Upper Case)		119	77	167			184	b8	270			249	f9	371	9
55	37	067	eot	(End of Transmission)		120	78	170			185	b9	271			250	fa	372		
56	38	070				121	79	171	`		186	ba	272			251	fb	373	
57	39	071				122	7a	172	:		187	bb	273			252	fc	374	
58	3a	072				123	7b	173	#		188	bc	274			253	fd	375	
59	3b	073	cu3	(Customer Use 3)		124	7c	174	@		189	bd	275			254	fe	376	
60	3c	074	dc4	(Device Control 4)		125	7d	175	'		190	be	276			255	ff	377	eo
61	3d	075	nak	(Negative Acknowledge)		126	7e	176	=		191	bf	277						
62	3e	076				127	7f	177	"		192	c0	300	{					
63	3f	077	sub	(Substitute)		128	80	200			193	c1	301	A					
64	40	100	Sp	(Space)		129	81	201	a		194	c2	302	B					

3. ASCII 코드

1963년 미국표준협회(ANSI)에 의해 결정되어 미국의 표준 코드로 지정된 코드체계로 원래는 통신용으로 만들어졌으나 미니컴퓨터나 개인용 컴퓨터 (PC)와 같은 소형 컴퓨터를 중심으로 보급되어 국제적으로 널리 사용되었던 코드이다.

아스키코드는 128개의 가능한 문자조합을 제공하는 7비트(bit) 부호로, 처음 32개의 부호는 인쇄와 전송 제어용으로 사용된다. 보통 기억장치는 8비트

Dec	Hx	Oct	Char	Dec	Hx	Oct	Html	Char	Dec	Hx	Oct	Html	Char	Dec	Hx	Oct	Html	Char
0	0	000	NUL (null)	32	20	040	&#32;	Space	64	40	100	&#64;	@	96	60	140	&#96;	`
1	1	001	SOH (start of heading)	33	21	041	&#33;	!	65	41	101	&#65;	A	97	61	141	&#97;	a
2	2	002	STX (start of text)	34	22	042	&#34;	"	66	42	102	&#66;	B	98	62	142	&#98;	b
3	3	003	ETX (end of text)	35	23	043	&#35;	#	67	43	103	&#67;	C	99	63	143	&#99;	c
4	4	004	EOT (end of transmission)	36	24	044	&#36;	$	68	44	104	&#68;	D	100	64	144	&#100;	d
5	5	005	ENQ (enquiry)	37	25	045	&#37;	%	69	45	105	&#69;	E	101	65	145	&#101;	e
6	6	006	ACK (acknowledge)	38	26	046	&#38;	&	70	46	106	&#70;	F	102	66	146	&#102;	f
7	7	007	BEL (bell)	39	27	047	&#39;	'	71	47	107	&#71;	G	103	67	147	&#103;	g
8	8	010	BS (backspace)	40	28	050	&#40;	(	72	48	110	&#72;	H	104	68	150	&#104;	h
9	9	011	TAB (horizontal tab)	41	29	051	&#41;	)	73	49	111	&#73;	I	105	69	151	&#105;	i
10	A	012	LF (NL line feed, new line)	42	2A	052	&#42;	*	74	4A	112	&#74;	J	106	6A	152	&#106;	j
11	B	013	VT (vertical tab)	43	2B	053	&#43;	+	75	4B	113	&#75;	K	107	6B	153	&#107;	k
12	C	014	FF (NP form feed, new page)	44	2C	054	&#44;	,	76	4C	114	&#76;	L	108	6C	154	&#108;	l
13	D	015	CR (carriage return)	45	2D	055	&#45;	-	77	4D	115	&#77;	M	109	6D	155	&#109;	m
14	E	016	SO (shift out)	46	2E	056	&#46;	.	78	4E	116	&#78;	N	110	6E	156	&#110;	n
15	F	017	SI (shift in)	47	2F	057	&#47;	/	79	4F	117	&#79;	O	111	6F	157	&#111;	o
16	10	020	DLE (data link escape)	48	30	060	&#48;	0	80	50	120	&#80;	P	112	70	160	&#112;	p
17	11	021	DC1 (device control 1)	49	31	061	&#49;	1	81	51	121	&#81;	Q	113	71	161	&#113;	q
18	12	022	DC2 (device control 2)	50	32	062	&#50;	2	82	52	122	&#82;	R	114	72	162	&#114;	r
19	13	023	DC3 (device control 3)	51	33	063	&#51;	3	83	53	123	&#83;	S	115	73	163	&#115;	s
20	14	024	DC4 (device control 4)	52	34	064	&#52;	4	84	54	124	&#84;	T	116	74	164	&#116;	t
21	15	025	NAK (negative acknowledge)	53	35	065	&#53;	5	85	55	125	&#85;	U	117	75	165	&#117;	u
22	16	026	SYN (synchronous idle)	54	36	066	&#54;	6	86	56	126	&#86;	V	118	76	166	&#118;	v
23	17	027	ETB (end of trans. block)	55	37	067	&#55;	7	87	57	127	&#87;	W	119	77	167	&#119;	w
24	18	030	CAN (cancel)	56	38	070	&#56;	8	88	58	130	&#88;	X	120	78	170	&#120;	x
25	19	031	EM (end of medium)	57	39	071	&#57;	9	89	59	131	&#89;	Y	121	79	171	&#121;	y
26	1A	032	SUB (substitute)	58	3A	072	&#58;	:	90	5A	132	&#90;	Z	122	7A	172	&#122;	z
27	1B	033	ESC (escape)	59	3B	073	&#59;	;	91	5B	133	&#91;	[	123	7B	173	&#123;	{
28	1C	034	FS (file separator)	60	3C	074	&#60;	<	92	5C	134	&#92;	\	124	7C	174	&#124;		
29	1D	035	GS (group separator)	61	3D	075	&#61;	=	93	5D	135	&#93;	]	125	7D	175	&#125;	}
30	1E	036	RS (record separator)	62	3E	076	&#62;	>	94	5E	136	&#94;	^	126	7E	176	&#126;	~
31	1F	037	US (unit separator)	63	3F	077	&#63;	?	95	5F	137	&#95;	_	127	7F	177	&#127;	DEL

(1Byte, 256조합)이고, 아스키는 단지 128개의 문자만 사용하기 때문에 나머지 비트는 패러티 비트나 특정문자로 사용된다.

7개 비트 이하로 묶을 경우에는 표현 가능한 수가 128개 이하가 된다. 그러나 이 숫자로는 세계 여러 나라에서 사용하는 모든 숫자·국가언어·기호 등을 충분히 표현할 수 없다. 반면에 9비트 이상일 경우에는 512개 이상이나 되어 필요 없는 영역이 많이 생기게 된다. 이 때문에 256가지의 영역마다 어떤 원칙에 의해 표현 가능한 모든 숫자·문자·특수문자를 하나씩 정해 보다 효율적인 코드체계를 정의한 것이 아스키코드이다. 따라서 8비트는 하나의 문자를 표현하기 위한 단위가 되어 바이트(Byte)라는 개념이 만들어졌다.

4. 한글 코드(KBC 5601)

한글 코드란 "한글 및 한국어가 포함된 정보를 표현하기 위한 기초체계"이다. 여기서 "한국어란 한글과 함께 숫자, 알파벳, 한자, 기타 특수 문자 모두를 포함하고 있다. 한글은 자음과 모음을 초성＋중성＋종성의 현태로 조합하여 표현하는데, 한글 창제 원리에 의해 조합 가능한 글자 수는 26,204자이다. 이 중에서 현재 사용되는 글자는 11,172자이다. 아스키코드는 알파벳 문자를 기반으로 만들어졌기 때문에 한글 입력이 불가능하다. 이러한 한글 입력과 관련된 문제를 해결하기 위하여 국가 표준의 컴퓨터 코드 필요성이 대두되기 시작하였고, 처음 만들어진 한글 표준 코드가 1987년 제정된 KSC 5601이다. 이 코드체계는 '완성형 코드'라고도 하는데 16비트 형식으로 한글 2,350음절, 한자 4,888자, 특수문자 1,128, 기타 480자로 구성되어 있다.

5. 아래한글 HNC 코드

KSC 5601 완성형 코드는 입력 불가능한 한글이 존재하는 문제가 있었다. 현대 한글은 11,172자를 사용하지만 KSC 5601에서는 4,888자만을 코드체계로 정의하였기 때문이다. 아래한글과 같은 워드프로세서에서 입력이 불가능한 글자가 발생한다는 것은 치명적인 문제일 수밖에 없다. 따라서 아래한글은 운영체제가 사용하던 코드가 아닌 아래한글에서만 사용 가능한 별도의 16비트 코드체계를 만들어 사용하였는데 이를 HNC 코드라고 한다. HNC 코드는 한글 창제 원리에 따라 조합 가능한 모든 한글(26,204자)에 대한 코드 값이 할당되어 있으며 KSC 5601에서 제공하는 4,888자의 한자보다 훨씬 많은 15,786자의 한자 코드 값이 할당되어 있다. 따라서 아래한글에서는 입력 불가능한 문자가 존재하지 않기 때문에 다른 워드프로세서들에 비해 많은 사용자들이 선호하였다.

KSC 5601 완성형 코드는 MS-DOS에서뿐만 아니라 한글 윈도우 3.1에서 95 버전에까지 사용하였으며 윈도우 98에서는 확장 완성형 코드라는 마이크로소프트사에서 정의한 코드를 적용하여 현대 한글 11,172자를 모두 사용할 수 있도록 하였다. 그렇지만 확장 완성형 코드도 HNC 코드와 마찬가지로 마이크로소프트사의 자체 코드에 불과했다.

6. 유니코드

HNC나 확장 완성형 코드를 사용하면 데이터 파일들이 서로 호환되지 않는 문제가 발생한다. 이러한 문제를 해결하기 위해 국가 단위가 아닌 세계적인 표준 코드의 필요성이 대두되면서 만들어진 코드가 유니코드이다. 유니코드는 국가(언어)별로 존재하던 여러 종류의 컴퓨터 코드를 단일화하려는 시도에서 만들어졌다. 유니코드는 16비트 기반으로 만들어졌기 때문에 65,536 개의 글자를 할당할 수 있으며 1997년 발표된 유니코드 2.0에는 현대 한글 11,172자에 대한 코드 값이 모두 포함되었다. 이후 유니코드 2.0은 KSC 5700 이라는 이름의 국가 표준으로 지정되었으며, 유니코드 3.0부터는 24비트로 확장되어 16,777,216개의 코드 값을 가지고 있기 때문에 보다 많은 한자와 현재 사용되지 않는 고어 등이 추가되었다. 유니코드 3.1에서는 71,037개의 한자 코드를 제공하고 있으며 한글 윈도우 XP에서부터 사용되고 있다.

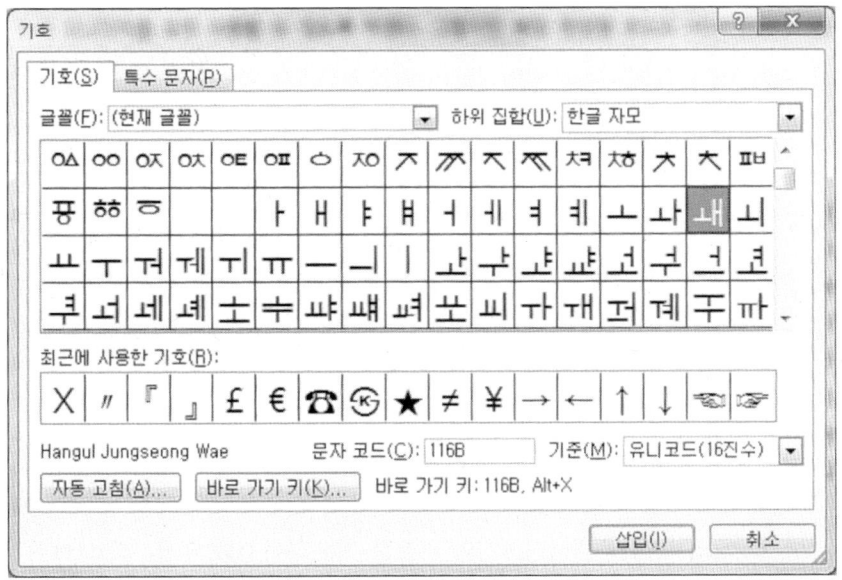

Ⅱ. 이미지의 표현

  컴퓨터라는 기기가 본격적으로 세상에 모습을 드러낸 것이 1940년경, 그리고 일반 대중들에게 보급되기 시작한 것은 1970년대부터다. 컴퓨터의 등장 및 보급으로 인해 종이나 벽화 등으로 기록되던 각종 데이터가 디지털화되기 시작했다. 0과 1만을 사용하는 디지털 데이터의 특성상, 숫자나 문자는 비교적 디지털화가 쉬웠지만, 이보다 훨씬 복잡하고 변화무쌍한 형태를 가진 '이미지(그림)'는 그렇지 않았다. 하지만 컴퓨터의 멀티미디어 기능이 정차 강화되면서 디지털 이미지의 구현 방법 역시 점차 진화하기 시작했다.

  이미지를 디지털화하는 방법은 크게, 전체 그림을 미세한 화소(pixel)로 분해, 각 화소의 색상과 위치를 기록해 저장하는 비트맵(bitmap) 방식과 그림을 구성하고 있는 점이나 직선, 곡선 등의 위치와 기울기 등을 산술적인 데이터로 기록해 저장한 벡터(Vector) 방식으로 나누어진다. 그중에서도 벡터 방식은 적은 데이터 용량으로 이미지를 구현할 수 있고, 이미지를 확대해도 화질(선명도)저하가 없는 장점이 있지만 복잡한 이미지는 표현할 수 없기 때문에 간단한 도형이나 로고 등을 그리는 경우에만 주로 사용된다. 따라서 일반적으로 컴퓨터에서 사용되는 디지털 이미지는 비트맵 방식이라 할 수 있다.

컴퓨터 화면에 표현되는 그림은 픽셀(pixel)로 구성된다. 픽셀은 그림의 한 점에 대응되며 흑/백 또는 여러가지 색을 표현한다. 초기에는 이 한 개의 픽셀에 대하여 '0' 또는 '1'로 표현하여 '0'은 밝게 하고, '1'은 어둡게 하여 전체적으로 이미지의 형태가 이루어지도록 하였는데 이러한 방식을 비트맵 그래픽(bitmap graphics)이라 한다. 흑백뿐만 아니라 다양한 색상의 표현을 발전하면서 1개의 픽셀에 대하여 4개의 비트를 적용하여 0000에서부터 1111까지 나타내어 각 픽셀에 대하여 색상을 표시하고, 밝기를 조절할 수 있게 되어 더욱 선명하고 다양한 화상을 나타낼 수 있게 하였다.

비트맵 방식은 복잡한 형태의 그림이나 사진들을 별무리 없이 표현할 수 있는 장점이지만, 데이터의 용량이 크고 이미지를 확대했을 때 화질이 저하되는 현상(계단 현상)이 발생하는 단점이 있다.

1980년대 후반에 이르러 컴퓨터 모니터의 해상도가 30만 화소(640×480) 이상으로 향상되면서 보다 크고 화질이 우수한 비트맵 디지털 이미지를 원하는 수요가 크게 증가하기 시작하였는데 주로 사용된 초기 디지털 이미지 형식은 BMP와 GIF 형식이었다.

BMP 형식의 경우, 용량 압축을 전혀 하지 않은 이미지라서 화질은 우수하지만 데이터 용량이 너무 커서 보관과 전송이 불편한 단점이 있다. 반면에 GIF 형식의 경우에는 품질 손상 없이 용량을 줄일 수 있는 비(非)손실 압축 방식을 적용하여 화질 대비 용량을 줄였으며 최대 256색으로만 이루어진 이미지만 구현할 수 있었다.

비트맵 이미지   벡터 이미지

GIF 형식의 압축기술은 특허가 걸려 있었기 때문에 사용 범위가 제한되었다. 따라서 화질은 높으면서도 용량은 적고, 사용도 자유로운 디지털 이미지 형식이 요구되었는데 1986년에 이를 위한 'JPEG(Joint Photographic Experts Group: 통합사진전문가단체)'라는 위원회가 꾸려졌다. 그리고 여기서 1992년에 내놓은 결과물이 바로 단체명과 동일한 'JPEG'라는 이름의 디지털 이미지 규격이고 1994년에 ISO(International Standardization Organization: 국제표준화기구)의 인증을 받으며 디지털 이미지 규격의 세계 표준으로 자리 잡게 되었다.

1. 이미지 파일의 종류

컴퓨터에서 이용하는 이미지 파일 형식은 파일의 크기, 화질, 색의 표현, 압축방식, 다른 응용프로그램 간의 호환성 등 서로 다른 특성을 가지고 있으며 인터넷에서는 주로 jpg, gif, png 파일 형식을 사용한다.

1) BMP 비트맵 그래픽 파일(*.bmp, *.dib)

마이크로소프트에서 개발한 비트맵 형식의 윈도우 그래픽 파일 형식으로 압축을 거의 하지 않아 용량이 크다는 단점이 있지만, 24비트까지 색을 표현할 수 있어 이미지를 손상시키지 않는 장점이 있다. 1비트는 2가지 색이며 24비트는 16,777,216가지 색을 갖는다.

2) JPG, JPEG(Joint Photographic Experts Group)(*.jpg, *.jpeg, *.jpe)

JPEG에서 개발한 이미지 파일포맷으로 뛰어난 압축기술을 사용하여 원래의 색깔을 잘 보존하기 때문에, 사진이나 이미지파일을 저장하고 전송하는 데 가장 널리 사용하는 형식이다.

jpeg 이미지는 사용자가 압축품질의 범위를 지정할 수 있다. 손실 압축방식을 사용하기 때문에 압축률을 높이면 파일의 크기가 줄어들지만 더 많은 색상 정보가 손실되기 때문에 화질이 떨어지고 압축률을 낮추면 이미지의 화질은 높지만 파일 크기는 커진다.

JPEG는 RGB 이미지에서의 모든 컬러 정보를 유지하며 8비트 그레이스케일, 24비트 RGB 및 32비트 CMYK색상 모드를 지원한다.

3) GIF(Graphics Interchange Format)(*.gif)

1987년 미국의 통신업체인 컴퓨서브사(CompuServe, Inc.)가 개발한 비손실 압축방식의 그래픽 포맷으로 색상 수를 적게 하여 이미지용량을 줄이는 방식으로 최대 256가지 색상과 투명영역을 저장할 수 있다.

애니메이션 GIF(Animation GIF)라는 움직이는 이미지를 지원하는 것이 가장 큰 특징이며, 용량이 적어 인터넷에 올렸을 때 속도가 빨라 JPG가 개발되기 전까지 웹 전용 이미지 포맷으로 가장 많이 사용하는 파일 형식이다. 그러나 점차 JPEG 형식이 디지털 카메라 등의 사진 이미지에서 주로 사용되면서 GIF는 기반을 잃게 되었다.

GIF는 256색으로 제한이 있는 반면, JPEG은 1천6백만 색까지 표현할 수 있어서 사진과 화질이 거의 같다. GIF 형식은 하나의 파일에 여러 비트맵을 저장할 수 있는 다중 프레임 애니메이션이 가능하다. 인터넷에서 흔히 보는 여러 이미지가 연속해서 표시되는 것이 바로 애니메이션 GIF 파일 형식이다. 최근에는 GIF 대신 역동적인 애니메이션을 표시할 수 있는 플래시를 많이 사용하지만 이미지의 크기가 작은 아이콘들에서 주로 사용된다.

요약하면, GIF의 특징은 파일크기가 작은 것과 애니메이션을 만들 수 있으며 투명영역을 저장할 수 있다는 장점이 있는 반면에 파일크기가 작아서 인터넷에서 빠르게 작동하고 애니메이션 기능이 있지만, 256가지 색의 표현이라는 한계와 특허 문제 등 단점이 있다. 이러한 단점은 png 형식의 파일이 출현하게 되는 계기가 되었다.

4) PNG(Portable Network Graphics)(*.png)

공식적으로는 '핑'이라고 읽지만, 대부분은 '피엔지'라고 영어 철자 그대로 읽는다. 특허 문제와 256색만을 저장할 수 있는 gif 포맷의 문제와 한계를 해결하기 위해 개발된 비손실 압축방식의 그래픽 파일포맷이다.

PNG는 GIF보다 10~30% 정도 더 높은 압축률을 제공하며, GIF의 단색 투명층과 달리 이미지의 투명성과 관련된 알파 채널에서 향상된 기능을 제공한다. 즉 GIF 이미지는 투명 이미지를 설정할 때 한 가지 색만을 투명으로 설정할 수 있으나, PNG는 254색 수준의 투명성을 지원한다.

그리고 색상의 제한이 있는 GIF와 달리 트루컬러(약 1,600만 컬러모드), 256그레이 컬러, 256컬러를 지원한다. 그러나 PNG는 다중 이미지를 한 파일 안에 저장할 수 없기 때문에 애니메이션 GIF처럼 애니메이션을 만들 수 없다.

아직까지는 웹 브라우저와의 호환성 문제 때문에 사용이 자유롭지 못하고,

JPG보다 용량이 크다는 단점이 있다. 그러나 문자나 날카로운 경계가 있는 그림은 JPG에서 뭉개지기 쉽기 때문에 PNG를 쓰는 게 더 좋다. 또한, PNG 는 비손실 압축이므로, 나중에 편집을 다시 해야 할 경우에는 PNG로 저장해 놓는 것이 더 효과적이다.

5) TIFF(Tag Image File Format)(*.tif, *.tiff)

1986년에 앨더스사(Aldus Corporation 지금의 'Adobe')와 MS가 운영체제기종 에 상관없이 그래픽 파일을 공유하기 위해 공동 개발한 보편적인 이미지 형 식이다. 대부분의 그래픽 응용 프로그램에서 TIFF 파일을 지원하며, 모든 운 영체제에서 사용할 수 있기 때문에 서로 다른 이기종 간의 파일 전송을 목적 으로도 많이 사용한다. 매킨토시와 윈도우의 이미지 교환을 위해서 주로 사 용한다.

여러 색상 모드를 유지한 채 이미지를 저장할 수 있으며 알파 채널을 지원 한다.

6) Raw(*.raw)

디지털 카메라에서 이미지 데이터를 다른 처리 없이 그대로 저장한 이미 지 형식으로 촬영된 영상의 카메라 내부에서 필터링이나 어떠한 조정도 거 치지 않은 상태의 이미지파일 포맷이다.

파일의 확장자라기보다는 디지털카메라를 통해 생성된 이미지 파일의 규 격을 의미하는 것으로 이름 그대로 가공되지 않은 원본 그대로의 정보를 지 니고 있는 파일을 지칭한다. Raw 포맷은 ORF(올림푸스), NEF, NRW(니콘), CRW, CR2(캐논), SRW(삼성)처럼 제조사에 따라 각기 고유의 확장자를 갖고 있다.

Raw 포맷은 압축되지 않거나 무손실 압축을 사용하므로 이미지는 언제나 원본 그대로를 가지고 있어 손실압축포맷의 JPEG보다 더 좋은 화질을 가지고 있다. 그러나 파일이 크고 카메라가 Raw 이미지를 카드에 기록할 때 JPEG보다 처리속도가 느리다.

Raw는 별도의 컴퓨터 처리를 한다고 가정할 때에만 쓰이는 것이 보통이며 장점은 촬영된 이미지를 사용자가 요구하는 최대한의 조작이 가능하다는 것이다.

7) PSD(Photoshop document)(*.psd, *.pdd)

그래픽 이미지 소프트웨어인 포토샵에서 작업한 이미지 저장뿐만 아니라 레이어, 마스크, 채널, 패스, 문자열, 투명도 등의 작업정보를 함께 저장하는 포토샵의 기본 그래픽 파일 형식이다.

포토샵에서 작업한 후 저장하면 PSD가 기본 포맷으로 설정되어 저장되는데 다른 프로그램과 호환되지 않는다.

8) PICT

미국 애플 컴퓨터(매킨토시)의 표준 그래픽 파일 형식으로, 대부분의 그래픽 소프트웨어는 이 포맷으로 작성된 파일을 인식할 수 있다.

9) WMF(Windows Meta File)(*.wmf)

마이크로소프트사의 윈도우 운영체제에서 주로 벡터 도형 파일 형식으로 사용되며 마이크로소프트 오피스에서 많이 이용되는 클립아트(ClipArt)로 많이 지원되고 있다. 메타파일(metafile)이란 다른 파일을 설명하거나 정의하는 정보를 담고 있는 파일을 의미한다.

10) EPS(Encapsulated PostScript)(*.eps)

인쇄할 때 주로 사용하는 파일 포맷으로, 고품질의 출력을 보장한다. 파일 용량이 무척 크지만 강력한 기능 때문에 많이 사용되며, CMYK 모드를 지원하여 완벽한 분판출력이 가능하다. 주로 전자출판에서 많이 사용된다.

11) Truevision TGA(=Targa File Format)(*.tga)

정식 명칭은 트루비전 TGA(Truevision TGA)이며 단순히 '타가 파일 포맷'으로도 부른다. 그래픽카드였던 트루비전(Truevision)사의 타가(Targa) 비디오 보드를 위하여 고안된 그래픽 파일 형식이다.

TGA 포맷의 32비트 저장은 3D 그래픽에서 유용하게 사용된다.

2. 벡터 그래픽(Vector Graphic)

비트맵으로 저장된 그림이나 사진 이미지는 메모리를 많이 사용하기 때문에 해상도가 높은 이미지를 다룰 경우에는 여러 가지 문제가 발생하게 된다. 이에 대한 문제의 해결방법으로 그림을 픽셀의 집합으로 처리하는 것이 아니라 선과 모양의 집합으로 처리하는 벡터 방식이 제안되었다. 이 방법을 이용하는 프로그램으로 선을 그리면, 프로그램은 픽셀의 변화 그 자체를 저장하는 것이 아니라 선의 속성(시작점, 끝점, 연결 수식 등)만을 저장한다. 다각형을 그리거나 텍스트를 입력하면 이를 위한 수식과 관련 정보만을 저장한다. 따라서 벡터 그래픽에서 그림은 라인, 다각형, 텍스트와 같은 객체의 집합으로 정의되며, 이 때문에 객체 지향 그래픽(Object-Oriented Graphics)이라고도 한다. 예를 들어, 비트맵 방식에서 이 부분은 파란색 선이고 이 부분은 빨간색 선이라는 방법으로 저장한다면 벡터 방식에서는 여기에 파란색 라인이 존재하며, 저기에는 빨간색 사각형이 존재한다는 방법으로 그림을 저장한다.

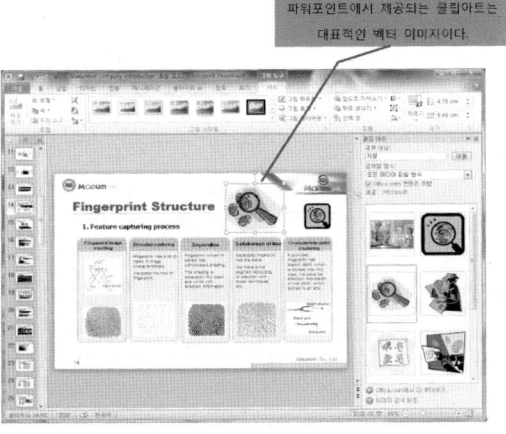

파워포인트에서 제공되는 클립아트는 대표적인 벡터 이미지이다.

3. 오디오 데이터의 표현

기존의 아날로그 오디오에서 마이크는 사운드의 압력 파동을 전선의 전압 변동으로 변환한다. 높은 압력은 양의 전압이 되고 낮은 압력은 음의 전압이 되는데 이러한 전압 변동이 마이크 전선으로 흘러가면 마그네틱 강도의 변동으로 테이프에 녹음되거나 홈 크기의 변동으로 레코드판에 녹음된다. 스피커는 마이크와 반대로 동작한다. 스피커는 오디오 녹음 및 진동에서 전압 신호를 취하여 압력 파동을 다시 생성한다.

디지털 오디오의 경우에는 마그네틱테이프, 레코드판 등 아날로그 저장 미디어와 달리 컴퓨터의 기본 정보체계인 일련의 0과 1을 사용하여 오디오 정보를 디지털 방식으로 저장한다. 디지털 저장에서는 원본 파형이 샘플이라고 하는 개별 스냅 사진으로 나뉘는데 이 처리 과정을 일반적으로 오디오를 디지타이징 또는 샘플링한다고 하며, 때로는 아날로그에서 디지털로 변환한다고도 한다. 예를 들어, 마이크에서 컴퓨터로 녹음할 때 디지털 변환기(A/D: Audio Digitizer)가 아날로그 신호를 컴퓨터에서 저장하고 처리할 수 있는 디지털 샘플로 변환한다.

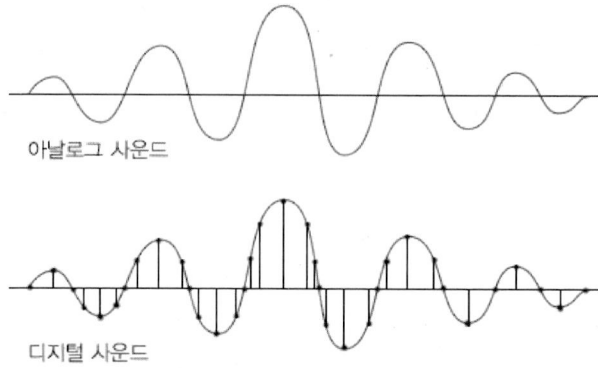

아날로그 사운드

디지털 사운드

[그림 1-14] 아날로그와 디지털 오디오

음성 데이터는 사람의 목소리를 컴퓨터가 인식하여 음성이 갖고 있는 에너지를 2진수로 변환시켜 내부에 기억시키는 것을 의미한다. 음성 데이터는 연속적인 시간의 흐름을 작은 시간의 단위로 쪼개어 그 시간에 대한 소리 에너지의 크기를 나타내어 인식하는데 이 방법은 각종 측정 장치와 매우 큰 기억장소를 요구한다. 따라서 오디오 데이터도 압축기술을 적용하여 파일로 저장한다.

오디오 편집 소프트웨어는 디지털 오디오의 잡음 제거, 소리 크기 변경, 음질 변경, 에코 효과 추가 등 작업을 수행할 수 있다.

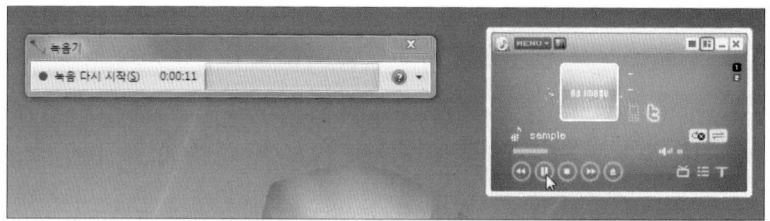

[그림 1-15] Windows 7에서 오디오 녹음과 재생

아날로그 신호의 경우, 다른 테이프에 복사하면 노이즈가 늘어나기만 하며, 아날로그 마스터는 절대적으로 하나만 존재하는 것에 비해, 디지털의 경우에는 신호와 기록매체를 언제든지 분리할 수 있기 때문에 디지털 레코딩에서는 기록매체와 분리할 수 없는 아날로그 신호와 달리 디지털신호와 그 기록매체는 독립적으로 존재한다.

따라서 같은 매체이든 다른 매체(예를 들면 하드 디스크와 CD-R)이든 디지털 영역 안에서 이루어지는 복사본이라면 복사에 의한 노이즈나 기술적인 에러는 거의 발생하지 않는다. 이는 디지털오디오데이터도 다른 종류의 데이터와 마찬가지로 수치열에 지나지 않으며, 복사를 한다고 해도 동일한 수치열의 데이터의 데이터를 복제하는 단순 작업에 불과하기 때문이다.

디지털 오디오의 장점을 간단히 기술하면 다음과 같다.

· 뛰어난 가격대비 성능
· 소리를 변환시킬 수 있는 선택의 폭이 매우 넓다.
· 컴퓨터를 추가한 시스템 구축이 가능하다.
· 비리얼타임 처리로 보다 폭넓은 오디오 변환이 가능하다.
· 랜덤 액세스가 가능하다.
· 자유로운 기록매체의 선택과 손쉬운 오토메이션

아날로그 형태의 오디오를 디지털 오디오로 변환하는 과정인 ADC(Analog-to-Digital Converter)는 표본화(Sampling)와 양자화(Quantizing) 과정으로 나누어진다.

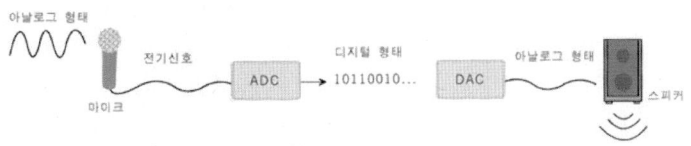

[그림 1-16] 아날로그 신호와 디지털 신호의 변환 과정

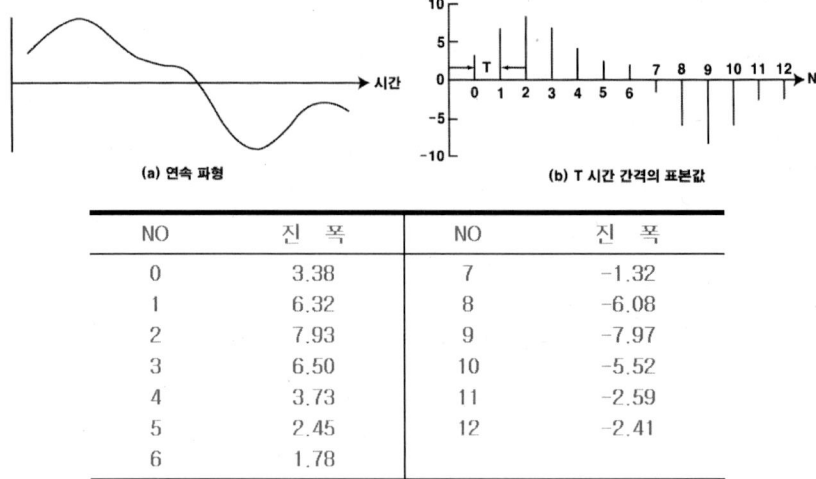

NO	진 폭	NO	진 폭
0	3.38	7	-1.32
1	6.32	8	-6.08
2	7.93	9	-7.97
3	6.50	10	-5.52
4	3.73	11	-2.59
5	2.45	12	-2.41
6	1.78		

(c) 소숫점 이하 두자리까지 표기한 N 번째 표본의 진폭

[그림 1-17] 연속파형에서 표본화 추출

표본화란 아날로그 파형을 디지털 형태로 변환하기 위해 표본을 취하는 과정을 의미한다. 오디오의 표본화율(Sampling Rate)은 1초 동안에 취한 표본 수(디지털화한 횟수)를 의미하며 단위로는 주파수 단위와 같은 Hz를 사용한다.

아날로그 형태의 신호가 전기적인 신호로 변환되면서 전기적인 신호의 크기로 시간 축에 따라 자른다. 이때 음파를 잘라진 막대들로 표현한 것이 샘플링이며 시간에 따라 몇 번을 샘플링하는가에 따라 소리의 감도가 달라진다. 표본화율이 높을수록 원음에 가까운 음으로 디지털화되지만 데이터의 양은 증가하게 된다.

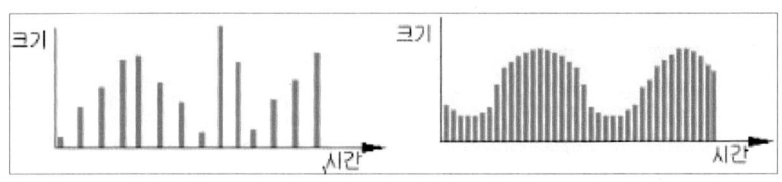

아날로그 형태의 신호의 시간 정보를 불연속적인 시간 간격으로 분리한 것이 샘플링이라면 신호의 증폭도에 대한 정보를 각 샘플 포인트마다 아날로그 파형의 증폭도를 나타내는 숫자로 인코딩한 것을 양자화라 한다. 8비트로 양자화를 하면 256단계로 표현할 수 있지만, 16비트로 양자화를 하면 좀 더 세밀한 65,536단계로 표현할 수 있으므로 소리의 표현은 정확해지지만 저장공간이 커지는 단점이 있다. 음악 CD의 경우에는 16비트로 값으로 표현하여 음을 65,536단계로 표현하고 있다.

따라서 아날로그 신호에 대해 표본화율과 양자화의 정도에 따라 음의 해상도와 데이터의 양은 결정된다.

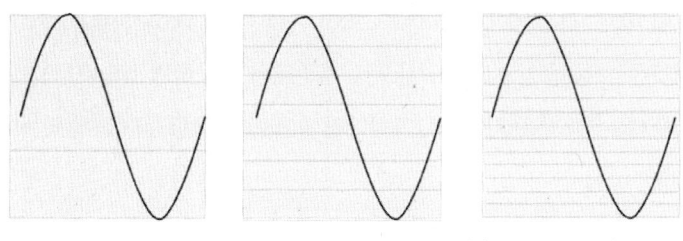

(a) 2 bit 양자화 (4단계)　(b) 3 bit 양자화 (8단계)　(c) 4 bit 양자화 (16단계)

[그림 1-18] 아날로그 파형의 양자화

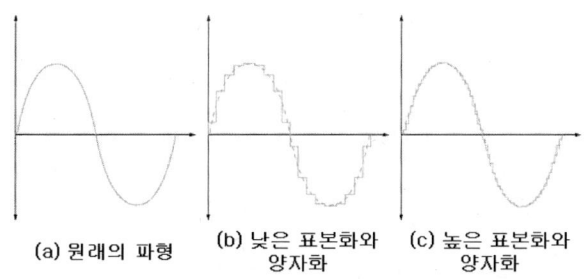

　　(a) 원래의 파형　　(b) 낮은 표본화와　　(c) 높은 표본화와
　　　　　　　　　　　　　　양자화　　　　　　　양자화

[그림 1-19] 표본화와 양자화 정도에 따른 비교

1) WAV 파일

WAV 파일은 우리가 알고 있는 음악 CD에서 사용하는 형식으로 보통 Wave라고 하며, Wave는 *.wav 확장자를 사용한다. WAV 파일은 Windows에서 사용하는 모든 소리를 저장하기 위해 Microsoft사와 IBM사가 공동으로 만들었다. 보통 Wave는 아날로그를 디지털로 비압축 방식(ADPCM)을 사용하고 있어 아날로그의 데이터를 손실 없이 디지털로 만들 수 있는 장점이 있는 반면에 비압축 방식으로 저장하기 때문에 파일의 용량은 상당히 크다는 단점이 있다. 또한, 이렇게 만든 WAV 파일은 압축 방식(PCM)인 MP3 파일과 WMA 파일로 변환이 가능하다.

44.1 kHz, 16bit, 스테레오의 조건으로 1초의 오디오를 만들기 위한 WAV 파일의 용량은 44,100(주파수)×16(비트)/8×2(노모인 경우에는 1)×1(시간: 초)=176,400Byte 이다. 이것은 보통 음악 시간을 4분으로 기준해서 계산하면 176,400×240(시간: 초)=42,336,000Byte(42.3MB)가 된다. 그렇다면 이것을 700MB 공 CD에 넣는다면 16.5곡이 된다.

보통 개인이 WAV 파일을 만드는 방법에는 컴퓨터에 설치되어 있는 '윈도우 녹음기'나 기타 녹음을 할 수 있는 프로그램 또는 MP3 파일이나 WMA 파일을 WAV 파일로 변환할 수 있는 프로그램이 있어야 한다.

2) MP3 파일

MP3는 MPEG Audio Layer 3의 줄임말로 엠펙(MPEG)에서 규정한 고음질 오

디오 압축기술 방식을 지칭하는 용어로 좀 더 구체적으로 MP3의 기본인 MPEG 오디오는 CD 음질을 낼 수 있는 샘플레이트 44.1kHz, 16비트의 음악 파일을 얼마나 줄일 수 있느냐에 대한 규격이다. 그중 MP3로 불리는 MPEG Audio Layer-3은 3세대에 해당

하는 압축기술로, 데이터 파일의 확장자가 MP3이기 때문에 MP3라는 용어가 되었다. 오늘날에는 컴퓨터에서 사용하는 음악 파일의 명칭으로 많이 사용되고 있다.

MP3 파일은 한 해커에 의해 1997년 MP3 인코딩 프로그램으로 공개되었는데 인코딩하는 방법이 아주 간단하기 때문에 인터넷을 통해 빠르게 전 세계적으로 퍼져 나갔다. MP3는 음반 CD에 가까운 음질을 유지하면서 일반 CD의 50배로 압축이 가능하기 때문에 CD 음질을 가진 8시간 분량의 음악 파일을 640MB 용량의 CD-ROM 한 장에 모두 담을 수 있다.

이렇게 뛰어난 음질과 압축률로 인해, TCP를 바탕으로 한 인터넷상에서 AOD와 인터넷 FM 라디오 방송 등에서 널리 이용되고 있다.

컴퓨터 이용자들이 음악 저작권자의 허락을 받지 않은 채 다수의 음악곡을 인코딩, 배포함으로써 음악 저작물의 불법복제 시비가 야기되었다. 그리하여 1997년 한국음악저작권협회(KOMCA)는 'PC통신망을 통한 음악저작물의 이용에 대한 기준'을 새로 제정하였고, 이 기준이 시행에 들어감으로써 누구나 MP3를 이용한 PC통신 유료 서비스사업을 할 수 있게 되었다.

MP3 파일의 급속한 인기는 별도의 하드웨어적인 플레이어 장치의 개발로도 이루어졌고, 현재는 휴대폰을 통해서도 MP3 파일을 들을 수 있다. 최근 압축률을 더욱 높이고 저작권 문제를 해결한 MP4(AAC) 규격이 출현했지만, 아직까지는 MP3는 가장 대중적인 디지털 오디오 표준이다.

4. 동영상 데이터의 표현

동영상이란 디지털화된 영상과 음성이 결합된 자료를 의미한다. 비디오캠코더, TV 등 아날로그 신호의 원시자료를 디지털신호로 변환하여 컴퓨터에서 프레젠테이션용, 교육용 CD제작 등에 사용하는 영상자료를 의미한다.

IBM PC의 AVI, Apple 컴퓨터의 퀵타임에서 사용되는 MOV 등이 일반적으로 사용되는 동영상형태이다. 그 외에도 MPEG 규약에 따른 MPG, Microsoft사의 Windows 포맷인 ASF, Streaming 기술이 적용되어 인터넷 방송에서 많이 이용되는 RAM 등이 있다.

동영상이란 움직이는 영상을 의미하는 것으로 이는 정지이미지가 연속적으로 상영되는 것이다(영화가 움직이는 영상을 만들어 내는 원리와 동일하다). 해상도 800×600인 True Color(한 픽셀당 3Byte) 화면에서 한 장면(Frame)을 나타내기 위해서는 약 1.44MB(800×600×3Byte)가 필요하고, 1초당 30장면을 상영하고자 한다면 약 40MB(1.44MB×30)의 크기의 파일이 된다. 따라서 컴퓨터에서 동영상을 구현한다는 것은 다른 문자나 이미지 등 데이터에 비해 대용량의 저장공간과 빠른 속도를 요구하는 힘겨운 작업이다. 이를 극복하기 위해서 동영상을 압축하는 압축알고리즘(CODEC: Compressor과 Decompressor의 약어)이 필요하게 된다.

일반적으로 컴퓨터에서 동영상 데이터를 구현하기 위해 아날로그 신호를 디지털 신호로 변환하는 역할을 담당하는 장치인 캡처보드를 주로 이용한다. 캡처보드(Capture Board)는 종류에 따라 압축하는 방법이 달라지고, 또한 압축된 동영상의 질도 달라진다. 캡처보드(Capture Board) 또한 성능과 기능, 가격에 따라 아주 다양한 종류가 있다.

동영상을 제작하는 과정은 다음과 같다.

① 캡처단계

비디오, 오디오 등 아날로그 형태의 원시 재료를 캡처보드를 이용하여 Digital 자료화하는 단계로 캡처란 넓은 의미로 해석하면 비디오, 오디오 등 뿐만 아니라, 스캐너(Scanner)를 이용한 스캔작업, 사운드카드를 이용한 샘플링 작업까지도 포함하는 개념이다. 캡처된 동영상 파일이나 오디오 파일, 그림 파일 등은 동영상 편집 작업의 재료가 되며, 클립(Clip)이라 부른다.

② 편집단계

전반적인 작업 계획을 구상한 다음(Project의 구상), 이들을 적절히 조합, 변경하고 효과를 추가하는 편집과정의 단계이다. 비디오 편집 프로그램에서는 편집 작업의 전 과정을 프로젝트(Project)로 관리하며, 한 번에 하나의 프로젝트만 작업이 가능하다. 편집과정에 투입된 여러 클립이 프로젝트에서 어떻게 조직화되고 있는가 하는 것에 관한 정보가 프로젝트 파일에 기록되며, 어도비의 프리미어(Adobe Premiere)를 사용하는 경우 프로젝트 파일의 확장자는 *.ppj이다.

동영상을 편집한다는 것은 스토리보드의 구성, 장면 간 전환 방법의 지정, 자막 넣기, 배경 음악 넣기 등 방법을 지정하는 것으로 비디오 관련 작업의 대부분을 차지하는 부분이다.

③ 렌더링단계

새로운 동영상을 창조하는 단계이다. 렌더링이란 편집 내용에 따라 새로운 동영상으로 만드는 과정으로 스토리보드의 내용에 따라 각 장면을 구성하고, 장면 간 변환을 적용하여 자막과 배경음악이 삽입된 새로운 동영상을 창조하는 과정을 의미한다.

④ 출력단계

완성된 영상을 파일이나 테이프 등의 매체로 출력하는 과정을 의미한다.

1) 코덱: 동영상 압축

'코덱(Codec)'이란 'Coder/Decoder'라는 컴퓨터 부호화/부호 번역화 혹은 'Compression/Decompression'이라는 압축/해제의 약자로서 영상 혹은 음성의 아날로그 신호를 디지털 신호로 변환하는 코더(Coder)와 디지털 신호를 음성이나 영상으로 바꾸어 주는 디코더(Decoder)의 합성어이다. '변복조기'라고 말하기도 하는데, 영상이나 음악 데이터를 컴퓨터가 인식할 수 있는 언어로 바꾸어서 저장하고 이를 재생할 때에 다시 그 언어를 번역해서 영상이나 음악을 보여 주는 것이라고 생각하면 쉽다. 만약 코덱이 없다면 영상이나 음악을 컴퓨터가 재생할 수 없게 된다.

간단히 말하면 코덱이란 파일을 여는 열쇠와 같은 것이다. 예를 들어, 금으로 만든 자물통은 금열쇠로만 열 수 있고, 은으로 만든 자물통은 은열쇠로만 열 수 있다고 생각하면 쉽게 이해가 될 것이다. 동영상 파일들을 보면 MPEG, AVI, RAM 등 여러 가지를 볼 수 있다. MPEG 파일들은 MPEG 코덱을 통해서 만들어진 파일이기 때문에 MPEG 코덱이 설치된 컴퓨터에서만 동영상을 재생할 수 있다. AVI도 마찬가지고 RAM 등 다른 파일들도 마찬가지다. 파일에 맞는 코덱이 설치되어 있지 않으면 영상은 안 나오고 소리만 나오는 현상, 영상은 안 나오는데 소리만 나오는 등 현상이 나타나게 된다. 때문에 보고자 하는 영상파일에 맞는 코덱의 설치는 필수라 할 수 있다.

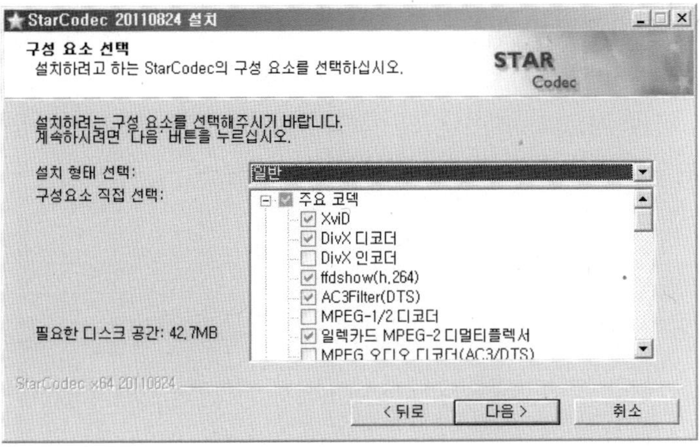

[그림 1-20] 통합 코덱의 설치 화면

2) 코덱의 종류

코덱의 종류는 여러 가지가 있는데 대표적인 Microsoft사가 1992년 소개한 AVI(Audio Video Interleaved) 포맷, 동영상 편집기에서 많이 사용하는 MPEG(Motion Picture Expert Group), 최근에는 고화질 동영상에 많이 사용되는 DivX 등이 있다.

지금 코덱의 종류는 헤아릴 수 없을 만큼 많고, 지금 이 시간에도 계속 생겨나고 있다. 파일의 크기를 더 줄이면서 화질과 사운드는 더 막강하게 보강시켜 주는 코덱을 지금도 개발하고 있는 것이다. 예를 들어 MPEG은 현재까지 1, 2, 4, 7, 21로 발전하고 있는데 MPEG-1은 저장기술, MPEG-2, -4는 압축기술, MPEG-7은 멀티미디어 정보 검색 기능, MPEG-21은 전자상거래 확대의 기반이 되는 멀티미디어 프레임워크에 초점을 두고 개발되고 있다.

(1) AVI 코덱

① 시네팩(Cinepak)

Radius에서 개발된 코덱으로 압축 시간이 많이 걸리나 가장 높은 압축을 할 수 있고 256컬러를 사용할 경우 특히 효과적이다. 압축 시간이 다른 코덱에 비해 비교적 오래 걸린다는 단점이 있지만 압축된 영상을 재생할 때 다른 코덱에 비해 빠르고, 뛰어난 압축률과 좋은 화질을 얻을 수 있어 주로 CD-ROM 타이틀 제작 시 많이 사용한다.

② 인텔 인디오(Intel Indeo) 5

인텔의 비디오 압축 코덱인 Indeo 포맷의 비디오를 재생하고 Indeo Video Interactive Driver를 인텔에서 인수한 Ligos에서 업그레이드하여 발표한 코덱으로 시네팩과 함께 널리 사용되고 압축 시간이 시네팩보다 빠르다. 16비트나 24비트 파일을 압축하고 재생할 경우 더욱 효과적이다. 그러나 다른 코덱에 비해 버전업이 느리다는 단점이 있다.

③ RLE(Run Lengh Encoded)

다른 코덱에 비해 압축률은 떨어지지만 많은 영역에 걸쳐 같거나 유사한 색상을 사용하는 애니메이션을 압축하는 데 효과적이며 일반 비디오에는 사용할 수 없다.

④ 마이크로소프트 비디오(Microsoft Video)

RLE와 달리 8비트에서 16비트, 24비트 영상까지 압축이 가능하다. 화질이 뛰어나고 압축률이 좋으나 압축률을 너무 높이면 이미지가 끊어지고 용량도 커진다.

(2) MPEG-4 코덱

① MP3(MPEG-1 Audio Layer-3)

디지털 사운드 파일을 음질의 저하 없이 12:1로 압축시키는 표준 기술과 형식으로 Windows 98 이후 버전부터는 보통 MP3 플레이어가 운영체제에 포함되어 있다.

② MPEG-1

현재까지 가장 널리 보급되어 사용되는 포맷으로 1991년 ISO(국제 표준화 기구) 11172로 규격화된 영상 압축기술, CD-ROM과 같은 디지털 시장 매체에 VHS 데이터 수준의 동영상과 음향을 최대 1.5Mbps로 압축, 저장할 수 있다. Video CD가 MPEG-1 규격을 사용한다.

③ MPEG-2

1994년 ISO 13818로 규격화된 영상 압축기술로 디지털 TV, 대화형 TV, DVD 등 높은 화질과 음질을 필요로 하는 분야의 전송속도 처리가 가능하도록 MPEF-1을 개선한 것이다.

현재 DVD 등 멀티미디어 서비스, 위성방송, 유선방송, 고화질 TV 등 방송 서비스, 영화나 광고 편집 등에 널리 쓰인다. 화질이 뛰어난 대신 용량이 큰 단점이 있다.

④ MPEG-4

낮은 전송률로 동화상을 보내고자 1998년 개발된 데이터 압축과 복원 기술에 대한 새로운 표준으로 매초 64KB, 19.2KB의 저속 전송으로 동화상을 구현할 수 있다.

인터넷 유선망과 이동통신망 등 무선망에서 멀티미디어 통신, 화상회의 시스템, 컴퓨터 방송, 영화, 교육, 원격 감시 등 다양한 분야에 널리 쓰인다.

⑤ MPEG-7

콘텐츠 검색을 위해 내용기반 검색에 필요한 요소 기술들을 제공하는 것을 목적으로 개발되고 있는 표준방식이다.

기존의 문자만 분석하여 검색하던 방법에서 동영상 등의 멀티미디어 정보를 검색하려면 멀티미디어 정보 자체를 분석하는 내용기반 검색이라는 방법이 제안되었고, 이에 대한 표준화가 개발되고 있다.

⑥ DivX 3.11 alpha

지금은 DivX에 밀려 빛을 못 보는 듯하지만 DivX가 발전하는 데 많은 공헌을 한 코덱이다. 현재 일부 동영상이 이 코덱으로 인코팅되어 있다. 이름이 비슷하다고 DivX 이전 버전이라고 생각하기 쉬운데 전혀 다른 코덱이다.

⑦ DivX(Digital internet video eXpress)/DivX Pro

Microsoft상의 스트리밍(실시간 비디오 전송) 전용으로 개발한 MPEG-4 코덱을 자유롭게 사용할 수 있도록 크랙한 코덱으로 DVD 화질에 버금가는 720×480 해상도에 30프레임의 고화질 무비를 적은 용량으로 즐길 수 있다.

최근 들어 가장 많이 사용되는 코덱으로 DivX 3.11 alpha 후속 버전이 아닌 새로운 형태의 DivX 필수 코덱이다. 현재 상용화한 상태이다.

⑧ XviD

DivX 코덱이 상용화하자 이에 대응하기 위해 제작된 코덱으로 단어를 반대로 읽으면 DivX가 된다. DivX보다 화질이 떨어지고 동영상 밝기 조절이 안

되는 단점이 있지만 프리웨어라는 점에서 크게 인기를 끌고 있다. 최근에는 XviD로 인코딩한 동영상이 많기 때문에 필수 코덱이라 할 수 있다.

멀티미디어(Multimedia)는 Multi와 Media의 합성어로 텍스트, 그래픽, 애니
메이션, 비디오, 음악, 음성, 음향 효과 등을 합한 자료를 의미한다. TV 프로
그램이 전형적인 멀티미디어 자료의 예이다. 멀티미디어는 컴퓨터와 인간 사
이의 효율적인 정보 전달을 위해 여러 미디어(음성, 영상, 문자 등)를 하나의
객체로 병합시켜 표현하고 저장하는 기술인 동시에 이러한 미디어 중에서
가장 적당한 수준의 적합한 미디어를 선택하는 기술이다.

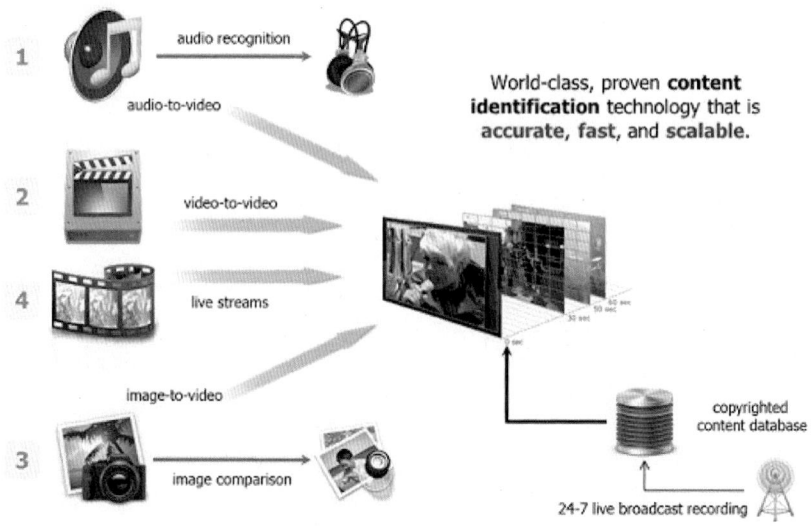

[그림 1-21] 멀티미디어 자료

I. 멀티미디어의 배경

학습이나 정보를 취하는 데는 모든 감각(시각, 청각, 촉각, 후각, 미각)을 총동원하는 것이 매우 중요하다. 이는 여러 미디어를 같이 사용할수록 정보 전달 효과가 커지기 때문이다. 백문이 불여일견(百聞 不如一見)이란 말처럼 시각적 요소가 중요한 정보인 경우 청각을 통한 여러 번의 듣기보다는 한 번의 시각적 정보를 접하는 것이 효과적이다. 반대로 청각적 요소가 중요한 정보인 경우는 청각을 통해 접해야 효율적이다.

또한 사람에 따라 보는 것보다 듣기를 좋아하거나 듣기보다 읽기를 좋아하는 등 사람마다 정보 표현 미디어에 대한 선호도가 다르다. 그리고 각 미디어는 각기 나름대로의 정보 표현의 가치를 지니고 있어 어느 한쪽이 다른 한쪽을 완전히 대체할 수는 없다. 예를 들어, 호랑이에 대한 정보로 실제 호랑이의 사진 자료와 호랑이에 대한 형태와 특성들에 대한 설명글을 보면 텍스트가 줄 수 있는 정보와 이미지가 줄 수 있는 정보는 상호 보완적임을 알 수 있다.

멀티미디어는 이러한 점들을 고려하여 하나의 정보에 대해 다양한 정보 표현 미디어를 사용하여 제공한다. 그리고 사용자는 원하는 정보 표현 미디어를 선택하여 그 정보와 관련된 적절한 감각 기관을 자극함으로써 정보를 효율적으로 습득할 수 있다. 이는 성장단계별로 그에 적절한 미디어나 내용들을 선택할 수 있어 효과적인 정보 전달을 기대할 수 있다. 또한 사용자에게 감각적으로나 미학적인 만족감을 느끼게 할 수 있으며, 여러 미디어를 혼합함으로써 정보 습득에 대한 동기나 흥미를 유발시킬 수 있다. 결국 멀티미디어는 인터넷과 밀접하게 관련되어 있으며, 인터넷에 있는 정보는 일반적으로 하이퍼미디어로 구성되어 있기 때문에 인터넷과 하이퍼미디어가 줄 수 있는 이점을 그대로 계승한다고 할 수 있다.

그런데 지금까지 언급된 미디어는 시청각적인 요소뿐이었다. 그러나 현재 촉각을 재현하는 장치(sensor glove)는 가상현실(virtual reality) 기술과 함께 개발되어 손의 촉감을 생생한 현실감으로 느끼게 하기 위해 사용되고 있다. CyberTouch사의 CyberGlove는 손바닥과 각각의 손가락에 작은 진동자극기(Vibrotactile Stimulator)를 장착하여 촉감을 느낄 수 있게 개발되었다. 그리고 앞으로 도래할 미디어는 후각·미각적인 요소가 될 것이다. 그러므로 멀티미디어를 사용하는 장점은 가상현실 기술이 줄 수 있는 장점으로까지 확대될 것으로 예상된다.

II. 멀티미디어 사용의 문제점과 압축의 필요성

멀티미디어는 하나의 정보를 표현하기 위해 다수의 미디어가 사용되며, 멀티미디어 구성요소 중 이미지와 비디오의 사용이 주를 이룬다. 따라서 멀티미디어 데이터의 크기는 자연스럽게 커질 수밖에 없는데 이것이 가장 큰 문제점이다. 이는 하드 디스크와 같은 보조 기억장치에 대해 대용량 저장공간을 요구하고 동시에 데이터 전송속도도 매우 빨라야 한다. 또한 기존의 단일 미디어에 비해 멀티미디어는 데이터 생성에 당연히 많은 시간과 노력이 요구되는 문제도 있다.

다음의 표에서 볼 수 있는 것처럼 700페이지 분량의 텍스트에 담을 수 있는 정보량과 0.5초 정도의 비디오에 담을 수 있는 정보량은 크게 차이 나지만 이에 필요한 저장 공간은 모두 대략 1MB 정도이다.

멀티미디어 구성요소의 종류
700페이지 분량의 텍스트
5'×7' 사진 1장
0.5초 분량의 비디오

비디오데이터를 컴퓨터 내부에 표현하고자 할 때에 가장 큰 문제점은 매우 큰 저장공간을 요구한다는 것이다. 또한 연속적으로 이미지를 저장하고 재생시켜야 하므로 처리속도가 매우 빠른 컴퓨터가 필요하다. 그래서 비디오데이터를 취급하기 위해서는 컴퓨터의 하드웨어 환경이 매우 중요하다.

650MB, 32배속 CD-ROM이 다룰 수 있는 데이터양에 대해 생각해 보자. 32배속이면 150K bps(1배속 전송속도)×32(배속)=4.8M bits/sec의 전송속도를 갖는다.

640×480 해상도, 초당 30프레임, 256color인 비디오인 경우, 640×480×30×8(bits)×3(R/G/B)=221.2M bits=27.7M bytes가 되어 1초의 비디오데이터양은 27.7MB가 되어 초당 4.8MB를 전송할 수 있는 CD-ROM 플레이어로는 제대로 재생시켜 볼 수조차 없다.

또한 CD-ROM에 23.5초 분량의 비디오밖에 저장할 수 없다. 이러한 문제를 해결하기 위해서는 저장매체의 용량과 전송속도를 높이거나 데이터양을 압축하여 줄이든가 하는 방법밖에 없다. 저장매체의 용량과 전송속도는 하드웨어적인 문제이며, 데이터양을 압축하는 문제는 소프트웨어적인 문제이다. 하드웨어는 하드웨어대로, 소프트웨어는 소프트웨어대로 모두 기술적으로 연구되어 왔으며, 동일한 하드웨어 환경하에서 가능한 한 압축을 효율적으로 하는 것이 중요하다. 이는 저장 비용과 전송 비용을 줄여 주어 멀티미디어의 사용을 가능하게 해 주기 때문이다.

따라서 비디오를 다룰 때는 데이터를 실제 크기보다 압축하여 저장하고,

저장된 데이터를 컴퓨터 내부에서 자료 전송을 한 후에 이를 실제 크기로 복원시켜야 하는 것이다. 현재 이미지인 경우는 20:1, 비디오의 경우에는 100:1 정도의 압축이 가능하다. JPEG은 이미지, MPEG은 비디오 압축의 국제표준이다.

Ⅲ. 멀티미디어 기술 분야

멀티미디어를 가능하게 한 기술로는 광매체 기술, 영상 압축기술, 멀티미디어 통신기술, 인터넷 관련 기술을 들 수 있다. 멀티미디어 기술은 보는 관점에 따라 다르게 분류할 수 있다.

사용자로 하여금 여러 가지 멀티미디어 응용서비스를 직접 제작하고 이용할 수 있도록 지원해 주는 분야로는 다음과 같은 기술들이 포함된다.

〈표 1-6〉 멀티미디어 기술 분야별 세부 기술

분 야	세부 기술
온라인 멀티미디어 서비스	VOD, 홈쇼핑, 원격교육, 온라인 게임, 온라인 정보 서비스, 인터넷 사이트 등
홈오토메이션 응용기술	사이버 오피스 기술, 사이버 커뮤니티 기술, 홈오토메이션 기술, Edutainment 기술
멀티미디어 콘텐츠 기술	CD-ROM Title, 출판, 교육, 취미, 오락용 멀티미디어 타이틀 제작
정보구축 및 서비스 제작 기반 기술	통합서비스 환경 개발, 멀티미디어 서비스 모델링, 멀티미디어 정보 디지털화 및 캡처, 멀티미디어 DB 구축 및 검색
미디어 편집/저작 S/W	멀티미디어 제작용 응용 S/W, 영상/음반 등 멀티미디어 데이터 압축
영상정보	3차원 그래픽 기술, 영화세트 기술, 만화, 게임 S/W 기술
Man-Machine 인터페이스	음성, 문자, 영상 인식기술, 휴먼 인터페이스 기술, 브라우저 기술, 하이퍼미디어 기술
서버 기술	서비스 데이터서버플랫폼, 멀티미디어 분산 컴퓨팅, 대용량 멀티미디어 자료처리 및 분배
정보가전 기반 S/W 기술	실시간 OS 기술, 시스템 유틸리티, 개발도구
통신/방송계 시스템	대용량 통신망(B-ISDN, 위성, 이동망), CATV/방송망, Interactive Set-Top Box, ATM 교환 기술
멀티미디어 정보 네트워킹 기술	멀티미디어 통신 서비스 기반 기술, 멀티미디어 컴퓨터 통신 프로토콜, 멀티미디어 분산처리 환경

전송기술	초고속 통신망 및 인터넷용 멀티미디어 전송기술, 영상/음반 등 멀티미디어 데이터 압축/전송기술
가전계 시스템	CD-I, HDTV
주변기기 관련기술	CD-ROM 등 저장장치 및 드라이버, LCD 등 디스플레이 장치, 고해상도 컬러 프린터, 가상현실 관련 주변기기
홈 네트워킹	홈 게이트웨이/유선 홈 네트워크/무선 홈 네트워크 기술
홈 서버 및 정보 단말 기술	정보단말기술, 홈 서버 기술, 정보가전 미들웨어 기술, 소형화/집적화 기술, 무선통신 기술, 멀티미디어 마이크로 커널 기술, 하드웨어 아키텍처 설계 기술
부품기술	멀티미디어 압축/복원 칩세트, 소형화/집적화 관련 칩세트

Ⅳ. 멀티미디어 제작 주변 저장 장치

1. CD-ROM

시디롬(CD-ROM)이 우리 주변에 나타난 것은 얼마 되지 않는다. CD가 처음 소개된 것은 1980년이다. 소니와 필립스가 공동으로 디지털로 음악을 재생할 수 있는 매체를 만들어 이에 대한 표준화안을 제시한 것이 시작이었다. 물론 빅터사나 도시바 등 다른 업체들도 이러한 움직임을 보인 바 있지만 처음으로 표준화시켜 이를 상품으로 만든 것은 바로 소니와 필립스사다.

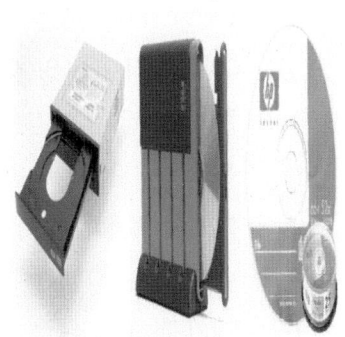

이후 최초의 CD플레이어가 등장한 것은 1982년, 이 당시만 해도 LP판을 CD가 대체할 것이라고는 누구도 예측하지 못했다. 하지만 CD는 많이 들어도 음질이 떨어지지 않으며, LP보다 선명한 디지털음을 들려줄 수 있고 휴대가 간편하다는 점 등 여러 가지 장점 때문에 LP시장을 급속히 대체해 나가기 시작했다.

[그림 1-22] 내장형 CD-ROM과 외장형 CD-ROM, CD-R

1985년은 컴퓨터업계에 있어서 기억할 만한 해다. 디지털로 기록된 데이터를 음악용도가 아닌 컴퓨터에서 사용할 수 있도록 CD-ROM 규격이 처음으로 나온 해이기 때문이다. 하지만 실제로 많이 보급되기 시작한 것은 1993년경이다. 컴퓨터에 사용되는 하드디스크의 용량이 커지고 멀티미디어에 사용되는 대용량의 데이터를 다루기에 적합해지자 때(?)를 만난 CD-ROM은 급속도로 보급되기 시작했다.

1994년부터 불기 시작한 CD-ROM 고속화 경쟁은 2배속을 필두로 해서 4배속을 대중화시키는 데 결정적인 역할을 하였고 점차 그 속도는 급속히 빨라지고 있는데 현재는 32배속이 일반화되고 있으며 앞으로 데이터 전송률이 거의 하드디스크에 육박할 것으로 예측되고 있다.

1) CD-ROM 동작원리

기본적으로 CD계열의 디스크는 모두 디스크 표면에 피트(Pit)라고 불리는 흠집이 동심원 모양으로 기록되어 있고 디스크 표면에 레이저를 쏘아 반사되는 빛의 양을 가지고 0과 1을 판단하는 구조로 이루어져 있다.

레이저를 쏘아 반사된 빛은 검출기를 통해 전기적 신호로 변화되면서 오류정정을 거친다. 왜냐하면 디스크 표면에 기록된 데이터가 전혀 손상이 없다면 좋겠지만 실제로는 먼지가 붙어 있거나 흠집이 나 있기 때문에 실제로 읽히는 데이터는 많은 오류가 있게 된다(가지고 있는 CD-ROM의 표면을 자세히 보면 조그만 먼지나 흠집이 많이 있는 것을 볼 수 있을 것이다).

비단 CD-ROM뿐만 아니라 음악용 CD도 데이터를 잘못 읽게 되는 경우 음악연주 도중 갑자기 고음이나 저음이 나오는 등 음이 튀게 된다. 음악용 CD의 경우 어느 정도 잘못 읽는 데이터를 복원할 수 있는 오류정정을 행한다. 또한 최악의 경우 긁힌 부분이 많아 제대로 데이터를 읽지 못할 때는 앞뒤 데이터를 참고해 중간 값 등을 대치하는 방법 등을 사용하므로 실제로 음악용 CD에서 음이 튀는 경우는 거의 없다.

그러나 CD-ROM에서는 오류정정이 매우 중요하다. 프로그램의 실행에서 단 한 바이트만 틀려도 그 프로그램은 제대로 실행되지 않기 때문이다. 따라서 CD-ROM에서는 음악용 CD에서 행하는 것보다 훨씬 더 세밀한 방법으로 오류정정을 해야만 된다.

오류정정을 한 데이터는 컴퓨터로 전송되어 데이터로 사용된다. CD-ROM의 경우는 음악용 CD와는 달리 파일들이 일정한 위치에 기록이 되어 있기 때문에(참고로 CD-ROM에 사용되는 데이터기록방법은 ISO 9660에 따른다) 파일을 읽기 위해서는 원하는 위치로 정확히 이동하는 것이 어렵다. 더군다나 디스크 표면에 원하는 위치로 빨리 이동할수록 데이터를 빨리 읽어 올 수 있기 때문에 이 과정은 매우 중요하다.

2) CD-ROM의 사촌들

컴퓨터에서 CD-ROM을 사용하는 사람들은 CD 계열의 디스크로 음악용과 컴퓨터용 두 가지 종류만 있는 것으로 알기 쉽다. 그러나 실제로 CD 계열의 디스크에는 많은 종류의 기록방법이 있다.

(1) CD-DA

1980년에 필립스와 소니에서 제안된 형식으로 음악 데이터의 기록에 사용된다. 현재 시중에 나오는 음악용 CD는 전부 이 형식을 따르고 있다.

(2) CD-ROM

컴퓨터의 데이터를 기록하기 위한 데이터 형식으로 1985년에 제안되었다. 일반적으로 컴퓨터에 사용되는 파일들은 이 형식에 따라 기록되어 있다.

(3) 비디오 CD

CD를 사용해서 화상 데이터를 보기 위해 제안된 형식이다. MPEG-1 데이터 압축기법을 사용해서 이미지데이터를 압축해 기록한다. 최근에 나오는 비디오 CD 재생기와 MPEG 카드가 부착된 CD-ROM에서 재생해 볼 수 있다. 물론 속도가 빠른 컴퓨터를 가진 사람이라면 소프트웨어적으로 비디오 CD를 재생해서 볼 수 있는 프로그램도 나와 있다. 하지만 비디오 CD의 경우는 해상도가 그리 뛰어나지 않고 한 편의 영화를 보기 위해 세 장의 CD가 필요하기 때문에 앞으로는 그리 많이 사용되지 않을 전망이다.

(4) CD-XA

CD-ROM의 단점을 보완하기 위해 나온 형식으로 CD-R 등을 사용해서 데이터를 기록하는 경우 CD-ROM과는 달리 여러 번에 걸쳐 데이터를 기록할 수 있다. CD-XA 방식으로 데이터를 기록한 경우 가장 처음에 기록한 데이터만을 읽을 수 있기 때문에 주의해야 한다. 일부 CD-ROM의 경우 CD-XA 형식을 지원하지 않는다. 따라서 CD-ROM 구입 시 CD-XA 형식을 지원하는지 확인해 보아야 한다.

(5) CD-I

CD를 가지고 상호 대화할 수 있도록 만들어진 형식이다. CD-I의 경우 비디오 CD를 재생할 수 있을 뿐만 아니라 사용자와 대화형식으로 프로그램을 진행해 나갈 수도 있다.

(6) CD-R

기록할 수 있는 CD다. CD-R의 경우 CD-ROM과는 달리 기록을 할 수 있으며 특별히 만들어진 CD-R 디스크를 사용한다. CD-R 디스크는 금색 또는 녹색 빛을 띠고 있으며 단 한 번만 기록할 수 있다. 물론 CD-XA 형식으로 기록할 경우 한 번 기록한 뒤에 다른 데이터를 덧붙여 기록할 수도 있다. CD-R로 기록할 수 있는 데이터는 앞에서 언급한 CD-DA, CD-ROM, CD-XA 등 다양하다. 이렇게 기록된 CD-R 디스크는 음악용 CD나 CD-ROM에서 재생이 가능하다. 최근 컴퓨터통신에서 많이 나돌고 있는 CD 백업이 바로 이 CD-R을 이용한 것이다.

(7) CD-RW

기록할 수 있는 CD 장치로 DVD-RAM으로 가는 길목에 있는 과도기적 제품으로 리코(주)에서 개발하였다. CD를 일만 번 이상 읽고 쓸 수 있다고 한다.

2. DVD

저장매체로 DVD에 대한 관심이 점점 고조되고 있는데, 이는 DVD가 갖고 있는 엄청난 멀티미디어데이터 재생력 때문이다. 동영상이든 음악파일이든 구분하지 않고 거대한 양을 보유하고 있다 뛰어난 화질과 음질로 제공해 주는 새로운 저장매체가 DVD이다.

DVD는 'Digital Video Disk'의 줄임말이다. CD와 같은 크기의 디스크를 사용해서 LD 정도의 화질을 가진 영상을 볼 수 있게 하는 새로운 매체를 일컫는다. 쉽게 말해서 CD와 똑같이 생긴 디스크에 한 편의 영화가 담겨 있는 것이라고 생각하면 된다.

어떤 이들은 이렇게 생각할지 모른다. 'CD로도 영화를 감상할 수 있는 비디오 CD가 있지 않나?' 하지만 DVD는 비디오 CD와는 비교도 되지 않을 정도로 뛰어난 영상과 화면을 제공한다. 더군다나 DVD는 응용하기에 따라 한 편의 영화를 감상하는 것은 물론 현재 CD와는 비교도 안 될 엄청난 음질의 음악을 들을 수도 있다. 게다가 이를 컴퓨터에 응용할 경우 8.5GB의 데이터를 한꺼번에 저장할 수도 있다.

이러한 면들을 모두 이해하려면 조금은 힘들지도 모른다. 따라서 일단은 기존에 나와 있는 CD와 비교해 가면서 DVD의 특성을 이해해 보기로 하겠다.

1) DVD 디스크구조와 데이터 재생 방법

DVD가 CD에 비해 많은 데이터를 저장할 수 있는 이유는 디스크 표면에 기록되어 있는 피트가 훨씬 가늘고 길이도 짧기 때문이다. 이렇게 짧고 조밀한 피트를 읽기 위해서는 CD에 비해 파장이 짧은 레이저를 사용해야 한다. 파장이 짧은 레이저의 경우 좀 더 작은 점에 초점을 맞출 수 있다. 또한 DVD는 일반적으로 단면 단층 디스크로 제작되지만 단면이 층으로 제작될 수도 있다.

단층디스크는 4.7GB의 용량을, 이층디스크는 8.5GB의 용량을 가지고 있다. CD처럼 DVD도 반사면을 가지고 있는데 DVD 이층디스크의 경우는 전반사면이 아닌 빛을 일부만 반사시키는 반사면을 사용해서 단층을 만들고 전반사면을 이층에 위치시킴으로써 초점거리에 따라 다른 층에서 데이터를 읽을 수 있도록 했다.

오류정정의 경우에도 DVD는 CD에 비해 막강하다. DVD는 MPEG 데이터를 재생하기 때문에 CD-ROM과 마찬가지로 반 바이트만 틀려도 데이터 재생에 상당히 불리하다. 그래서 DVD의 경우는 '8 to 16 변조'와 RS-PC라는 오류정정 방법을 사용해 어느 정도 지문이나 먼지가 묻더라도 오류를 극복해 낼 수 있는 기능이 있다. 이러한 오류정정 기능은 CD에 비해 약 10배 정도 강력한 것이다.

2) DVD의 특징

(1) 강력한 화질과 음질이 특징

DVD의 가장 큰 특징은 뛰어난 화질과 음질 제공이다. 이미 여러 매체들을 통해 잘 알려진 바 있지만 DVD에 사용되는 데이터 압축방법은 MPEG-2이다. MPEG-2는 고화질 TV 등에 사용되는 비디오데이터 압축방법으로서 고화질과 고압축률 두 개의 조건을 모두 만족하고 있다. 물론 압축하려면 어느 정도의 데이터 손실을 감수해야 한다. 화질이 전혀 변화되지 않는 원본의 데이터를 담았을 경우 아무리 DVD라고 하더라도 4분 정도의 데이터밖에 재생할 수 없다. 하지만 MPEG-2 데이터 압축방법을 사용할 경우 단면단층 디스크의 경우 2시간 13분의 영상을 재생할 수 있다. 이는 대부분의 영화를 녹화할 수 있는 분량이다. 더군다나 2층 디스크를 사용한다면 현재까지 나와 있는 거의 모든 영화를 여러 장이 아닌 한 장의 디스크에 기록할 수 있다. 또한 MPEG-2 압축방법은 화질의 떨어짐이 거의 없기 때문에 극장에서 보는 것과 흡사한 영상을 가정에서도 즐길 수 있다.

게다가 오디오 부분에서도 AC3라는 기술을 사용하는데 이는 단순히 스테레오가 아닌 5.1 채널로 소리를 들려준다. 5.1채널이란 앞쪽에 스피커 3개, 뒤쪽에 스피커 2개, 그리고 저음을 강조하기 위한 0.1채널을 사용하게 되는데 결론적으로 5개의 스피커에서 모두 다른 소리가 나온다(최근 극장에서도 돌비사의 프로로직과 AC3 방식을 사용해서 오디오를 재생하고 있다. 극장에서 더 실감나는 사운드를 감상할 수 있는 이유가 바로 여기에 있다).

만약에 진정한 영화광이라면 프로젝트 TV(이러한 TV는 약 100인치로 영상을 키울 수 있다)를 설치해 놓고 앞쪽에 스피커 3개 뒤쪽에 2개를 설치해 영화의 황홀경(?)에 빠질 수 있는 것이다.

오디오를 좋아하는 마니아들에게도 DVD의 보급은 획기적인 소식이다. 현재는 좋은 음질의 음악을 듣기 위해 DAT(Digital Audio Tape) 등을 사용하지만 DVD가 실용화되면 MPEG 데이터 대신 압축하지 않은 오디오 데이터를 넣을 수도 있다. 현재 CD의 경우 44.1kHz 샘플링에 16비트 양자화를 행하는데도 음질이 좋다는 평가를 받고 있다. 전문적인 이야기가 될지 모르지만 44.1kHz로 샘플링을 하면 22.1kHz까지의 주파수는 무리 없이 들을 수 있다(참고로 인간의 가청주파수는 20kHz이다). 하지만 전문적인 음악마니아들은 CD의 음질이 약간 딱딱한 전자음이라고 평한다. 이러한 사람들은 귀가 틔어 상당한 고주파 쪽의 소리도 들을 수 있을 뿐만 아니라 16비트로 양자화된 차이까지 느낄 수 있기 때문이다.

하지만 DVD의 경우는 88.2kHz의 샘플링에 20비트의 음악데이터를 들을 수 있다. 따라서 인간의 귀로 들을 수 있는 최고의 음질을 가지는 음향기기가 될 것으로 전망된다.

(2) 컴퓨터 주변기기로의 DVD

음악용 CD가 나오고 나서 몇 년이 흐른 뒤에야 CD-ROM이 나오게 되었지만 DVD의 경우는 조금 다르다. 이제는 컴퓨터용 주변기기로서 DVD를 활용하는 것도 동시에 고려되고 있기 때문에 컴퓨터용으로 사용되는 DVD-ROM도 DVD 발표와 거의 동시에 시판에 들어갈 것으로 생각된다.

DVD-ROM의 경우에도 DVD와 마찬가지로 단층은 4.7GB의 용량을 가지고 이층은 8.5GB의 용량을 가지기 때문에 대용량의 멀티미디어 타이틀 제작에 널리 활용될 것으로 생각된다. 따라서 DVD-ROM이 실용화될 경우에 거의 영화(?)처럼 진행해 나가는 게임 등도 많이 등장할 것이다. 게다가 DVD는 기본적으로 약 8배속 CD-ROM 정도의 전송률을 가지고 있기 때문에 2배속 DVD-ROM이 나올 경우 데이터 전송률도 사용자의 구미에 맞출 수 있을 것으로 생각된다. 또한 MPEG2 카드를 부착한 컴퓨터의 경우 DVD-ROM을 구

입하게 되면 곧바로 DVD에서 볼 수 있는 영화 등을 재생할 수 있기 때문에
완벽한 멀티미디어기기로써 컴퓨터를 활용할 수 있게 될 것이다.

3) 앞으로의 전망

DVD의 경우 최첨단 기술을 모두 접합시킨 총아이기 때문에 이에 대한 많
은 응용 분야가 있을 것으로 생각된다. 이들을 모두 언급할 수는 없지만, 다
음은 DVD가 나옴으로써 변화되리라고 생각되는 것들이다. 음악용 CD가 나
와 LP판이 단종된 것처럼 DVD가 나옴으로써 VHS로 대변되는 비디오테이프
의 시장이 점차 쇠퇴할 것이다.

TV와 컴퓨터로 분리되었던 전자제품군이 점차 하나로 통합되리라 생각된
다. TV 쪽에서는 DVD를 붙여 멀티미디어 정보를 받을 수 있고 컴퓨터 쪽에
서는 DVD-ROM에 MPEG 카드를 붙여 멀티미디어 환경을 구축하기 때문에
DVD를 축으로 미디어를 통합하려는 움직임이 있을 것이다.

CD와 CD-ROM시장 역시 점차 쇠퇴할 것으로 여겨진다. DVD의 경우 CD
의 기능을 포함하고 있기 때문에 당분간은 CD 시장이 죽지 않을 것으로 여
겨지지만 CD보다 좋은 음질의 DVD, 비디오 CD보다 좋은 DVD, CD-ROM보
다 고용량인 DVD-ROM이 CD를 대체할 것은 당연하기 때문이다. 필자의 개
인적인 의견이지만 DVD-ROM 4배속 정도가 나올 때쯤이면 CD-ROM은 24배
속을 마지막으로 거의 사용되지 않을 것으로 보인다.

CD에 기록 가능한 매체인 CD-R이 나온 것처럼 DVD에서도 기록이 가능한
매체인 DVD-R이 나와 기록할 수 있게 될 것이다. DVD-R의 경우는 CD-R과
는 달리 일반 TV 프로그램을 녹화할 수 있으므로 지금과는 판도가 다른 시
장을 형성할 것이다.

3. CD와 DVD의 비교

1) CD와 유사한 점

· 크기(120mm)와 두께(1.2mm)가 완전히 같다. 따라서 겉으로 봐서는 CD와 DVD를 구별하기 힘들다.

· DVD는 음악용 CD를 기본적으로 재생할 수 있다(원래 CD와 DVD는 호환성이 없지만 DVD에서 CD를 재생할 수 없으면 시장형성에 문제가 되기 때문에 기본적으로 CD를 재생할 수 있도록 제작했다).

· CD와 DVD는 모두 레이저를 사용해서 디스크의 표면을 읽기 때문에 반영구적으로 사용할 수 있다. 물론 손으로 디스크 표면을 일부러 긁거나 깨뜨리면 도리가 없지만 테이프미디어와는 달리 디스크미디어의 특성상 원하는 부분으로 픽업을 직접 이동시켜 데이터를 읽을 수 있다.

· CD와 마찬가지로 DVD도 어느 정도의 먼지나 지문, 긁힘이 있더라도 오류정정을 통해 극복함으로써 데이터를 제대로 읽을 수 있다.

2) CD와 다른 점

· CD가 680MB 용량을 가지는 것에 비해 DVD는 한 면당 4.7GB의 용량을 저장할 수 있다.

· DVD는 단면에 이층구조를 가질 수 있는데 단면이층구조의 경우 8.5GB의 용량을 지닌다.

· DVD는 0.6mm의 단면디스크 두 개가 붙어 있는 구조로 되어 있다.

장치	구분	DVD	CD
디스크	디스크 직경	120mm	120mm
	디스크기판 두께	0.6mm(1장)	1.2mm(1장)
	디스크 구조	2장 접합	단판
	최단피트 길이	0.4μm	0.83μm
	트랙피치	0.74μm	1.6μm
	기록용량	단면 4.7GB	0.64GB
픽업	레이저파장	635/650nm	780nm
	대물렌즈개구수	0.6	0.45
	집광스포트사이즈	약 0.9μm	1.4~1.5μm

4. 전자 문서

컴퓨터의 성능 향상과 인터넷의 전 세계적인 보급은 이 시대를 살고 있는 현대인들에게 너무나도 많은 양의 정보를 단시간 내에 쏟아붓고 있다. 넘쳐나는 정보의 홍수 속에서 사람들은 빠르게 자신이 원하는 정보를 찾아낼 수 있어야 하며, 또 그러한 정보들을 바탕으로 새로운 아이디어를 창조하여 또 다른 이들에게 정보로 제공할 수 있어야 한다. 이와 같이, 대량의 정보 속에서 요구하는 정보를 빠르게 획득할 수 있는 것은 정보화 사회에서 매우 중요한 요소이다. 따라서 정보처리에 소요되는 시간과 비용을 최소화하려는 노력들이 여러 가지 형태의 자동화 시스템으로 개발되어 보급되고 있는데 그중에 한 가지가 전자문서 프로그램이다.

전자문서 프로그램은 문서의 작성하고 편집, 출력하는 데 최소한의 시간과 노력으로 가능하도록 하는 일련의 프로그램들을 의미하며 다음과 같은 툴들을 포함한다.

- 워드프로세서 툴: 일반 문서를 작성하고 편집을 가능하도록 하는 툴

- 스프레드시트 툴: 각종 수치 자료를 분석하고 차트 작성을 지원하는 툴
- 프레젠테이션 툴: 발표 자료를 작성하고 효율적인 발표가 가능하도록 하는 툴
- 그래픽스 툴: 이미지를 작성하고 편집, 출력들이 가능하도록 하는 툴
- 파일전송 툴: 문서를 송수신할 수 있도록 하는 툴

이와 같이 정보를 시각화하고 공유할 수 있도록 지원해 주는 각종 툴들을 서로 연계하여 사용할 수 있는 여러 프로그램들의 집합들이다.

대표적인 예를 들면, Microsoft사의 Microsoft Office 제품군을 들 수 있는데 MS Word를 이용해 문서를 작성하는데 워드 문서 안에 수치 데이터는 MS Excel을 이용해 수치자료들을 작업한 후 문서에 삽입하고, 작성된 문서는 MS Power Point를 이용하여 발표 자료로 변환할 수 있다. 또한, MS Visio를 이용해 문서 내의 정보들을 도식화할 수 있다. 또한, Adobe사에서 나온 PDF 프로그램을 이용해 완성된 문서를 수정할 수 있도록 보안처리를 한 후 MS Outlook을 이용해 다른 사용자에게 전달할 수 있다. Microsoft가의 Microsoft Office 외에도 아래한글을 만든 한글과 컴퓨터사에서 개발한 한컴 오피스도 동일한 기능들을 지원한다.

[그림 1-23] 전자 문서 프로그램의 개념

1) 전자문서 프로그램의 종류

컴퓨터를 이용하여 문서를 편집하는 도구에는 다양한 프로그램들이 있다. 텍스트나 그림, 사진 등을 컴퓨터의 입력장치를 이용하여 입력받아 디지털 데이터로 변경 관리하는 레이아웃 소프트웨어, 워드프로세서, 이미지 프로그램, 스프레드시트 프로그램 등이 여기에 포함된다. 특히, 입력된 데이터를 편집하는 과정에서는 탁상출판(DTP: Desk Top Publishing)프로그램인 워드프로세서 또는 페이지 레이아웃 프로그램이 사용되며, 컴퓨터 화면상에서 페이지 전체의 모양을 보면서 소재들을 적당히 배치하고 각 소재의 내용을 수정하거나 다듬어 편집을 완성한다. 그리고 마지막 단계인 출판 과정에서는 완성된 파일을 프린터 등을 이용하여 인쇄물로 만들거나 PDF 프로그램을 이용하여 전자출판 파일을 생성하여 정보를 원하는 사용자들에게 배포할 수 있다.

(1) 페이지 레이아웃 프로그램

DTP 프로그램이라고도 하는 페이지 레이아웃 프로그램은 기존 수작업으로 이루어진 인쇄/출판을 위한 오프셋 인쇄 작업방식을 그대로 컴퓨터로 자동화시킨 프로그램이다. 오프셋 인쇄 공정의 최종 목표는 인쇄판을 만드는 것인데 인쇄판이란 최종 인쇄될 내용이 들어 있는 매체로 인쇄판을 인쇄기에 걸고 인쇄 작업을 하게 된다. 기존의 수작업에서는 텍스트는 텍스트대로, 이미지는 이미지대로 별도 작업을 한 후 원하는 위치에 오려 붙여 배치한 후 이것을 제판용 카메라로 찍어 인쇄용 필름을 만들고, 한 페이지 크기의 인쇄용 필름 여러 장을 모아 인쇄판 크기로 다시 재배치하여 인쇄판을 만들었다. 오늘날에는 인쇄에 필요한 요소들을 오브젝트, 박스 또는 프레임 단위로 컴퓨터를 이용하여 작성한 후 이것을 배치하는 작업과 필름을 출력하는 작업 모두를 컴퓨터를 이용하여 한다. 바로, 페이지 레이아웃 소프트웨어가 인쇄에 필요한 텍스트, 이미지 요소들을 만들고 배치하는 기능을 하는 프로그램이다.

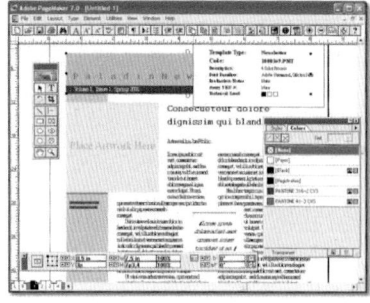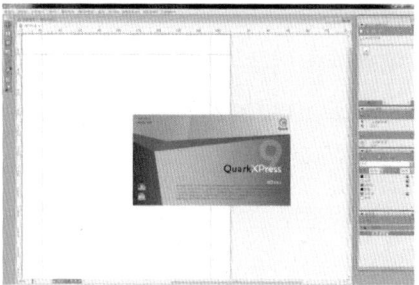

[그림 1-24] PageMaker와 QuarkXPress 화면

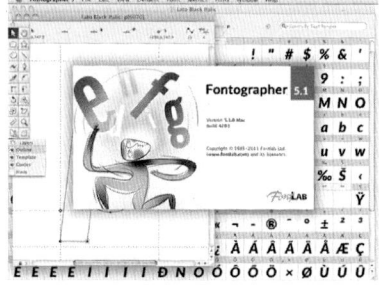

[그림 1-25] InDesign과 Fontographer 화면

소프트웨어명	설 명
PageMaker	1985년 앨더스(Aldus)사에서 개발한 최초의 WYSIWYG 기술을 적용한 데스크톱 출판 프로그램이다. 페이지메이커는 매킨토시를 전자출판 작업의 핵심적인 도구로 만드는 주요한 역할을 하였다. 특히, IBM 호환 PC에서는 상상할 수 없는 마우스 하나로 편집, 배치, 인쇄까지 지원하여 사내보와 뉴스레터 발행시간을 크게 단축시켰다. 이후 Adobe상에 인수되면서 레이아웃 기능이 향상되고 Microsoft의 Windows도 지원하고 있다.
QuarkXPress	매킨토시에서 가장 많이 사용되는 전자 출판용 프로그램으로 전문 디자이너나 출판인들에게 가장 인기 있는 프로그램이다. 대화식 팔레트, 논리적인 프로그램 구조, 사용자 위주의 인터페이스를 제공하여 쉽게 배우고 빠르게 조작할 수 있다. 또한 문자, 단어, 행의 간격조절과 서체의 정밀한 조절, 전문적인 인쇄용 컬러(CMYK) 지원 등으로 독보적인 자리를 잡고 있다.
InDesign	Adobe상에서 출시한 인쇄 및 디지털 출판을 위해 만든 전문 레이아웃 프로그램으로 PageMaker가 QuarkXPress에 비해 레이아웃 기능 면에서 밀리면서 기존의 PageMaker 기능에 더하여 Adobe의 다른 제품과 완벽한 호환이 가능하도록 확장 개발한 새 제품으로 포토샵, 일러스트레이터 등에서 바로 그림 파일들을 가져서 사용할 수 있다.
Fontographer	포스트스크립트 폰트와 트루타입 폰트를 편집할 수 있는 프로그램으로 스캔된 이미지를 Autotracing하거나 Change Weight하여 자동으로 새로운 폰트를 디자인할 수 있다. 또한 두 가지 이상의 폰트를 혼합하여 여러 가지 형태의 새로운 폰트를 디자인할 수 있으며 붓글씨체도 디자인할 수 있다.

(2) 워드프로세서

워드프로세서는 종이 위에 펜으로 글을 썼던 방식을 컴퓨터를 이용하여 대체할 수 있도록 한 프로그램이다. 초장기에는 펜을 이용하던 방식에서 타자기가 개발되면서 속도와 품질 면에서 획기적인 전환점을 맞이하였다. 하지만 타자기 작업은 오타 문제와 여러 장의 동일한 문서 작업에서 작업 능률이 떨어지는 단점이 있다. 이러한 문제를 보완하기 위해 만들어진 것이 워드프로세서이다. 워드프로세서는 입력된 내용을 컴퓨터의 저장장치에 저장해 둠으로써 필요할 때 언제든지 수정이 가능하며 타자기와 달리 여러 장을 인쇄할 수 있다. 워드프로세서는 점차 기능이 향상되면서 텍스트 위에 레이어 개념의 그림, 수식 등 다양한 개체를 삽입할 수 있고 작성된 문서를 종이에 인쇄하는 것 외에 파일의 형태로 출력할 수 있다.

소프트웨어명	설 명
아래한글	한글과컴퓨터사에서 개발된 아래한글 워드프로세서는 순수한 한국 토종 소프트웨어이다. 따라서 다른 해외 워드프로세서에 비해 한글 문서 처리에 강력하다. 한글 고어들을 완벽하게 지원할 뿐만 아니라 한글 맞춤법 검사 기능도 정확하게 처리되며, 한글사전, 한자사전들을 완벽하게 지원한다. 또한, 한글 2007로 업그레이드되면서 웬만한 페이지 레이아웃 프로그램들 못지않게 다양한 편집 기능을 지원하고 있다.
Microsoft Word	전 세계적으로 사용되는 워드프로세서로 마이크로소프트사에서 개발되었고 마이크로소프트 오피스의 주요 제품군 중 하나이기도 하다. 따라서 엑셀, 파워포인트 등 마이크로소프트 제품들과 같이 작동될 때 실행속도도 빠르고 완벽히 호환되는 장점을 가지고 있다.

(3) 다양한 편집지원 도구

문서를 효율적으로 작성하고 관리하기 위해서는 워드프로세서 이외에 다른 소프트웨어도 적절하게 다룰 수 있는 능력이 필요하다. 이미지 프로세싱 프로그램, 인포메이션 그래픽 프로그램, PDF(Portable Document Format) 프로그램 등이 대표적인 예이다.

이미지 프로세싱 프로그램은 전자출판에서 매우 중요한 부분이다. 특히, 그래픽 디자인은 책자, 포스터, 잡지의 광고, 카탈로그, 책 표지, 포장 등 인

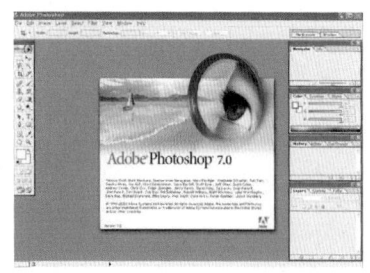

[그림 1-26] 포토샵과 일러스트레이터 화면

쇄매체에서 폭넓게 이용되고 있으며 오늘날 전자출판에서 없어서는 안 되는 중요한 부분이 되고 있다. 따라서 일반 사용자들이 이미지 프로세싱 프로그램을 이용하여 이미지를 만들고 이를 워드프로세서나 페이지 레이아웃 프로그램으로 가져가 인쇄물을 작성한다면 보다 효율적이고 고품질의 인쇄물 작업이 가능하며 업무 효율도 증대된다. 이미지 프로세싱을 지원하는 대표적인 프로그램으로는 포토샵과 일러스트레이터 등이 있다.

　정보를 전달하는 방법으로 문서에 단순한 텍스트 위주보다는 이미지를 함께 활용하는 것이 더욱 효율적이다. 즉 새로운 팀 조직도를 발표하거나 부서 간의 작업관계, 현재 진행 중인 프로젝트의 일정, 새로운 기획에 대한 아이디어 등을 글로 설명하기보다는 좀 더 명확하고 세련된 그림을 이용하면 더욱 효과적으로 내용을 전달할 수 있다. 이러한 그래픽을 '인포메이션 그래픽'이라 하며 다양한 분야에서 활용되고 있다. 예를 들면, 아래한글이나 MS Word에서 그리기 도구 기능은 사용자가 간단하게 인포메이션 그래픽을 문서에 삽입할 수 있도록 해 주는 대표적인 기능이며 엑셀의 차트도 인포메이션 그래픽의 일종으로 볼 수 있다. 그러나 아래한글이나 MS Word에 내장된 그리기 도구와 같은 기능은 그 기능의 한계로 인해 보다 효율적인 인포메이션 그래픽 작성이 요구되는데 이를 대표하는 프로그램이 마이크로소프트사의 비지오(Visio)와 스마트 드로우사의 스마트 드로우이다.

106　컴퓨터와 디지털도서관의 이해

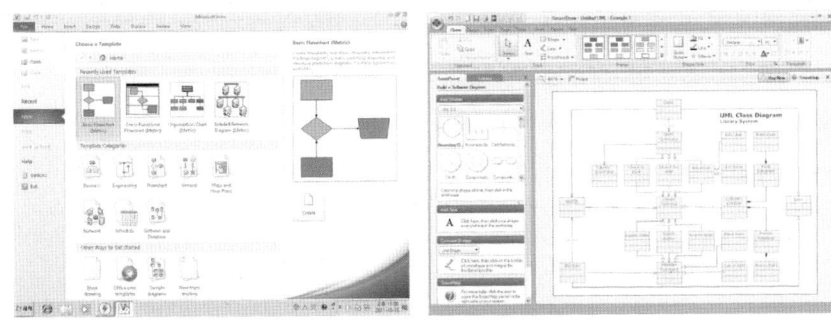

[그림 1-27] 비지오와 스마트 드로우 화면

이들 제품들은 다양한 다이어그램 및 조직도, 일정표뿐만 아니라 도면, 전자회로, 도식화된 지도 등 복잡한 작업을 간단한 아이콘들을 조합하여 정확하고 빠르게 사용자가 원하는 그림을 그릴 수 있도록 도와준다. 이러한 인포메이션 그래픽 프로그램을 다룰 수 있는 능력은 문서 작성의 능률을 향상시켜 주는 대표적인 프로그램이라 할 수 있다.

작성된 문서를 보관하거나 전달하는 과정에서 다양한 문제들이 발생될 수 있다. 특히, 다른 사람들에게 만들어진 문서를 전달하기 위해 일일이 종이로 인쇄할 경우 종이가 낭비될 뿐만 아니라 멀리 떨어진 사람에게 전달하는 경우 수 시간, 수일이 걸려 전달되는 문제가 있으며 파일을 메일 등으로 전달할 경우에는 상대편 사용자의 컴퓨터에 동일한 응용 프로그램이나 글꼴들이 설치되어 있지 않은 경우 문서의 내용 중 일부나 전체를 확인할 수 없는 경우가 발생하게 되고 수신한 사람이 임의로 문서를 수정할 수 있기 때문에 보안상의 문제도 발생할 수 있다. 따라서 전 세계의 기업이나 정부기관, 연구기관들에서는 문서를 효율적으로 관리하기 위해 PDF 파일을 사용하고 있다.

PDF는 Portable Document Format의 약자로 각종 워드 프로세서, 그래픽 프로그램 및 Visio, Auto CAD 등 여러 가지 응용 프로그램과 다양한 플랫폼에서 만들어진 문서들의 글꼴이나 레이아웃 등을 그대로 유지해 보여 주고, 사용자가 임의로 수정하는 것을 제한할 수 있는 형태의 문서 형식으로 대표적인 프로그램으로는 어도비사의 아크로뱃(Acrobat)이 있다.

2) PDF 프로그램

PDF(Portable Document Format) 파일은 세계적인 그래픽 소프트웨어 제작사인 '어도비(Adobe)'사가 개발한 전 세계 표준 문서 포맷이다. 1992년 컴덱스(COMDEX)에서 처음으로 선보인 PDF는 운영체제나 문서를 만든 프로그램, 글꼴, 하드웨어 등 어떤 조건에도 상관없이 모든 컴퓨터에서 원본 문서 모습을 그대로 볼 수 있다는 특징뿐만 아니라 문서를 자유롭게 확대/축소할 수 있으며 임의 위치를 빠르게 찾아가는 책갈피 기능 등 다수의 편리한 기능들을 제공하여 강의 교재, 전자책(eBook) 또는 인터넷의 많은 문서들이 PDF 포

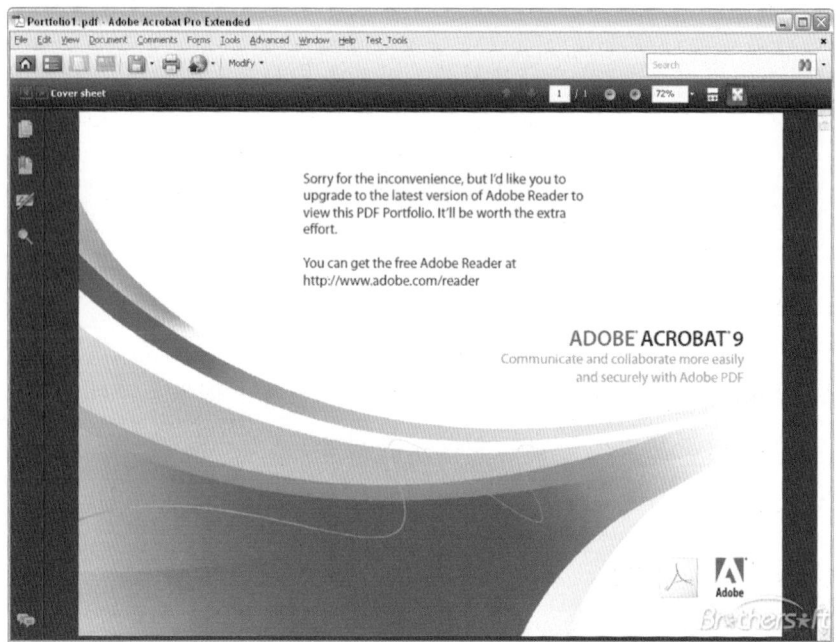

[그림 1-28] Adobe Acrobat 화면

맷으로 작성되고 있다. Adobe사에서 개발된 Adobe Acrobat은 PDF 파일을 작성하고 편집 등이 가능한 유료 소프트웨어인 데 반해 Adobe Reader는 작성된 PDF 파일을 화면상으로 보거나 프린터로 출력하는 등 단순한 보기 기능만을 가진 수정이 불가능한 무료 소프트웨어이다.

따라서 Adobe Acrobat은 Adobe Reader의 모든 기능을 포함하고 있다. 평가판의 경우 Adobe Reader와는 달리 한글판은 제공되지 않는다.

PDF 문서는 다음과 같은 장점들이 있다.

① 사용자가 만든 PDF 문서는 PDF Maker 프로그램이 없어도 Reader 프로그램만 설치하면 모든 문서를 확인할 수 있다. PDF Reader 프로그램은 해당 PDF Maker사의 홈페이지나 각종 포털 사이트에서 무료로 내려받아 자신의 컴퓨터에 설치할 수 있도록 지원하고 있다.

② 문서의 결합이 가능하다. 예를 들어, 하나의 업무와 관련하여 다수의 사용자들이 각각 워드프로세서로 작성된 제안서 파일과 마이크로소프트사의 프로젝트 프로그램으로 작성된 일정 파일, 파워포인트로 작성한 프레젠테이션 파일, 엑셀을 이용한 스프레트시트 파일 그리고 그래픽 파일 등을 서로 공유하여 작업하는 경우 많은 혼동이 야기되는 문제가 발생된다. 따라서 이러한 문제들을 해결하기 위해 다른 종류의 문서들을 하나로 결합하여 그 순서와 정보를 전달할 수 있도록 지원하고 있다.

③ 종이 출력은 내용 검색과 정보의 재사용에서 단점을 가지고 있다. 따라서 이러한 문제점을 해결하기 위해 PDF에서는 파일 형태로 보관함과 동시에 책갈피와 링크 기능을 이용하여 여러 페이지에 걸쳐 있는 정보를 손쉽게 탐색할 수 있으며 문서 내의 정보를 스프레드시트로 내보내

서 분석하거나 데이터 시스템으로 가져올 수 있기 때문에 정보를 재활용할 수 있다.

④ 파일 형태로 문서를 배포할 경우 악의적인 의도로 문서가 도용될 위험이 있다. 이런 경우 PDF에서는 암호 및 권한 기능을 적용하여 문제를 해결할 수 있다. 암호와 권한 기능은 PDF 문서를 열고 편집 및 인쇄 시 사용자를 제어할 수 있다. 또한 PDF에서는 인증이 필요한 디지털 서명도 적용할 수 있다.

4장 정보 배포를 위한 컴퓨터 네트워크

컴퓨터 네트워크(Network)란 컴퓨터 및 각종 정보 장치(스캐너, 프린터 등) 간에 데이터 통신을 위한 연결망을 의미한다.

I. 네트워크 개요

네트워크는 일련의 정보원[노드(node)]들과 그들 간에 연결된 통신선로 또는 통신매체[링크(link)]의 집합으로 정의된다. 하나의 네트워크는 또 다른 네트워크와 연결될 수 있고, 또는 하위 네트워크(sub network)를 포함할 수도 있다. 따라서 네트워크는 두 대 이상의 컴퓨터들이 근거리 또는 원거리로 연결되어 서로 간의 데이터를 전송하고 서로 간의 자원을 공유하여 활용할 수 있도록 해 준다.

따라서 가정이나 사무실에서 여러 대의 컴퓨터를 사용하는 경우 각 컴퓨터를 네트워크로 연결함으로써 각종 자료의 관리나 백업, 인터넷공유 등 보다 효율적인 컴퓨터 관리를 가능하도록 해 준다. 이 외에도 네트워크는 다음과 같은 장점이 있다.

· 하나의 통신회선으로 여러 대 컴퓨터에서 인터넷 사용 가능
· 데이터와 소프트웨어, 주변기기 등의 공유로 비용 절감
· 다수의 사용자 간 효율적인 공동작업과 커뮤니케이션 가능

· 홈네트워크를 이용한 네트워크 게임 지원

II. 컴퓨터 네트워크의 구성요소

서로 다른 컴퓨터 또는 기타 정보기기 사이에서 데이터를 주고받기 위해
서는 다음과 같은 구성요소들이 필요하다.

1. 송수신 정보기기

컴퓨터 네트워크의 단말기로 정보매체를 통하여 전송을 시작하거나 수신
하는 역할을 담당하는 장치로 사용자와의 상호작용하여 정보를 생성한다. 대
표적인 기기로는 컴퓨터, 스캐너, 프린터, 모바일 기기 등 다양한 종류가 있다.

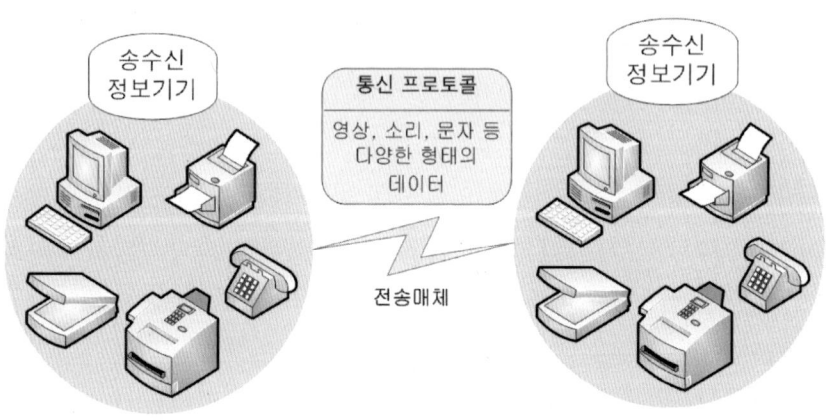

[그림 1-29] 네트워크 구성요소

2. 전송매체

실제 정보를 전달하는 매체로 네트워크의 전송 방식과 구성에 따라 다양한 종류들이 있다. 일반적으로 전송방식에 따라 유선과 무선으로 나누어지는데 유선의 경우 동축케이블이나 광섬유케이블 등을 사용하고 무선의 경우에는 전파를 사용하여 정보를 전송한다.

3. 데이터

전송매체를 통하여 송수신 정보기기에 전달되는 다양한 형태의 정보를 의미한다. 텍스트나 그림, 동영상, 음성 데이터 등 매우 다양한 형태의 데이터들로 멀티미디어 데이터들이 있다.

4. 통신 프로토콜

점차 컴퓨터의 이용 범위가 확대되면서 데이터 통신이 컴퓨터 이용의 주를 이루게 되면서 네트워크와 관련된 하드웨어와 소프트웨어 산업이 급속히 발전하게 되었다. 따라서 다양한 종류의 제품들이 개발되었고 이기종의 네트워크 관련 하드웨어나 소프트웨어 사이에 상호 운용될 수 있는 공개된 인터페이스(interface)의 개발이 필요하게 되었는데 이것이 프로토콜이다. 즉 통신 프로토콜(Protocol)이란 서로 다른 장치나 컴퓨터 간에 데이터 통신을 위해 사람들이 정해 놓은 일련의 규약이다. 대표적인 프로토콜로 인터넷에서 이용하는 TCP/IP, HTTP 등이 있다.

Ⅲ. 데이터 전송

데이터 통신망을 설계할 때 중요한 요소는 데이터 전송속도와 통신의 양이다. 따라서 이를 고려하여 전송할 데이터의 형태, 전송속도, 회선의 형태들을 결정해야 한다.

1. 데이터 전송속도

회선의 속도는 1초 동안 1회선으로 전송할 수 있는 비트(bit)의 수로 보통 bps(bits per second)로 나타낸다. 또 다른 속도 단위로 통신 회선에서 1초에 변조할 수 있는 횟수를 의미하는 보(Baud)라는 단위가 있는데 1번의 변조로 2bit를 전송하는 변조방식에서 600baud는 1,200bps에 해당된다.

일반적으로 Windows 운영체제와 P2P 사이트에서는 인터넷의 속도를 KB/s 나 MB/s로 쓰는 경우가 많은데 이는 1초에 몇 Kilo Byte(103 Byte) 또는 Mega Byte(106 Byte)의 데이터를 주고받는지를 나타낸다. Byte는 문자를 표현하는 단위이므로 KB/s는 1초에 전송되는 문자의 수(103 문자)를 의미한다. 1Byte를 1개 문자를 표현하는 단위로 보았을 때 cps(characters per second)와 동일한 의미를 갖는다.

인터넷 서비스 사업자(IPS: Internet Service Provider)들은 보통 Mbps를 주로 사용하는데 100Mbps는 100/8＝12.5MB/s가 된다.

- 1Kbps＝1,024bps
- 1KB/s＝8Kbps
- 1Mbps＝1,024Kbps
- 1MB/s＝8Mbps
- 1Gbps＝1,024Mbps

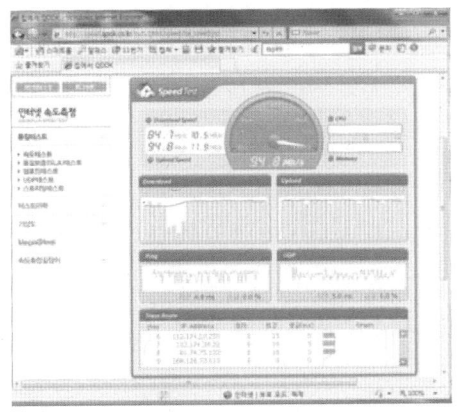

2. 데이터 전송 방식

데이터 전송의 형태는 동기 방법에 따라 동기 전송 방법과 비동기 전송 방법으로 구분되며, 전송 방식에 따라 직렬 전송 방법과 병렬 전송 방법으로 나눌 수 있다.

비동기식 전송(Asynchronous Transmission) 방법은 문자(character) 단위의 비트블록을 전송하는 것으로 송·수신 측 간의 동기화를 위하여 스타트 비트(start bit)와 스톱 비트(stop bit)를 비트블록의 앞뒤에 덧붙여 전송하는 방법이다. 비동기 전송 방법은 스타트 비트와 스톱 비트 사이 간격이 가변적이므로 불규칙적인 전송에 적합하며 필요한 접속장치와 기기들이 간단하므로 동기식 전송 방법에 비해 비용이 저렴하다는 장점이 있다. 그러나 스타트 비트와 스톱 비트가 추가되므로 전송효율이 낮고 상대적으로 저속의 속도로 운영되기 때문에 근거리에 많이 사용된다.

동기식 전송(Synchronous Transmission) 방법은 비동기식 전송 방식의 비효율성을 보안하기 위하여 제안되었다. 이 방식은 데이터 전송 전에 수신 측 데이터 비트의 수신 시간을 얻어서 미리 정해진 수만큼의 문자열을 한 묶음

(group)으로 만들어 일시에 전송하는 방법으로 전송 효율이 좋고 주로 원거리 전송에서 이용된다. 동기식 전송 방법은 비동기식에 비해 전송 효율이 좋지만 수신 측에서 비트 계산을 해야 하며, 문자를 조립하는 별도의 기억장치가 필요하기 때문에 가격이 비싼 단점이 있다.

병렬 전송(Parallel Transmission) 방법은 송신하고자 하는 비트 블록의 비트 하나하나에 대응되는 전송선이 있어 비트블록을 한꺼번에 전송한다. 이때 비트 블록의 크기는 보통 하나의 문자를 표시하는 데 필요한 비트 수이다. 이 방식은 단위시간에 다량의 데이터를 전송할 수 있는 장점이 있지만 전송거리가 길어지면 각 전송선별로 비트가 도착하는 시간이 다를 수 있어 원래의 비트블록을 정확히 복원하기 어려워지기 때문에 짧은 전송거리에 주로 이용된다.

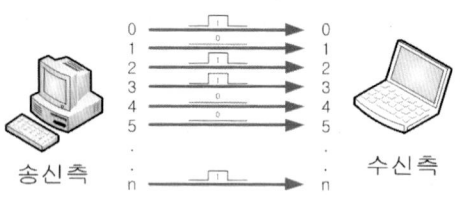

송신측   수신측

직렬 전송(Serial Transmission) 방법은 하나의 전송선을 사용하여 비트블록의 비트들을 전송하는 방식으로 수신 측에서는 들어온 일련의 비트들을 정해진 크기의 블록단위로 묶어 원래의 정보로 복원시킨다. 이와 같은 전송 방식은 모든 비트들이 동일한 전송선을 사용하여 비트별로 전송선이 대응되는 병렬 전송 방법에 비해 전송매체가 갖는 특성에 의한 에러 발생 가능성이 적기 때문에 원거리 전송에 적합하다. 병렬 전송 방법에 비해 매우 느린 반면 경제적이다.

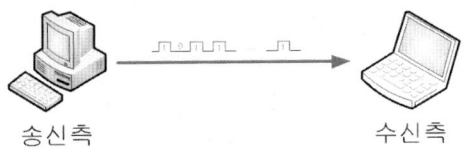

송신측   수신측

3. 방향성에 따른 정보 전송의 종류

두 시스템 사이의 통신을 위해서는 정보를 주고받는 방식을 결정해야 하는데 다음과 같은 종류가 있다.

단방향 전송(Simplex)은 한 방향으로만 정보를 전송하는 방법으로 수신부의 오류를 송신부에 알릴 수 없는 단점이 있으며 라디오나 컴퓨터와 모니터의 연결 등이 그 예이다.

반이중 전송(Half Duplex)은 양방향으로 통신이 가능하지만 어느 한 시점에서는 한 방향으로만 데이터가 전송하는 방식이다. 만약 동시에 데이터를 전송하게 되면 충돌이 발생하게 되며 충돌을 피하기 위해서 데이터를 송신하기 전에 전송매체의 사용 가능 여부를 확인해야 한다. 대표적인 예는 무전기를 들 수 있으며 양방향 교대 연결(Two-way Alternate)이라고도 한다.

전이중 전송(Full Duplex)은 양방향으로 통신이 가능한 방식이다. 즉 송신과 수신을 위해 별도의 채널을 두는 것으로 하나의 전송매체를 두 개의 채널로 분할하여 사용할 수 있으며, 전송방향에 따라 서로 다른 전송매체를 사용할 수도 있다. 대표적인 예로는 전화 통신이 있으며 양방향 동시 연결(Two-way Simultaneous)이라고도 한다.

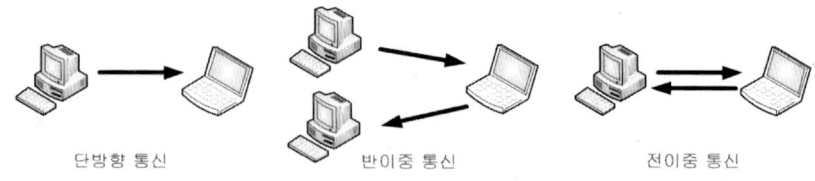

단방향 통신   반이중 통신   전이중 통신

Ⅳ. 네트워크 모델

네트워크 모델은 호스트-터미널 모델, 클라이언트-서버 모델, P2P 모델 그리고 애드혹 모델로 분류된다. 호스트-터미널 모델의 경우에는 과거에 많이 사용하던 모델로 메인 프레임 또는 호스트라는 불리는 대형 컴퓨터에 단말기를 연결하여 사용하는 방식으로 오늘날에는 일부 금융권이나 일부 기업 등 대형 전산실에서만 사용되고 있으며 점차 사라지고 있는 모델이다. 오늘날에는 대부분 클라이언트-서버 모델과 P2P모델을 단독으로 사용하거나 혼합된 형태로 사용되고 있다.

1. 클라이언트-서버모델

클라이언트-서버(Client & Server) 모델은 모든 자원들을 서버에서 관리하면서 클라이언트의 요청에 따라 필요한 정보를 제공하는 모델로 인터넷에서 제공되는 대부분의 서비스가 서버-클라이언트 모델을 채택하고 있다.

클라이언트와 서버는 컴퓨터이거나 소프트웨어 모두가 될 수 있다. 예를 들어 웹 서비스(Web Service)를 운영하기 위해서는 서버 측에 해당하는 웹 서버 컴퓨터에 홈페이지에 해당하는 HTML 문서를 저장하고 웹 서버 프로그램 (IIS: Internet Information Server 등)을 설치·운영해야 한다. 서비스를 제공받고

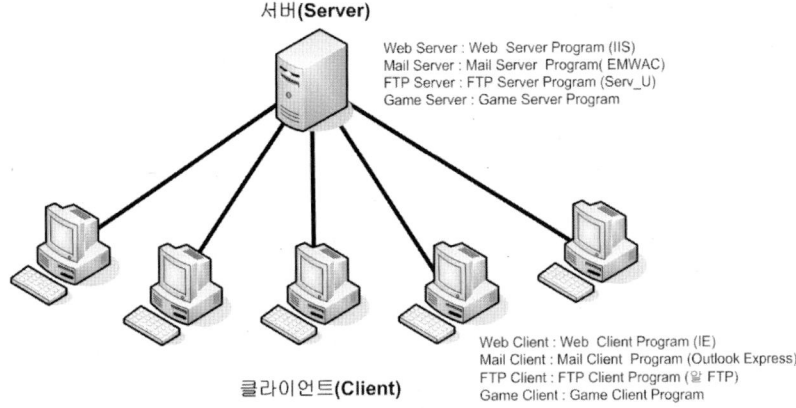

서버(Server)

Web Server : Web Server Program (IIS)
Mail Server : Mail Server Program(EMWAC)
FTP Server : FTP Server Program (Serv_U)
Game Server : Game Server Program

Web Client : Web Client Program (IE)
Mail Client : Mail Client Program (Outlook Express)
FTP Client : FTP Client Program (알 FTP)
Game Client : Game Client Program

클라이언트(Client)

[그림 1-30] 클라이언트-서버 모델

자 하는 클라이언트 측에서는 일반 컴퓨터에 웹 브라우저(Internet Explorer,
Netscape 등)를 설치한 후 이를 이용하여 웹서버에 접속함으로써 저장된
HTML 문서를 가져와 서비스를 이용하게 된다. 따라서 서비스를 제공하는
측의 컴퓨터와 서비스를 제공받는 컴퓨터가 각각 서버와 클라이언트 컴퓨터
가 되는 동시에 서버 컴퓨터에 설치된 웹 서버 프로그램과 클라이언트 컴퓨
터에 설치된 웹 브라우저 프로그램이 각각 서버와 클라이언트 소프트웨어가
된다.

클라이언트-서버 모델의 장점은 다음과 같다.

· 강력한 중앙집중식 보안 체계 관리 기능
· 중앙집중식 파일 저장을 통해 네트워크에서 효율적인 데이터 사용과
  관리가 가능
· 서버의 하드웨어와 소프트웨어를 공동으로 사용함으로써 시간과 비용
  절감

클라이언트-서버 모델의 단점은 다음과 같다.

- 고가의 전용 서버 컴퓨터와 네트워크 운영체제가 필요
- 전문적인 지식이 있는 관리자가 필요
- 동시에 접속하는 클라이언트 수가 너무 많아져 서버에 전송되는 데이터양이 급격히 증가하게 되면 서버가 감당할 수 없게 되어 다운되는 경우가 발생
- 클라이언트-서버가 다운되는 경우 모든 클라이언트가 서비스를 제공받지 못하게 되는 최악의 사태를 초래

클라이언트-서버 구조로 서비스되는 대표적인 네트워크와 인터넷 서비스는 다음과 같은 종류가 있으며 거의 대부분 서비스가 이 구조로 되어 있다.

- 프린트 서버
- 스토리지(Storage) 서버
- Web 서비스
- E-mail 서비스
- FTP(File Transfer Protocol) 서비스
- 채팅 서비스
- 온라인 게임 서비스
- 그 외 기타 다양한 콘텐츠 서비스

2. P2P(Peer-to-Peer)모델

P2P(Peer-to-Peer) 구조는 서버 없이 각 클라이언트가 직접 1:1로 연결하여

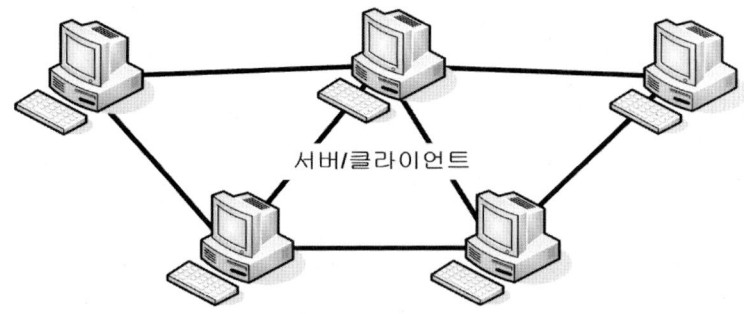

서버/클라이언트

[그림 1-31] P2P 모델

서비스를 이용하는 구조이다. 즉 모든 컴퓨터가 서버이면서 동시에 클라이언트가 되어 서로의 자원 등을 네트워크를 통해 공유한다. 그러므로 각자가 일정한 서비스의 제공자이며 동시에 서버시의 요청자가 된다.

이와 같은 모델에서는 각각의 PC 사용자들의 자신의 PC의 자원을 관리하고 공유하는 일을 책임져야 하는데, 이러한 작업은 워크그룹이라는 일정 범위 내에서 이루어진다.

일반적으로 P2P 구조에 해당하는 서비스에는 MSN 메신저와 같은 실시간 메신저 서비스와 이뮬이나 프루나와 같은 파일 공유 서비스, MP3 파일을 공유하는 소리바다 등이 있다.

P2P 모델의 장점은 다음과 같다.

· 요구되는 서버 장비나 소프트웨어에 대한 추가적인 비용부담이 없다.
· 시스템 설정이 간단하다.
· 모든 사용자가 자원의 공유를 직접 관리한다.
· 작업의 수행을 위해 다른 컴퓨터에 의존하지 않는다.
· 구축비용이 저렴하다.

P2P 모델의 단점은 다음과 같다.

- 자신의 작업과 다른 사용자가 요청한 작업을 동시에 처리해야 하기 때문에 컴퓨터에 부하가 발생한다.
- 많은 네트워크 접속을 제어할 수 없다.
- 파일의 보관이 각각의 컴퓨터에서 이루어지기 때문에 비효율적이고 중복된 파일이 발생한다.
- 모든 사용자가 컴퓨터에 대해 잘 알고 있어야 한다.
- 관리하기가 어렵다.

V. 네트워크 장비

네트워크를 구축하는 방법이나 기술들이 다양하기 때문에 네트워크를 구축하는 데 필요한 장비도 다양한데 네트워크로 연결될 두 지점 간의 거리, 네트워크를 사용할 인원 수, 발생되는 데이터의 양, 연결하는 두 네트워크의 네트워크 방식, 네트워크가 처리해야 하는 신호의 유형 등 여러 가지 조건에 따라 필요한 장비들을 결정해야 한다.

1. 전송매체

전송매체란 데이터 통신을 구성하는 송수신 정보기기 등 여러 장치들 사이에서 발생되는 정보들이 이동되는 전송로를 의미하는 것으로 네트워크상의 각 노드를 연결시켜 주는 물리적 채널이다. 이와 같은 채널에는 유선매체와 무선매체로 분류된다.

1) 유선매체

전기통신이 시작된 이후 통신기술은 거리와 시간을 극복하기 위해 혁신적으로 진화되어 왔다. 초기의 전송매체로는 철에 구리를 입힌 가공나선이 사용되었으나 현재는 트위스티드 페어(꼬임선), 동축케이블, 광섬유 케이블 등이 사용되고 있다. 유선매체는 각각의 통신 장치에서 발생된 정보의 신호가 유선의 선로를 통해 전달되므로 무선매체에 비해 외부 간섭이 적어 신뢰도가 높으며 속도가 빠르다.

〈표 1-8〉 유선 매체의 전송 특징

통신회선	데이터 전송속도	대역폭	중계기 설치구간
트위스티드 페어(꼬임선)	1Mbps	250kHz	2~10km
UTP	1Gbps	1MHz~600kHz	100m
동축케이블	500Mbps	350kHz	1~10km
광섬유케이블	2Gbps	2GHz	10~100km

(1) 트위스티드 페어

트위스티드 페어(Twisted Pair)는 나선 형태의 절연된 두 개의 구리선이 상호 전기적 간섭 현상을 줄이기 위해 2가닥을 한 조로 하여 여러 개의 쌍을 한 다발로 묶어 보호용 외피로 감싼 케이블을 말한다. 다른 전송매체에 비해 가격이 저렴하고 시공이 간단하기 때문에 가정용 전화기와 개인용 컴퓨터 연결에 주로 사용된다. 그러나 다른 전송매체에 비해 대역폭이 넓지 못하고 일반적인 특성도 떨어지며 고속 전송도 비교적 제한적이다.

(2) 트위스트 페어 케이블(UTP Cable)

트위스티드 페어는 STP(Shielded Twisted Pair)와 UTP(Unshielded Twisted Pair)로 나누어지는데 STP는 꼬임쌍 위에 외부 전파 간섭 차단용 그물형 도선을 씌운 것이고 UTP는 이러한 도선을 씌우지 않은 것이다. 일반적으로 UTP 케이블은 RJ-45 커넥터를 이용하여 네트워크 카드와 허브/스위치에 연결하여 컴퓨터 네트워크에서 많이 사용된다.

(3) 동축케이블

동축케이블(Coaxial Cable)은 1934년 A. A. 셸크노프(Schelknoff)가 동축전송로에 의한 광대역 전송 방식을 발표하면서 시작되었다. 동축케이블은 아날로그와 디지털 신호 모두를 전송할 수 있는데 CATV에서는 아날로그 신호를, 근거리통신망에서는 주로 디지털 신호를 전달한다. 동축케이블은 10Mbps 이상의 정보 전송속도를 지원하는데, 중앙의 구리선에 흐르는 전기신호는 그것을 싸고 있는 외부 구리 때문에 외부의 전기적 간섭을 적게 받고, 전력손실이 적어 고속 통신선로로 많이 이용되고 있다.

[그림 1-32] 동축케이블

(4) 광섬유케이블

빛을 전송하기 위해 특수하게 제작된 사람 머리카락 굵기만 한 유리섬유로 석영유리를 기본 재료로 하여 굴절률이 높은 중심부(core)와 굴절률이 낮은 외피(cladding)의 이중구조로 되어 있다. 이 두 층의 경계면에서 빛은 안쪽

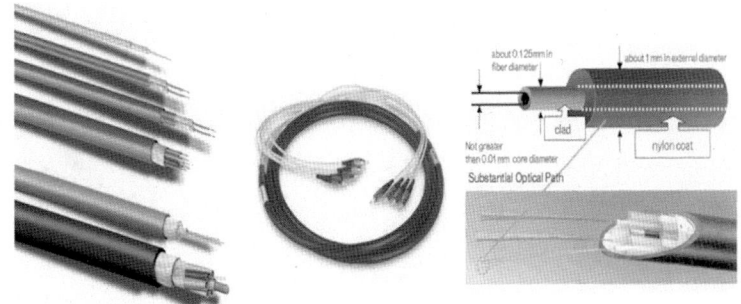

[그림 1-33] 광섬유케이블

으로 꺾여 빛이 지속적으로 진행되어 빛을 정보로 이용한다. 광섬유는 한쪽 끝에는 레이저나 LED 같은 광원이 위치하고 다른 한쪽 끝은 광탐지기가 위치한다. 광섬유 케이블은 동축케이블에 비해 전송 손실이 매우 적고, 부피가 작으며 대역폭이 훨씬 넓어 다량의 정보를 전송할 수 있다. 또한, 빛을 사용함으로써 전기적 간섭이 발생하지 않으며 석영을 기본 원료로 하여 다른 금속원료보다 풍부하기 때문에 쉽게 구할 수 있는 장점이 있다. 단점으로는 설치 시 고도의 기술이 요구되기 때문에 전문가가 요구된다는 점이다. 최근 데이터 통신에서는 통신량이 늘면서 용량이 크고 값이 상대적으로 싼 광섬유를 이용한 광통신이 점차 늘어나고 있다.

2) 무선매체

무선통신이란 공간을 전송매체로 하는 통신으로 정보 신호를 전자파에 실어서 공간에 송신하고, 수신 측에서는 공간을 거쳐 전송되어 온 전자파를 수신하여 원래의 신호를 검출하는 방식의 통신이다. 전파를 매체로 통신하기 때문에 사용하는 주파수에 제한이 있고 전자파의 주파수와 파장에 따라 전파방법이 다양하다. 무선매체는 위성 마이크로파, 라디오파, 지상 마이크로파로 분류된다.

2. 전송장비

전송장비는 네트워크로 연결될 지점 간의 거리, 접속 인원수, 전송되는 데이터의 양, 연결 방식, 신호의 유형 등 여러 가지 조건에 따라 다양한 장비들이 요구된다.

1) 네트워크 카드(Network Card)

랜카드(LAN Card) 또는 네트워크 인터페이스 카드(NIC: Network Interface Card)라고도 하며 네트워크에 접속할 수 있도록 컴퓨터 내에 설치되는 확장 카드이다. 오늘날에는 일반적으로 메인보드 내에 칩의 형태로 내장되는 경우가 많다. 네트워크카드는 사용하는 컴퓨터, 배선법에 따라 다양한 종류가 있다.

표준이더넷카드	PC나 매킨토시를 비롯한 모든 컴퓨터에서 사용하는 가장 일반적인 네트워크카드이다. 일반적으로 10Mbps/100Mbps의 속도를 가진 이더넷카드들이 사용되며 근래에는 무선 네트워크를 위한 무선랜 카드들도 많이 보급되고 있다. 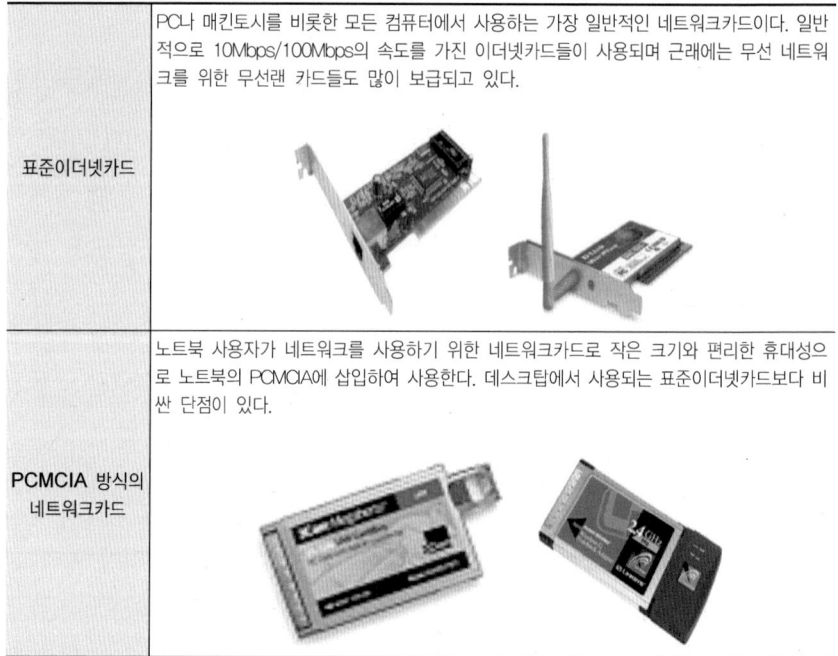
PCMCIA 방식의 네트워크카드	노트북 사용자가 네트워크를 사용하기 위한 네트워크카드로 작은 크기와 편리한 휴대성으로 노트북의 PCMCIA에 삽입하여 사용한다. 데스크탑에서 사용되는 표준이더넷카드보다 비싼 단점이 있다.

2) 허브(Hub)

허브는 주로 이더넷에서 몇 개의 단말기들을 묶어서 LAN에 접속시키기 위한 장치로 오늘날에는 Ethernet, Fast Ethernet, Gigabit Ethernet 등에서 LAN을 구성하는 중심장치이다. 허브는 제공하는 기능에 따라 단순 허브와 스위칭 허브로 나누어진다.

단순 허브 (더미 허브, **Dummy Hub**)	사용자 시스템들이 하나의 매체를 공유하고 있는 것과 같은 상태로 모든 데이터는 허브에 의해 브로드 캐스팅된다. 따라서 공유 허브(Shared Hub)라고 하며 하나의 허브가 100Mbps의 전송속도를 지원할 경우 사용자 장치가 n개인 경우 허브는 각 장치들에게 평균 100/n Mbps의 속도를 제공하다. 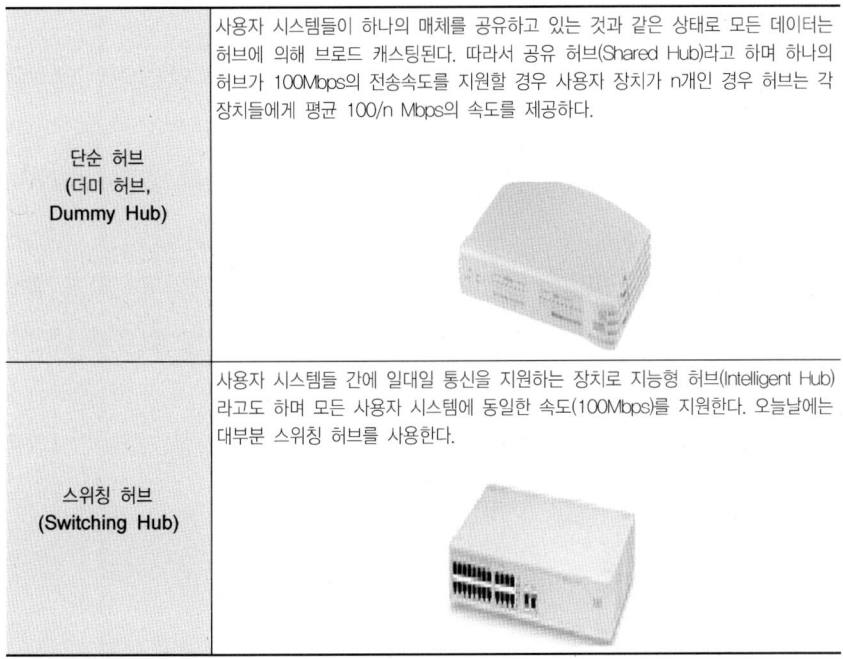
스위칭 허브 (**Switching Hub**)	사용자 시스템들 간에 일대일 통신을 지원하는 장치로 지능형 허브(Intelligent Hub) 라고도 하며 모든 사용자 시스템에 동일한 속도(100Mbps)를 지원한다. 오늘날에는 대부분 스위칭 허브를 사용한다.

3) 라우터(Router)

허브는 하나의 LAN을 구성하기 위한 각각의 시스템을 연결하기 위한 장치인 데 비해 라우터는 LAN과 LAN을 연결하기 위한 장치로 정보에 담긴 수신처 주소를 읽고 가장 적절한 통신경로를 이용하여 다른 통신망으로 전송하는 장치이다. 즉 라우터는 흔히 내부 망에서 외부 망으로 나갈 때 일종의

[그림 1-34] 라우터

게이트웨이처럼 동작하고, 외부에서는 목적지 네트워크로 가는 여러 경로들 중에서 최적의 경로(Optimized Route)를 설정해 준다.

라우터의 장점은 통신환경의 설정을 가능하게 하여 관리 방침에 따라 라우팅 방식을 결정함으로써 전체 네트워크의 성능을 개선할 수 있다. 또한 표준 논리에 따라 통신방법이 자동으로 결정되므로 유지보수가 용이하고, 통신방법에 구애받지 않으므로 대규모 통신망을 쉽게 구성할 수 있으며, 다양한 경로를 따라 통신량(트래픽: traffic)을 분산할 수 있는 반면에 초기 환경설정이 어렵고, 특정한 프로토콜에 의존하므로 다양한 프로토콜 지원이 어려우며, 하위 프로토콜 지원이 불가능하고, 기능이 복잡하므로 가격이 비싸다는 단점이 있다.

4) 인터넷 공유기

인터넷 서비스 공급업체(ISP: Internet Service Provider)에서 제공하는 한 개의 인터넷 라인을 이용하여 여러 대의 컴퓨터, 노트북, IP폰 등이 동시에 인터넷을 사용할 수 있게 공유해 주는 장치이다.

공유기를 사용하면 ISP에서 할당받은 하나의 공인 IP Address를 내부 네트워크에서 여러 개의 IP 주소로 변환하여 사용이 가능하기 때문에 한 대의 컴퓨터에서만 인터넷 접속이나 외부 네트워크와 연결되던 것을 최대 253대까

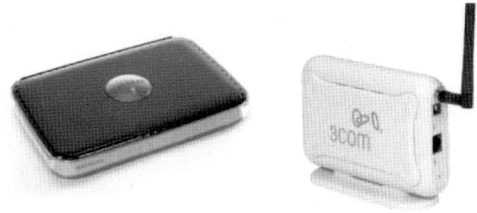

[그림 1-35] 인터넷 공유기

지 동시에 인터넷에 접속할 수 있다. 따라서 가정, 사무실 등에서 소규모 인터넷을 사용하는 경우 필수적인 장비이며 허브 기능과 보안 기능 등을 내장하고 있어 공유기 하나로 여러 가지 역할을 수행한다.

유무선 공유기의 경우 공유기와 무선 AP(Access Point)를 결합한 것으로 유선 인터넷과 무선 인터넷을 동시에 이용할 수 있도록 해 준다.

다수의 컴퓨터를 연결하여 네트워크를 구성하는 방법을 토폴로지(Topology)라 하는데 성형(star), 링형(ring), 버스형(bus), 트리형(tree) 등이 있다.

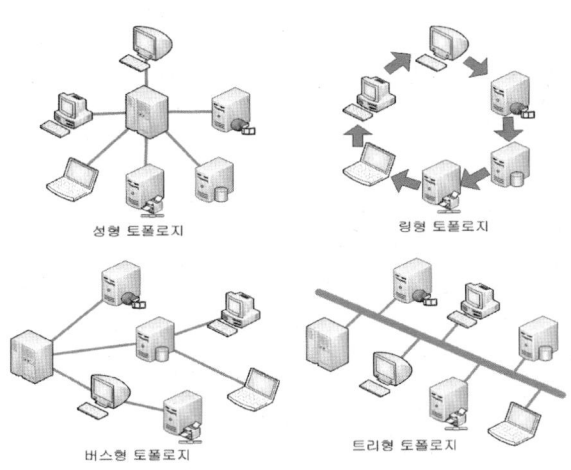

성형 토폴로지   링형 토폴로지

버스형 토폴로지   트리형 토폴로지

[그림 1-36] 네트워크 토폴로지

Ⅵ. 네트워크의 종류

컴퓨터 네트워크의 종류는 서비스 범위에 따라 PAN, LAN, WAN으로 나누어
지며 망의 연결방식에 따라서 유선망, 무선망 그리고 모바일망으로 구분된다.

1. 서비스의 범위에 따른 정보 통신망의 구분

1) 개인영역 통신망(PAN: Personal Area Network)

개인 정보기기 간의 통신을 지원하기 위한 네트워크로 주로 휴대용 기기
를 지원하기 위해 수 미터(m) 이내에서 동작하는 네트워크이다.

〈표 1-9〉 개인연역 통신망의 종류

종류	연결방식	예시
유선 PAN	· USB, Fire wire 등	· 디지털 카메라, MP3 플레이어와 컴퓨터 간의 통신
무선 PAN	· 적외선 통신(IrDA: Infrared Data Association), 블루투스(Bluetooth), ZigBee 등	· PDA 간의 통신 · 무선 키보드, 마우스와 컴퓨터 간의 통신 · MP3 플레이어와 무선 헤드폰 간의 통신

2) 근거리 통신망(LAN: Local Area Network)

근거리 통신망은 랜(LAN)이라고도 하며 비교적 근거리의 제한된 영역 내
의 단말기들 간에 통신을 하는 것으로 주로 건물 내부나 단지와 같이 소규모
의 지역을 지원하는 네트워크이다. 근래에는 기술의 발전으로 인해 그 한계
가 점차 넓어지고 있다. 일반적으로 데이터 전송속도는 10Mbps~10Gbps 정
도로 매우 빠르며 디지털 신호를 주고받는다. LAN은 1964년 Lawrence 연구소
에서 핵무기 개발을 지원하기 위한 목적으로 개발되었는데 1970년대 후반부
터 일반 분야에 빠르게 적용되기 시작하였다. 유선 LAN은 Ethernet이 사용되
고 무선 LAN은 Wi-Fi가 사용되고 있다.

3) 원거리 통신망(WAN: Wide Area Network)

원거리 통신망은 근거리 통신망에 비해 비교적 넓은 지역을 지원하는 컴퓨터 통신망으로 시나 도 범위의 지역 또는 국가 간의 지역을 연결하는 광역 네트워크를 의미한다. 원거리 통신망은 근거리 통신망 또는 다른 형태의 네트워크를 서로 연결한다. 대표적인 원거리 통신망으로는 인터넷(Internet)을 들 수 있다.

4) 백본 통신망(Backbone Network)

백본 통신망은 기간망이라고도 하며 네트워크의 최상위 레벨로 네트워크의 중심을 이루는 주요 통신망이다. 백본 통신망을 이용하여 멀리 떨어진 근거리 통신망이나 원거리 통신망을 연결하여 정보를 교환한다. 따라서 백본 통신망의 속도에 따라 근거리 통신망과 원거리 통신망의 전송속도가 좌우되며 보통 128Mbps~10Gbps 이상의 속도를 가진다. 국가단위에서 시행하는 초고속 정보통신망은 백본 통신망을 사용하여 기간망을 구축한다.

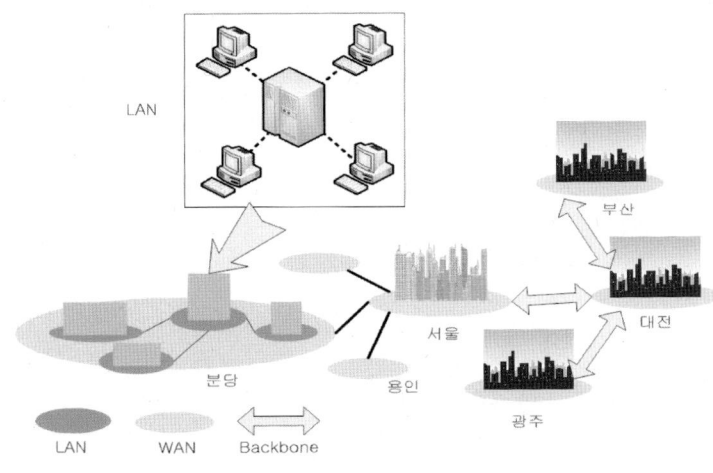

[그림 1-37] 영역에 따른 네트워크의 종류

2. 연결방식에 따른 정보 통신망의 구분

1) 유선망

IEEE 802.3 표준으로 제정된 국제표준의 LAN인 Ethernet 연결로 선이 없는 무선망에 비해 속도가 빠르고 보안에 안전하다는 장점이 있는 데 반해 설치 시 선을 연결하여야 하기 때문에 설치 장소의 환경에 따라 설치에 어려움이 있다. 연결선으로는 트위스티드 페어(Twisted Pair) 케이블인 UTP 케이블이나 동축케이블(Coaxial Cable), 광섬유케이블(Fiber Optical Cable) 등이 사용된다.

2) 무선망

무선망은 노트북, PDA 등 이동 단말기를 이용하여 호텔, 공항, 대학교 등 인터넷 이용 계층이 밀집한 공공장소에서 초고속 무선 인터넷 서비스 접속이 가능한 네트워크이다. 무선망은 이동성, 편이성, Ad-hoc 네트워킹, 유선으로 연결된 어려운 곳에 대한 서비스 등 요구에 의해 개발된 네트워크로 복잡한 배선의 번거로움을 없애고 무선으로 호스트 간의 연결이 가능하다. 무선망은 보통 50~100m 정도의 전파 도달거리를 가진 소형 기지국(AP: Access Point)을 이용하여 고속 데이터를 전송하는 기술로 2.4GHz 대역에서 최대 11Mbps, 5.7GHz 대역에서는 54Mbps의 속도를 제공한다. 핫스팟(Hotspot)은 AP(Access Point)라는 무선 안테나를 중심으로 반경 수십 미터 내에서 컴퓨터가 신호를 받을 수 있는 지역을 의미하며 기지국 간의 핸드오프를 지원하지 않기 때문에 제한적인 이동성만을 제공하고 보안에 취약한 단점이 있다. 무선망은 Wi-Fi(와이파이, 종종 위피라고 읽는 경우가 있는데 이는 잘못된 표음 방법이다)라는 명칭으로 많이 사용한다.

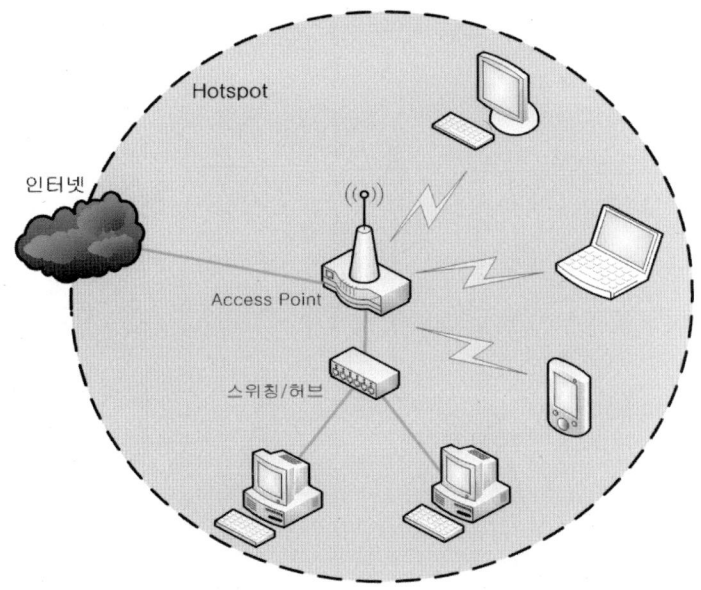

[그림 1-38] AP를 이용한 무선 통신망 구조

3) 모바일망

무선망은 수십 미터 반경의 핫스팟 지역에서만 인터넷을 사용할 수 있기 때문에 이동 중에는 이용할 수 없으며 광범위한 지역을 지원하는 데는 어려움이 있다. 이러한 단점을 보완하기 위해 수 킬로미터 지역을 지원하는 셀(Cell) 형태의 모바일망인 이동통신망이 개발되었다.

모바일망은 현재의 3세대 IMT-2000 시스템에 이르기까지 지속적인 진화를 거듭하여 사용자의 다양한 이동통신 서비스 요구 및 기대치를 충족시키기 위해 4세대 이동통신 시스템 및 서비스에 대한 관심이 지속적으로 증대되고 있다. 현재 WiBro(Wireless Broadband) 기술을 사용하는 망과 WiMAX(Worldwide Interoperability for Microwave Access) 기술을 사용하는 망으로 나누어지는데 WiBro는 국내 기술에 의해 개발되었고, WiMAX는 Inter 주도로 개발되었다.

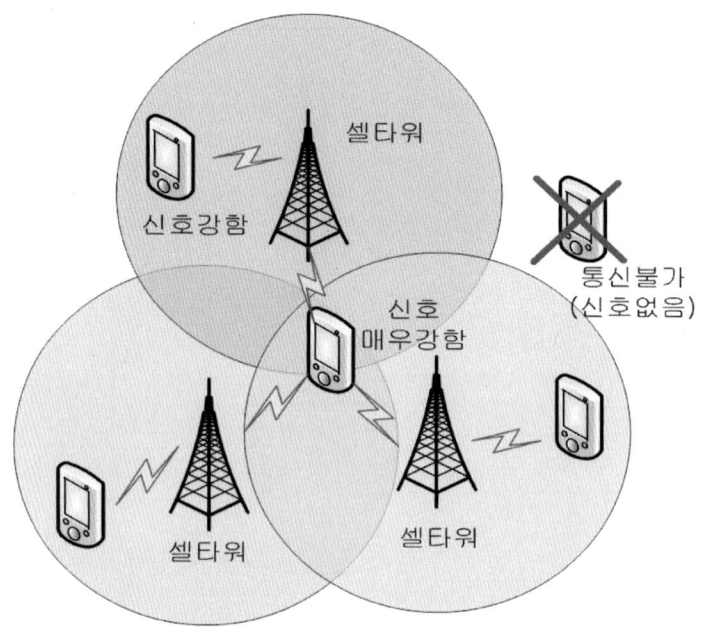

[그림 1-39] 모바일망의 간략한 연결 구성

VII. 인터넷의 이해

인터넷(Internet)이란 INTERconnected NETwork의 합성어로 네트워크와 네트워크가 연결되어 컴퓨터 간에 정보를 교환할 수 있도록 구성된 망(network)으로 정의되며 정보의 바다(sea of information) 또는 지구촌 통신망(global network)이라 불리기도 한다.

인터넷을 정의하는 방법은 보는 관점에 따라 다소 차이가 있으나 IETF(Internet Engineering Task Force)의 RF(Request for Comments) 1462에서는 인터넷을 TCP/IP 프로토콜에 기반을 둔 네트워크들의 네트워크, 네트워크를 개발하고 사용하는 사람들의 공동체 또는 네트워크를 통해 얻을 수 있는 정보 자원의 집합체로 정의하고 있다.

인터넷에는 수많은 정보들이 네트워크를 통해 이동하고 있으며 순간마다 새로운 정보가 추가/삭제되고 있으며 이러한 정보들은 인터넷에 연결된 전 세계의 모든 컴퓨터로부터 제공받고 있다. 따라서 인터넷을 이용하면 시간이나 공간의 제약 없이 원하는 정보를 거의 실시간으로 제공받을 수 있을 뿐만 아니라 전 세계 사람과 네트워크를 통해 만날 수도 있다.

인터넷의 가장 일반적인 정의는 네트워크와 네트워크가 모인 하나의 거대한 네트워크, 즉 네트워크의 네트워크(Network of Network)이다. 컴퓨터 간에 정보를 편리하게 교환할 수 있도록 구축된 네트워크와 인접한 네트워크를 연결하여 네트워크 간의 정보 교환이 가능해지고 이러한 네트워크 범위가 전 세계적으로 퍼져 나가게 된 것이 인터넷이다.

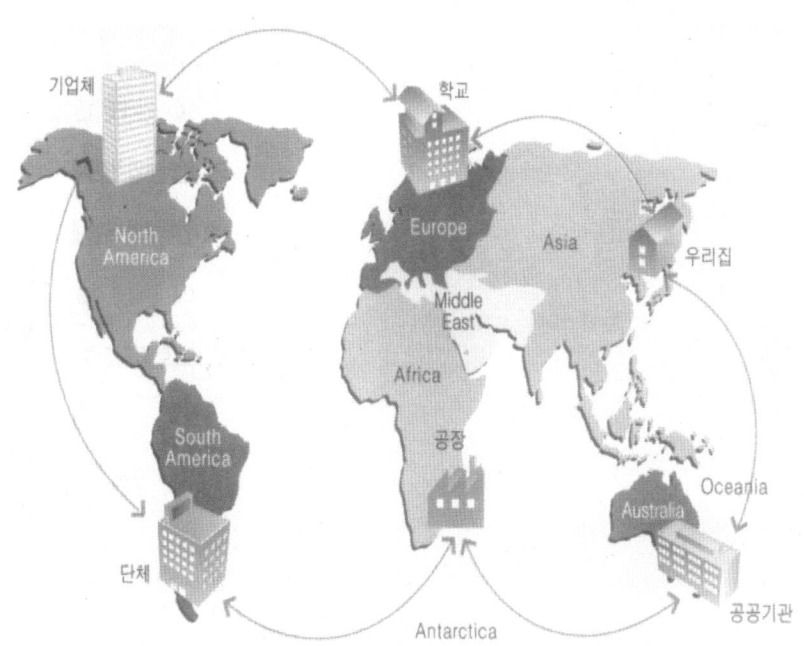

[그림 1-40] 인터넷

인터넷의 특징은 다음과 같다.

· 전 세계가 연결된 네트워크
· 개방적인 네트워크
· TCP/IP 프로토콜을 기반으로 하는 네트워크
· 소유자나 운영자, 권력자가 없는 네트워크
· 실시간, 다방향의 멀티미디어 네트워크
· 대중적인 범용 네트워크
· 저렴한 비용의 네트워크
· 발전성이 매우 높은 네트워크

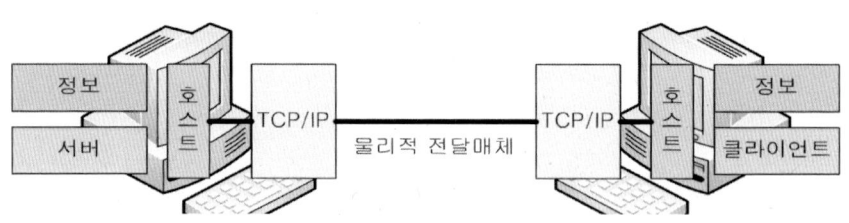

[그림 1-41] 인터넷 구성요소

　인터넷을 구성하는 주요 구성요소로는 정보 전달에 필수적인 물리적 네트워크, 물리적 네트워크를 통하여 정보를 전달케 하는 TCP/IP 프로토콜, 호스트에 설치되어 TCP/IP를 통하여 정보를 주고받는 응용 프로그램으로 구분할 수 있다. 정보를 교환하는 응용 프로그램 간에는 요청하는 측을 클라이언트(client), 제공하는 측을 서버(server)라고 구분한다.

1. 인터넷의 역사

인터넷(Internet)은 1969년에 미 국방성(Department of Defense, DoD)이 군사적인 목적으로 추진한 프로젝트인 알파(ARPA: the Advanced Research Projects Agency) 프로젝트에 의해 탄생되었다. 알파 프로젝트는 1960년대 구소련의 스푸트니크(Sputnik) 인공위성 발사를 계기로, 특정 지역의 폭탄 포격과 같은 긴급사태에서도 장애를 받지 않고 정상적으로 제 기능을 발휘할 수 있는 통신망 구축 방법에 관한 연구로 미국 내 3개 대학과 연구기관, 즉 UCLA(University of California, Los Angels), UCSB(University of California, Santa Barbara), 유타대학(University of Utah)과 SRI(Stanford Research Institute)의 연구원들 간의 정보와 자원 공유를 위해 1960년부터 ARPAnet이란 컴퓨터 통신망을 구축하여 운용하면서 이것이 인터넷의 기원이 되었다. ARPA 프로젝트에서 개발된 알파넷은 한 컴퓨터에서 다른 컴퓨터로 정보를 전송하는 길(path)이 미리 정해진 것이 아니라 상황에 따라 변하는 특징이 있으며 원격 시스템 접속, 파일 전송, 전자 우편 및 정보 공유가 가능한 컴퓨터 통신망으로서 사용자 수의 증가와 망의 확장과 함께 미국의 중요한 컴퓨터 통신망으로 자리를 잡게 되었다.

ARPAnet의 확장과 함께 미국에서는 근거리 통신망(LAN) 기술과 워크스테이션의 보급에 따라 새로운 컴퓨터 통신망들이 탄생하여 발전하기 시작하였고, ARPAnet은 이들 통신망들과의 상호 연결이 필요하게 되었다. 그러므로 ARPAnet는 기종에 관계없이 통신망에 접속된 모든 컴퓨터 간의 통신이 가능한 컴퓨터 통신망 구축을 위해 새로운 통신 프로토콜과 통신망 구조가 필요하게 되었는데, 그것이 TCP/IP 프로토콜과 ARPA 인터넷 프로토콜이다.

1983년에 TCP/IP 프로토콜을 바탕으로 인터넷이 시작되었으며, ARPAnet 호스트들은 TCP/IP 프로토콜을 사용한 인터넷 환경에서의 상호 통신이 이루어지게 되었다. 최초 ARPAnet 이후 1986년에 각 기관들의 네트워크가 미국

국립과학재단(NSF: National Science Foundation)의 네트워크인 NSFNET에 연결되면서 인터넷이 본격적으로 보급되기 시작되었고, 1990년대 초까지 인터넷에 연결된 전 세계의 네트워크가 NSFNET에 직간접적으로 연결되는 구조를 갖게 되었다. 이러한 이유로 NSFNET을 가리켜 인터넷의 백본(Backbone)이라 하였다. 인터넷의 성장과 인터넷 회선 업체(ISP: Internet Service Provider)의 등장으로 인하여 1995년 NSFNET의 백본이 사라지고, 일반 회사들이 운영하는 사용 백본이 등장하였다.

인터넷에 접속된 네트워크의 수는 1987년에 200개, 1989년에는 500개를 넘었고 1990년대 들어와서는 그 수가 증가되어 미국방성은 1990년에 알파넷을 독립시켰다. 따라서 자연히 인

[그림 1-42] 전 세계 인터넷 이용자 수

터넷의 운영도 NSFNET과 같은 연구소나 대학 중심으로 옮겨졌고 인터넷은 꾸준히 발전되어 1996년 1월에는 약 600만 개의 컴퓨터 망이 거미줄처럼 연결되었다. 2007년 기준 전 세계적으로 14억여 명이 사용하고 있는 최대 네트워크로 발전하였다(영국의 대중 과학잡지 '뉴사이언티스트(Newscientist)'에서는 2002년부터 2년마다 한 번씩 전 세계 인터넷 사용자 추이를 통계 그래프를 통해 발표하고 있다).

다음은 세계 인터넷의 발전과정을 요약한 것이다.

〈표 1-10〉 세계 인터넷의 발전과정

연 도	내 용
1969	미 국방성에 의해 알파넷(ARPAnet) 탄생
1972	E-Mail 프로그램 개발, Telnet 표준안(RFC 318) 발표
1973	FTP 표준안(RFC 454) 발표
1977	Mail 표준안(RFC 733)
1979	Usenet 시작
1982	TCP/IP 도입(인터넷 개념 정립)
1983	ARPAnet이 ARPAnet과 MILNET으로 분리, 인터넷 시작
1984	DNS(Domain Name System) 제시
1986	NNTP(Network News Transfer Protocol) 개발, NSFNET 구축
1988	IRC(Internet Relay Chart) 개발
1990	ARPAnet 폐지, Archie 시작
1991	WAIS 시작, Gopher 시작
1992	WWW(World Wide Web) 시작, Veronica 시작
1993	InterNIC 창설, Mosaic 등장으로 WWW 사용률 급증, Netscape Navigator 개발
1994	W3C(World Wide Web Consortium) 구성
1995	NSFNET이 공식 해체되고 상용 ISP(Internet Service Provider)들이 인터넷 운용
1996	Microsoft사 Internet Explorer 발표
1998	세계 인터넷 이용자 수 1억 명 돌파
1999~2009	3천만 대 이상의 호스트 컴퓨터가 연결되어 있는 세계 최대 네트워크로 발전, Research Network들을 형성, 고속의 전송속도 및 응용 프로그램들을 중심으로 연구 및 개발이 진행

국내 인터넷은 1982년에 서울대학교와 전자통신연구소 간에 TCP/IP를 이용한 전산망인 SDN(System Development Network)이 탄생하면서 시작되었다. 국내의 인터넷 ISP(Internet Service Provider)는 크게 비영리 기관과 영리 기관으로 구분된다. 비영리 기관으로는 한국통신개발원이 중심이 되는 하나망, 서울대학교가 중심이 되는 교육전산망(KREN: Korea Research & Education Network)과 시스템공학연구소거 중심이 되는 연구전산망(KREONET: Korea Research Environment Open Network) 그리고 한국전산원이 중심이 되는 국가, 정부, 공공기관을 연결하는 정부 공공망(KOSINET) 등이 있다.

영리 기관은 1994년에 한국통신의 코넷(KORNET), 데이콤의 보라넷(BORANET)

을 시작으로, 아이네트 기술에서 제공하는 누리넷(NURINET), 한국통신의 하이
텔(HITEL), 현대전자의 아미넷(AMINET) 등이 인터넷 서비스를 제공하기 시작
하였다.

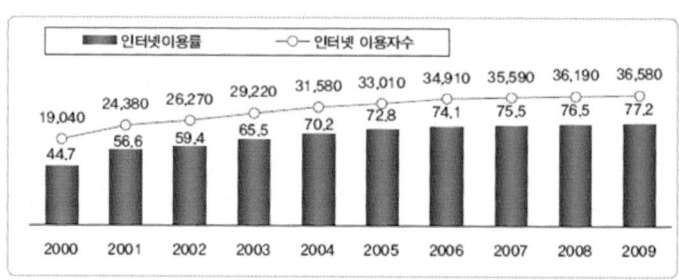

[그림 1-43] 국내 인터넷 이용률 및 이용자 수 변화 추이(단위: %, 천 명)

출처: 한국 인터넷 진흥원, '2009년 인터넷이용실태조사' 보고서

〈표 1-11〉 국내 인터넷의 발전과정

연 도	내 용
1982	SDN(TCP/IP) 구축(서울대－한국전자통신연구소), 인터넷 최초 접속
1983	SDN-EUNET/UUCPNET(기술, 학술정보 교환망) 연결, 해외 공중네트워크(Public Data Network) 개통, 정보 검색 서비스 제공
1984	공중정보네트워크(PSDN) DACOM-Net 최초 연결, 상용 전자우편 서비스 제공(데이콤)
1985	SDN-PACNET(아태지역 학술연구망) 연결, 한글 전자우편 서비스 제공, PC 통신 서비스 개시(데이콤)
1986	IP 주소(128.134.0.0) 국내 최초 배정, 국가 도메인(.kr) 도입
1987	전자사서함(H-Mail) 서비스 제공, PC 뱅킹 서비스 개시
1988	SDN-MHSNET(학술용망) 연결, PC 통신 상용화 서비스 개시(천리안), 사설 게시판 등장, 바이러스(Brain) 최초 국내 침투 및 백신 개발
1989	교육망(KERN),연구망(KREONet) 탄생, SDN-HANA망 구축(한국통신)
1990	SDN-HANA망과 미국 IP 기반 인터넷 연결
1991	주민등록등본 온라인 발급 서비스 개시
1993	행정종합네트워크 개통, 국내 최초 웹 사이트 개설(cair.kaist.ac.kr)
1994	상용 ISP(Internet Service Provider) 등장(한국통신, 데이콤, 아이네트 등). 인터넷 상용화 서비스 개시(한국통신)
1995	PC-인터넷 접속 시작, KIX 구축 및 서비스 개시, WWW 서비스 개시
1996	ISDN 공중망 개통, ISDN 인터넷 서비스 개시, 전자상거래 서비스 개시

1997	전용회선 서비스 시작, 초고속 국가망 인터넷 서비스 시작, 인터넷 주식 거래 서비스 개시, 검색, E-Mail 등 무료 인터넷 서비스 개시
1999	인터넷 이용자 수 1,000만명 돌파, IPv6 주소 최초 배정, ADSL 서비스 개시(하나로 통신), 인터넷 뱅킹 서비스 개시
2000	상용 ATM 교환망 개통, 한글 .kr 서비스 개시
2001	초고속망 구축 세계 1위(OECD), 인터넷 이용자 수 2,000만 명 돌파, 무선 인터넷 단말기 2,000만 대 돌파
2002	초고속 인터넷 가입 1,000만 가구 돌파, 초고속 인터넷 보급 세계 1위, 무선랜 서비스 개시(넷스팟)
2003	1.25 인터넷 침해 사고 발생, VDSL(20Mbps) 서비스 개시, 모바일뱅킹 서비스 개시
2004	인터넷 이용자 수 3,000만 명 돌파, BcN 시범사업 추진, 홈네트워크 서비스 개시
2005	디지털기회지수(DO) 세계 1위(ITU), WiBro 국제표준 제정, 인터넷 전화(VoIP) 사용 서비스 개시
2006	FTTH(댁내 광케이블) 서비스 개시, 세계 최초 WiBro, HSDPA 서비스 개시

출처: 2007 인터넷 백서(한국인터넷진흥원)

2. 웹(Web)의 출현

오늘날 인터넷에서 가장 각광받는 서비스는 WWW이다. WWW는 월드와이드웹(World Wide Web)의 약자로 웹(web) 또는 W3라고도 한다. 인터넷에 접속한 컴퓨터들에 저장되어 있는 정보를 일반인들이 검색하고 조회하는 것이 간단하지만은 않은데 점차 인터넷에 접속된 컴퓨터의 수가 증가하면서 정보의 양이 급속히 증가하여 요구하는 정보를 찾기가 더욱 어려워졌다. 1989년에는 이러한 인터넷상의 정보 검색과 조회를 용이하게 하기 위해 스위스의 원자연구센터(CERN: Conseil Européen pour la Recherche Nucléaire 또는 European Organization for Nuclear Research)의 연구원이었던 팀 버너스－리(Tim Berners-Lee)가 하이퍼링크 기반의 문서 구조를 제안하였는데, 하이퍼링크(Hyperlink)는 하나의 인터넷 문서에서 하이퍼링크를 통해 다른 문서로 이동하는 방식으로 1996년 팀 버너스－리는 하이퍼링크를 지원하는 네트워크 프로토콜 HTTP(Hyper Text Transfer Protocol)에 대한 RFC(Request for Comments)를 다른 동료들과 함께 제출하였다.

1991년에 하이퍼링크 방식은 실제로 구현되어 인터넷에서 정보 검색과 조회를 위해 사용되었는데 이러한 방식의 정보 검색 체계를 월드와이드웹이라 한다. 1993년 GUI 방식의 웹 브라우저인 Mosaic이 개발되면서 웹은 급격히 확산되었고 이후 Netscape Navigator와 Internet Explorer 등 상업용 브라우저가 개발되면서 많은 사용자들이 인터넷을 보다 편리하게 이용하게 되었다.

웹의 특징은 서비스 프로토콜로 HTTP(Hyper Text Transfer Protocol) 규약을 사용하고, HTML(Hyper Text Markup Language) 표준으로 문서를 작성한다는 점이다. 서비스 프로토콜이라는 것은 TCP/IP 통신 프로토콜 위에서 인터넷 애플리케이션이 서비스되기 위한 규약이다. 웹이 등장하기 이전부터 지금까지도 인터넷에서 사용하고 있는 E-Mail, FTP, Telnet, Gopher 등이 이에 해당한다.

또 하나의 특징으로는 인터넷의 다양한 서비스에 접근할 수 있도록 URL(Uniform Resource Locator)이라는 표준 주소표기 방식을 이용하였다는 점이다. URL은 '프로토콜://컴퓨터주소/파일경로' 형태를 가지므로 웹의 기본 서비스인 HTTP뿐만 아니라 기존의 다른 서비스 프로토콜도 웹 브라우저 내에서 이용할 수 있다. 예를 들어, URL은 'http://www.kangnam.ac.kr/index.html'와 같이 일반적으로 HTTP 프로토콜을 사용하여 접속하며, 필요에 따라 'ftp://ftp.microsoft.com' 등과 같이 표기하여 사용할 수 있다.

Ⅷ. 인터넷의 활용

인터넷은 교육, 쇼핑, 커뮤니케이션 등 활용 범위가 무궁무진하다. 이러한 인터넷을 이용한 활용 분야를 정리해 보면 다음과 같다.

1. 인터넷을 이용한 기본 서비스

인터넷을 이용한다고 하면 대부분의 사람들은 웹(WWW)을 연상하게 된다. 실제로 인터넷을 통해 전달되는 정보의 대부분은 웹 브라우저를 위한 HTTP 프로토콜을 이용한 방식의 데이터 송수신이지만 전자우편을 위한 POP3/SMTP 프로토콜을 이용한 전자우편 데이터 송수신이나 파일 전송을 위한 FTP 프로토콜을 이용한 파일 송수신 등 다양한 방법의 데이터 전송방식들이 이용된다. 이 외에도 원격접속을 위한 Telnet, 접속확인을 위한 Ping, 채팅을 위한 IRC(Internet Relay Chat) 등의 서비스가 웹 서비스가 탄생하기 이전부터 사용되어 왔다.

1) 전자우편(E-Mail)

인터넷을 통해 이용되는 서비스 중 가장 많이 이용되는 서비스 중 하나로 전자우편 서비스, 전자메일 또는 E-mail이라고 한다. 전자우편이란 인터넷에 가입된 사용자들이 종이와 우편배달부 대신 컴퓨터와 전기적인 통신매체를 통하여 편지를 주고받는 기능의 서비스로 언제 어디서나 전 세계에 있는 상대방에게 무료로 빠르게 편지를 전달할 수 있기 때문에 기존의 종이로 된 편지를 빠르게 대처해 가고 있다. 전자우편 서비스는 일반메일(POP3 방식)과 웹메일(HTTP 방식)로 크게 두 가지로 나눌 수 있다.

[그림 1-44] 일반메일을 사용하기 위한 메일 클라이언트
프로그램인 아웃룩(Outlook) 화면

2) FTP(File Transfer Protocol)

인터넷에서 웹 서비스가 시작되기 전부터 전자우편과 함께 가장 인기 있는 서비스가 파일을 다운로드 하는 것이었다. 매일 수천, 수만 개의 프로그램이나 데이터들이 파일형태로 다운로드되고 있는데 다운로드되는 대부분의 파일이 FTP를 이용하고 있다. FTP는 다운로드뿐만 아니라 웹 페이지를 만들기 위해 파일을 웹 서버에 전송하는 경우에도 많이 이용된다.

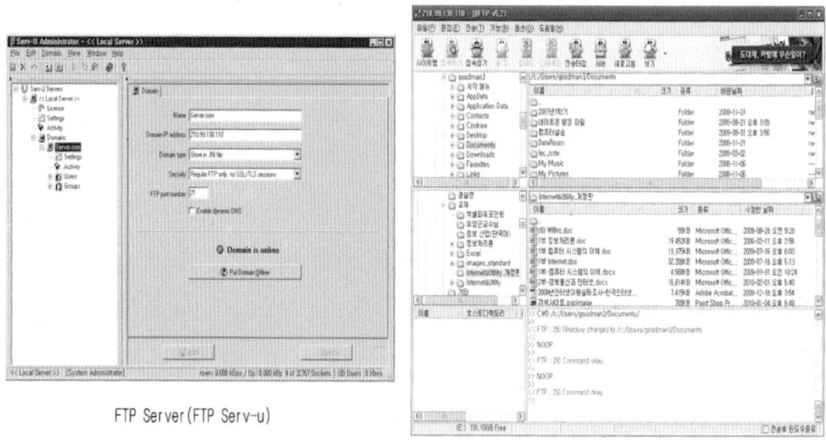

FTP Server(FTP Serv-u)

FTP Client(알 FTP)

[그림 1-45] FTP 서비스

FTP는 파일전송 프로토콜(File Transfer Protocol)의 약자로서 인터넷 환경에서 파일을 송수신하기 위한 인터넷 표준 프로토콜이다. FTP는 인터넷 서비스의 이름이자 이를 이용하기 위한 클라이언트 프로그램의 이름도 FTP라고 부른다.

Windows 환경이 널리 사용되기 이전에 Unix나 DOS 환경에서는 직접 명령어를 입력하여 FTP 서비스를 사용하였으나 근래에는 메뉴 방식의 FTP 클라이언트 프로그램들이 제공되고 있어서 사용이 매우 편리하다.

2. 포털 사이트와 검색엔진

1) 포털 사이트(Portal Site)

포털(Portal)은 사전적인 의미로 '현관' 또는 '관문'을 뜻한다. 따라서 포털 사이트란 집 안으로 들어갈 때 반드시 지나가야 하는 현관처럼 네티즌들이 인터넷에 접속할 때 늘 거치도록 만든 사이트, 즉 인터넷에 접속해 웹 브라우저를 실행시켰을 때 처음 나타나는 웹 사이트로 이용자가 필요로 하는 다양한 서비스를 종합적으로 모아 놓은 사이트를 의미한다.

1990년대 중반 야후(Yahoo)에서 웹 사이트에 대한 검색 서비스를 제공한이래 검색기능의 발전과 함께 전자우편, 뉴스, 커뮤니티 등 종합적인 서비스를 제공하는 포털 사이트의 형태로 발전하였다.

2007년 11월 한국인터넷진흥원 자료에 따르면 국내에서 많은 방문자를 확보하고 있는 포털 사이트는 네이버, 다음, 네이트, 싸이월드, 야후, 엠파스, 파란, 구글의 순이며 해외에서는 구글, 야후, MSN 등이 강세를 보이고 있다.

2) 검색엔진(Search Engine)

인터넷은 WWW(World Wide Web, 이하 웹)이 등장하면서 폭발적인 성장을 거듭하고 있다. 특히, 홈페이지 수가 급속하게 증가되면서 인터넷에 내포된 정보는 가히 상상도 할 수 없을 만한 정보량이 되고 있다. 뿐만 아니라, 일반적으로 우리가 사용하는 도서관 목록이나, 인쇄물, 상용 데이터베이스에 비해 훨씬 더 복잡하고 중앙 관리 체계가 없기 때문에 표준 포맷도 없다. 따라서 정리되지 않은 복잡한 정보 창고에서 원하는 정보를 찾아 오랜 시간 헤매는 것은 어쩌면 당연한 일일 것이다. 따라서 인터넷에서 원하는 정보를 찾기 위해 검색엔진(Search Engine)은 없어서는 안 될 필수적인 기능이다.

검색 엔진은 그 유형에 따라 크게 주제별로 디렉토리를 유지하는 디렉토리 서버(Directory Server)와 일반적인 검색엔진(Search Engine), 그리고 메타 검색엔진(Meta Search Engine) 등으로 구분된다. '검색엔진'이라는 용어는 검색엔진과 디렉토리란 개념의 구분 없이 사용된다. 하지만 엄밀히 말하면 이 두 방법은 리스트를 어떻게 컴파일 하느냐에 따라 차이가 나는 검색방법이다.

〈표 1-12〉 검색엔진의 유형

검색엔진	디렉토리
• HotBot과 같은 검색엔진은 그 리스트를 자동적으로 생성한다. 검색엔진이 웹을 훑고 다니고 사용자들은 그 검색엔진이 찾아낸 내용을 검색하게 된다. • 만약 웹 페이지 내용이 바뀌었다면 검색엔진이 검색 동안 그 변경내용을 인식하여 페이지 리스트에도 그 변경 내용을 즉각 반영한다. 페이지 제목, 본문 내용, 기타 요소들이 모두 반영된다.	• 야후와 같은 디렉토리는 사람들이 직접 만든 리스트에 의존한다. 사용자들이 사이트에 간단한 내역을 제출하거나 디렉토리 편집자가 자신이 검토한 사이트에 대해 간단한 설명을 기술해 놓는다. 이렇게 내역이 제출된 디렉토리를 대상으로만 일치하는 내용이 검색되게 된다. • 웹 페이지를 변경하였더라도 디렉토리 리스트 결과에 바로 반영이 되지 않기 때문에 반드시 변경된 내용을 수정하여야 한다.

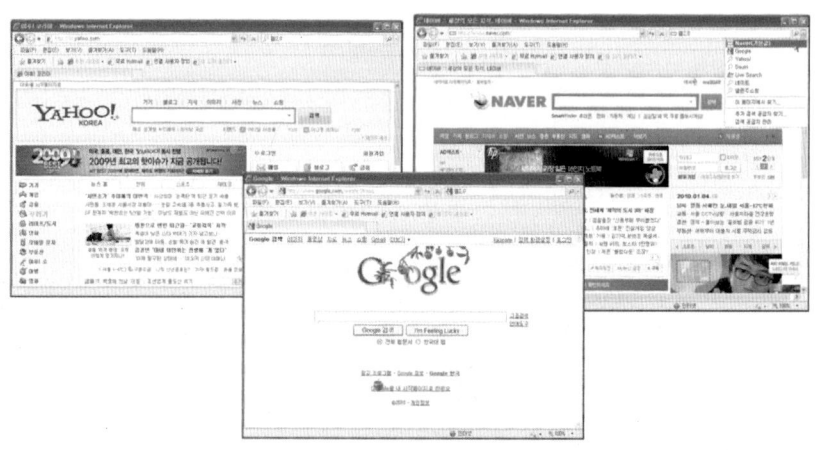

[그림 1-46] 검색엔진의 실행화면

3. 채팅과 메신저 서비스

1) 채팅(Chatting)

채팅은 다수의 사용자들이 네트워크상에서 개설된 대화방 내에서 실시간으로 메시지를 주고받아 대화를 하는 서비스를 의미한다. 과거 PC 통신 시절부터 많은 사용자들이 이용한 서비스로 웹이 등장하기 전에는 IRC(Internet Relay Chat) 방식으로 많이 사용되었는데, 이는 인터넷 TCP/IP 프로토콜 위에서 실시간 채팅이 가능하도록 해주는 서비스 프로토콜이다.

또한, IRC는 IRC 클라이언트 프로그램이나 IRC 클라이언트를 제공하는 서버에 접속하기만 하면 시간이나 공간에 구애받지 않고 전 세계의 어떤 사람과도 대화가 가능하며 동시에 다중(多衆) 대화가 가능한 채팅 프로그램을 의미하기도 하는데 IRC 서버에 개설된 채팅방에 여러 사용자들이 모여 실시간으로 문자 대화를 나누는 데 이용되며, 경우에 따라서는 파일을 주고받을 수도 있기 때문에 파일 공유에 이용되기도 한다.

웹이 도입되면서 채팅 전용 프로그램 없이 브라우저 자체에서 실행되는 웹 채팅이 등장하였으며 그래픽 기술의 발전으로 인해 3차원 아바타(Avatar)가 적용된 채팅 서비스도 개발되어 서비스되고 있다. 특히, 온라인 게임에서 대화기능을 위하여 채팅이 이용됨에 따라 채팅 기술은 더욱 빠른 속도로 발전하였다. 또한, 최근에는 컴퓨터 하드웨어의 발달로 음성채팅 및 화상채팅과 같은 멀티미디어 채팅으로 발전하고 있다.

2) 메신저(Messenger)

즉시 전달한다는 의미로 인스턴트 메신저(Instance Messenger)라고도 하며 1996년 미국의 AOL(America OnLine)이 회원의 접속상태를 보여 주는 버디리스트 서비스를 시작하고, 1997년에 실시간 대화기능을 추가한 것이 시초이다. 우리나라에는 1998년 디지토닷컴이 처음 소개하였다.

인스턴트 메신저란 다수의 사용자가 인터넷에서 별도의 대화방을 개설하지 않고 실시간으로 메시지와 데이터를 주고받을 수 있는 클라이언트 프로그램을 의미한다. 사용자는 서로 인터넷에 접속해 있는지를 확인할 수 있으므로 응답이 즉시 이루어지기 때문에 전자우편보다 훨씬 속도가 빠르며, 컴퓨터로 작업을 하면서 메시지를 주고받을 수 있다. '인스턴트 메신저'라는 용어는 AOL의 등록된 서비스 명칭이다. 따라서 인터넷 메신저 또는 메신저 프로그램이라도 하기도 한다.

최근에는 다자 간 채팅과 음성채팅도 지원하며 대용량의 동영상 파일은 물론, 이동전화에 문자메시지(SMS 또는 MMS)를 보낼 수도 있으며 뉴스나 증권, 음악 정보 등의 서비스도 제공한다. 보통 프로그램을 갖춘 사이트에 접속하여 회원으로 등록한 뒤 해당 프로그램을 다운로드받아 컴퓨터에 설치하여 사용하며 대부분 무료로 사용된다. 요즘은 기업에서 효율적인 업무를 위해 기업용 메신저가 도입되기도 한다.

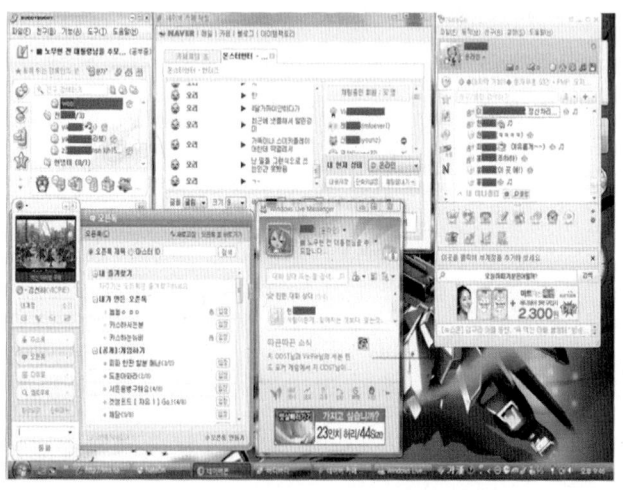

[그림 1-47] 다양한 메신저 실행화면

4. 온라인 커뮤니티 서비스

과거 PC 통신 시절에는 동호회 모임이나 게시판(BBS) 기능을 중심으로 온라인 커뮤니티를 형성하여 구성원들 간에 정보를 교환하였다. 근래에는 동호회라는 용어보다 카페 또는 클럽이라는 용어가 많이 사용되고 있으며 다양한 목적의 모임들이 인터넷상에서 구성되어 정보를 공유하고 있다. 또한, 보다 다양한 기능을 제공하는 블로그와 미니홈피 등이 있으며 채팅이나 메신저 서비스는 온라인 커뮤니티 서비스를 위한 도구로 볼 수도 있다.

1) 클럽 서비스

클럽 또는 카페는 가장 일반적인 커뮤니티 서비스로 보통 게시판을 통하여 클럽 회원들 간에 정보 전달을 한다. 동호회 회원들이 클럽을 개설하여 공지사항 게시판이나 자료실을 운영하며 채팅이나 의견교환을 통한 토론까지도 가능하다. 다음카페, 네이버카페, 싸이월드, 네이트클럽 등이 대표적인 클럽 서비스이다.

2) 블로그 서비스

웹(Web) 로그(log)의 줄임말로, 1997년 미국에서 처음 등장한 블로그(Blog)는 새로 올리는 글이 맨 위로 올라가는 일지(日誌) 형식으로 되어 있어 이런 이름이 붙었다. 일반인들이 자신의 관심사에 따라 일기·칼럼·기사 등을 자유롭게 올릴 수 있을 뿐 아니라, 개인출판·개인방송·커뮤니티까지 다양한 형태를 취하는 일종의 1인 미디어이다.

웹 게시판, 개인 홈페이지, 컴퓨터 기능이 혼합되어 있고, 소프트웨어를 무료 또는 싼 가격에 구입할 수 있으며, 인터넷 홈페이지 제작과 관련된 지식이 없어도 자신의 공간을 만들 수 있다는 장점이 있다. 즉 블로그 페이지만 있으면, 누구나 텍스트 또는 그래픽 방식을 이용해 자신의 의견이나 이야기를 올릴 수 있고, 디지털카메라를 이용해 사진 자료를 올릴 수 있는 새로운 개념의 미디어이다.

미국에서는 이미 일반화되어 있으며, 한국에서도 갈수록 사이트가 늘어나고 있는데, 기술적·상업적인 제약 없이 누구나 자신의 생각을 사이트에 올려 다른 사람들과 공유할 수 있는 특성 때문에 기존의 언론을 보완할 수 있는 대안언론으로서도 주목을 받고 있으며 다음, 네이트, 야후, 엠파스 등에서 서비스를 제공하고 있다.

3) 미니홈피

미니홈피는 네티즌이 손쉽게 홈페이지를 꾸미고 다른 사람을 초대할 수 있도록 해 주는 서비스로 싸이월드를 시작으로 많은 사람들이 이용하고 있다. 미니홈피는 개인 중심적 커뮤니티라는 측면에서는 블로그와 유사하지만, 블로그는 개인정보의 게시(Publishing)를 위한 미디어라는 성격이 강하고 미니홈피는 네티즌 간의 관계 형성에 더 중점을 두고 있다는 점에서 다소 차이가 있으나 최근에는 그 차이점이 미비하다.

미니홈피에서는 개인에게 할당된 공간을 이미지나 다양한 멀티미디어를 활용하여 홈페이지로 꾸미고 게시판, 방명록, 사진첩 등을 운영하여 홈피 방문자들과 게시판을 통하여 대화를 하면서 친분관계를 형성해 가는 개념이다. 싸이월드의 미니홈피 이외에도 세이클럽, 네이버, 프리첼 등에서 각자의 상품 명칭으로 서비스를 하고 있다.

[그림 1-48] 커뮤니티 프로그램의 실행 화면

5. 기타 서비스

1) 인터넷 비즈니스

인터넷 비즈니스란 인터넷과 정보 기술을 결합하여 기업 구조를 바꾸고 이익을 창출할 수 있는 모든 사업 형태를 의미한다. 일반적으로 웹을 이용한 인트라넷을 구축하여 기업의 업무 혁신과 이윤을 극대화하며, 소비자들의 요구에 신속하게 대응하여 최대의 만족을 제공하도록 다음과 같은 3가지 시스템이 있다.

(1) ERP(Enterprise Resources Planning: 전사적 자원관리)

인사·재무·생산 등 기업의 전 부문에 걸쳐 독립적으로 운영되던 인사정보시스템·재무정보시스템·생산관리시스템 등을 하나로 통합, 기업 내의 인적·물적 자원의 활용도를 극대화하고자 하는 경영혁신기법이다. 따라서 ERP를 구축한 기업의 경우, 한 부서에서 데이터를 입력하기만 하면 전 부서의 업무에 반영되어서 즉시 처리할 수 있게 된다.

(2) SCM(Supply Chain Management: 공급 사슬관리)

공급 사슬상의 전 과정에 대한 최적화를 추구하며, 원재료에서 완제품의 최종 소비에 이르기까지 프로세스를 관리하는 것으로 정의된다.

(3) CRM(Customer Relationship Management: 고객 관계관리)

기업활동을 고객과의 관계 지향적으로 실행하기 위해 고객 데이터를 바탕으로 분석한 뒤 개개인 특성에 맞게 마케팅 활동을 하는 과정을 의미한다.

2) 전자상거래

전자상거래는 인터넷상의 쇼핑몰에서 물건을 검색하고, 주문, 구입하는 인터넷 활용 서비스로 실제 상점에 비해 빠르고 편리하여 사용자가 점차 늘어나고 있는 추세이며, 쇼핑몰을 운영하는 측에서는 운영을 위한 점포와 관리를 위한 점원이 필요 없어 경제적인 면에서 수익성이 높기 때문에 전망이 밝다.

3) 교육

인터넷을 이용한 사이버 교육은 다양한 계층에서 실질적인 실시간 교육 서비스를 제공한다. 사이버 교육은 지역과 시간에 관계없이 시행되므로 매우 편리하다. 또한, 전자도서관은 네트워크를 이용하여 책과 논문 등을 검색하고 해당 자료를 제공받을 수 있다. 이러한 전자도서관은 각종 문헌을 전자 문서화함으로써 보관 장소와 관리 비용이 최소화되며 컴퓨터와 네트워크를 이용한 검색과 내려받기가 가능하므로 시공간적 제약을 극복할 수 있다.

4) 문화

인터넷을 이용한 인터넷 방송이나 영화 시청 그리고 음악 청취는 시공간을 뛰어넘어 편리하게 문화생활을 영위할 수 있도록 해 준다. 뿐만 아니라 인터넷 게임은 실세계가 주는 제약에서 해방되어 사이버 공간에서 여러 사람들이 한꺼번에 게임에 참여하여 경쟁하거나 협조하면서 다양한 즐거움을 만끽할 수 있도록 해 준다. 이 외에도 극장이나 열차의 좌석 예매, 주식 매매, 은행 업무(인터넷 뱅킹), 최신 뉴스 및 신문 읽기 등 실세계에서의 비효율적인 시간 활용을 보다 효율적으로 이용할 수 있도록 해 준다.

5) 통신

인터넷을 이용한 인터넷 폰은 음성 정보를 상호 교환하는 서비스로 미국의 보컬텍(VocalTec)이 1995년에 인터넷을 통한 음성 전달 소프트웨어를 처음 개발하면서 시작되었다. 이러한 인터넷 폰은 기존의 전화보다 저렴한 비용으로 국제 전화를 이용할 수 있다.

Ⅸ. 인터넷의 주소체계

1. 도메인

인터넷에 연결된 모든 컴퓨터는 숫자로 구성된 IP 주소를 가지고 있고, 컴퓨터를 찾아갈 때는 이 IP 주소를 이용하여 찾아간다. 그러므로 숫자를 잘 다루는 컴퓨터에게는 편리할지 모르나 사람들이 사용하거나 기억하기에는 어려움이 있다. 따라서 사람들이 기억하기 쉽고 사용하기 편리하도록 인터넷에서는 도메인 네임(Domain Name)이라는 또 다른 주소를 제공한다. 이는 도메인 네임 서버(Domain Name Server)에서 도메인 네임을 관리하며 필요시에 IP

주소로 변환해 주는 역할을 하기 때문에 가능하다.

각 호스트는 하나씩의 IP 주소와 도메인 네임을 갖는다.

인터넷에 연결된 수많은 컴퓨터는 각 컴퓨터마다 식별을 위해서 유일한 주소가 필요하다. 따라서 인터넷 주소에 해당하는 도메인 네임은 NIC(Network Information Center: KORNIC)의 규칙에 따라 만들어지며 도메인 네임만 보아도 어디에 존재하는 어떤 컴퓨터인지를 쉽게 알 수 있도록 되어 있다. 일반적인 도메인 이름 부여 방식은 다음과 같다.

① 도메인 이름은 왼쪽에서 오른쪽으로 갈수록 상위 계층이다.
② 가장 오른쪽, 즉 최상위 도메인은 기관이나 지역을 나타낸다.
③ 다음 상위 계층은 해당 기관의 형태를 나타낸다.
④ 그 다음 계층은 해당 기관의 이름을 나타낸다.
⑤ 도메인 사이는 점(.)으로 구분한다.

[그림 1-49] 도메인 네임의 구조

도메인 네임은 도메인 네임(주소)만 보아도 어디에 존재하는 어떤 컴퓨터인지를 쉽게 알 수 있도록 만들어진다. 위의 구성에서 알 수 있듯이 맨 뒤 최상위 레벨에는 국가와 같이 넓은 영역이 나타나고, 앞으로 갈수록 작은 영역을 나타낸다.

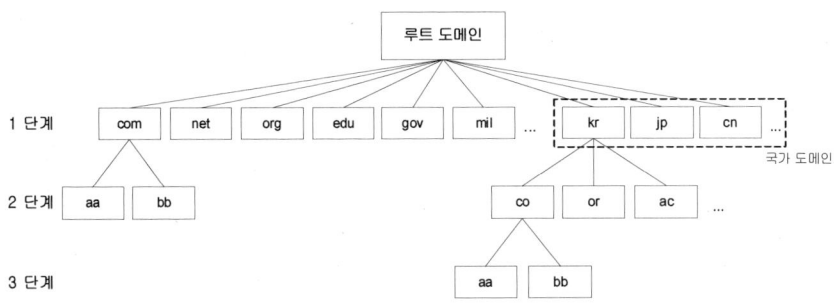

[그림 1-50] 도메인 네임 계통도

미국을 제외한 나라에서는 최상위 레벨이 국가의 이름을 나타낸다. 근래
에는 가상 도메인 네임(Virtual Domain Name)이라 하여 지역에 상관없이 업체
나 가입기관의 특성을 표현하여 도메인 네임을 중복으로 갖는 경우도 있다. 조
선일보의 실제 도메인 네임이 'www.chosun.com'이지만 동시에 'www.chosun.co.kr'
도 사용할 수 있는 것이 대표적인 예이다.

도메인 이름 1단계에서 사용되는 기관명과 국가명은 다음과 같다.

〈표 1-13〉 최상위 레벨에 적용되는 국가와 기관명

도메인	기관명	도메인	국가명
com	상업적 기관	Kr	한국
edu	교육 기관	Jp	일본
gov	정보 기관	Uk	영국
net	네트워크 관련 기관	Ca	캐나다
org	비영리 조직	De	독일

도메인 이름 2단계에서 사용되는 기관명은 다음과 같다.

〈표 1-14〉 2단계에서 사용되는 기관명

도메인	기관명	신청자격
ac	대학/대학원	교육기관법 및 고등교육법에 의한 교육기관
co	사업/상용기관	영리를 목적으로 설립한 기업(개인 기업 포함)
or	비영리/단체	비영리 기관 또는 단체
go	정부기관	행정기관 또는 입법기관, 사법기관
ne	네트워크	네트워크 제공 기관
re	연구소	연구를 목적으로 설립된 기관 또는 단체
es	초등학교	교육기본법 및 초·중등교육법에 의한 초등학교·공민학교
ms	중학교	교육기본법 및 초·중등교육법에 의한 중학교·공민학교
hs	고등학교	교육기본법 및 초·중등교육법에 의한 고등학교·공민학교
sc	기타 학교	교육기본법 또는 기타법령에 의하여 주문관청에 설립허가, 등록, 신고 등의 절차를 거친 교육·훈련 기관
kg	유치원	교육기본법 및 초·중등교육법에 의한 유치원
지역	지역	해당 지역 소재 기관 또는 단체(ex: Seoul, kr)

2. URL(Uniform Resource Locator)

URL은 인터넷에서 특정 서버에 접속하고자 할 때 사용하는 것으로 자원의 위치 정보를 표현한다.

일반적으로 웹 브라우저는 인터넷에 존재하는 다양한 형태의 서비스를 동시에 지원하는 도구로 HTTP, FTP, 유즈넷, E-Mail, 고퍼, 텔넷(Telnet) 등의 서비스를 동시에 지원한다. 이러한 다양한 서비스를 제공하는 수많은 서버로부터 필요한 정보를 획득하려면 이들의 위치를 표시하는 체계가 필요한데, 이때 URL이 사용된다. URL은 인터넷에서 서비스를 제공하는 각 서버에 있는 파일의 위치를 명시하기 위한 것으로 접속할 서비스의 프로토콜 이름과 서버의 위치(도메인 이름), 접속할 자원인 파일의 위치와 이름을 포함한다. 일반적으로 서버의 주소까지만 표기하고 자원 이름을 생략하여 사용한다. 생략하면 해당 서버에 설정되어 있는 기본 파일이 지정된다.

- 서비스 프로토콜 이름: //호스트주소: 포트번호/자원 이름
- 서비스 프로토콜 이름: 해당 호스트와의 접속에 사용할 프로토콜
- 호스트 주소: 접속할 호스트의 주소(도메인 이름 또는 IP 주소)
- 포트 번호: 해당 서비스에 할당된 포트 번호(일반적으로 기본 값일 경우 생략)
- 자원 이름: 호스트 컴퓨터에서 원하는 자료의 이름(/디렉토리/파일 이름)

일반적으로 사용되는 서비스 프로토콜의 종류는 다음과 같다.

서비스 프로토콜 이름	자원의 형태(접근방법)
HTTP(Hyper Text Transfer Protocol)	하이퍼텍스트문서
FTP(File Transfer Protocol)	파일을 올리거나 내려받기 가능한 파일
TELNET	원격지컴퓨터로 로그인
GOPHER	고퍼문서 혹은 메뉴
NEWS	뉴스그룹

URL의 예는 다음과 같다.

- http://www.kangnam.ac.kr
- http://www.kangnam.ac.kr/~goodman3/index.html
- http://www.microsoft.com
- news://news.kornet.net
- ftp://218.232.116.70/com_theory.pdf
- ftp://guest:rptmzm@210.99.130.110/webmail.zip

5장

유비쿼터스 시스템

I. 유비쿼터스의 정의

유비쿼터스(Ubiquitous)란 라틴어로 "언제, 어디서나(Anytime, Anywhere) 동시에 도달하는 곳에 존재한다"라는 뜻을 가지고 있다. 그 의미는 언제 어디서나 어떤 것을 이용해서라도 온라인 네트워크상에 있으면서 서비스를 받는 환경/공간을 의미한다. 유비쿼터스의 대명제는 '모든 사물에 칩이 깃든다'라는 것이다. 우리가 보는 모든 사물에 칩이 깃들게 된다. 책, 침대, 의자, 보일러, 차량, 냉장고, 전등, 모든 사물이 디자인을 가지듯이 유비쿼터스는 모든 사물에 칩을 가지게 한다. 그 칩은 RFID라고 하며 1㎝ 이하의 크기로 만들어지는 저전력 칩이다. 칩이 깃들게 되는 사물은 모두 컴퓨터가 되며 우리는 컴퓨터 속에서 살게 된다.

유비쿼터스는 정보 통신 관점에서 모든 사회분야에 대한 새로운 패러다임을 창조하는 것이다. 모든 것은 유비쿼터스적인 관점에서 새롭게 해석되어야 한다. 그 분야는 특정 분야가 아니며 기존의 사회에 구성되어 있는 모든 분야를 포함한다. 컴퓨터가 있을 때와 모든 분야에서 컴퓨터가 적용될 때를 생각하면 비슷할 것이다. 이 용어는 일반적으로는 물, 공기처럼 도처에 편재해 있는 자연자원을 언급할 때 사용되고 종교적으로는 신이 언제 어디서나 시공을 초월하여 존재한다는 무소부재(無所不在)를 뜻할 때 사용되기도 한다. 즉 유비쿼터스 컴퓨팅이란 보이지 않는 작은 컴퓨터(센서, 무선인식태그, 칩)

를 일상생활이나 비즈니스 공간 속에 존재하는 사물 등에 심고 유/무선 네트워크로 연결하여 사용자가 언제, 어디서, 어떠한 기기든지 상관없이 서비스를 이용할 수 있도록 한다는 개념이다. 현재 화두로 떠오르고 있는 3A(Anytime, Anywhere, Anydevice)산업이라고도 하는데, 언제 어디서나 어느 기기로나 인터넷을 이용할 수 있다는 의미라 할 수 있다. 마크 와이저(Mark Weiser)의 정의에 따르면, 유비쿼터스 컴퓨팅이란 환경 곳곳에서 컴퓨터가 숨어 있어 인간의 행동에 앞서 움직이는 시스템을 말한다. 즉 현재까지의 컴퓨터 환경은 우리가 일하는 환경을 흉내 내어 사람들에게 친숙함을 제공하려고 했다면, 다음 세대의 컴퓨터 환경은 실제 작업 환경에 컴퓨터가 숨어 있어 컴퓨터가 있는지조차 모를 정도로 자연과 가까운 형태의 시스템화를 이루게 된다.

II. 유비쿼터스의 특징

마크 와이저는 유비쿼터스 컴퓨팅을 유선과 무선 그리고 근거리 무선 사이에 이음매 없는 통신망이 실현됨으로써 누구든지 어디서나 네트워크로부터 자신이 필요한 정보를 얻을 수 있는 환경으로 정의했다. 즉 어디에 가더라도 네트워크에 접속된 컴퓨터를 사용할 수 있는 환경과 동시에 소형 또는 내장 컴퓨터와 인간화된 컴퓨터 인터페이스의 실현을 제창했다.

따라서 유비쿼터스 컴퓨팅의 특징은 네 가지로 정의된다. 첫째, 네트워크에 연결되지 않은 컴퓨터는 유비쿼터스 컴퓨팅이 아니다. 둘째, 인간화된 인터페이스(calm technology)로서 눈에 보이지 않아야(invisible) 한다. 셋째, 가상공간이 아닌 현실세계의 어디서나 컴퓨터의 사용이 가능해야 한다(embodied virtuality). 그리고 사용자 상황(장소 · ID · 장치 · 시간 · 온도 · 명암 · 날씨 등)에 따라 서비스는 변해야 한다.

결국 유비쿼터스 컴퓨팅 및 네트워크 서비스는 논리적 인지가 가능한 스마트(smart) 공간을 기반으로 사물과 컴퓨터, 그리고 사람이 연계되는 개념에서 출발한다. 한마디로, 언제·어디서나 컴퓨터에 접속할 수 있는 환경(computing access will be everywhere)이 유비쿼터스 컴퓨팅의 확장된 개념이다.

1. 네트워크에 접속

무선을 통하여 모든 기기들이 연결이 되어 어느 곳에서나 정보를 얻으려면 반드시 네트워크에 접속되어야 한다. 마크 와이저는 네트워크에 접속되지 않는 컴퓨터는 '유비쿼터스 컴퓨팅'이 아니라고 지적하고 있다. 왜냐하면 여러 장소로 이동하는 이용자에게 컴퓨터가 그 사람에게 적절한 서비스를 제공하기 위해서는 네트워크 접속이 필수 불가결하기 때문이다.

따라서 전자계산기는 컴퓨터이기는 하지만 네트워크에 접속되지 않기 때문에 유비쿼터스 컴퓨팅에 포함되지 않는다.

2. 컴퓨터를 사용한다는 인식조차 없다

주변 물리적 환경 속에 컴퓨터를 사용할 수 있게 함으로써 컴퓨터 활용도가 증가하지만, 사용자가 컴퓨터가 존재하는 것을 의식하지 않으면서도 자연스럽게 컴퓨터를 사용할 수 있어야 한다. 현재의 컴퓨터는 이용자가 '컴퓨터를 사용한다'는 점을 확실하게 인식하면서 사용하도록 만들어져 있다. 이를테면 대부분이 컴퓨터에는 키보드라는 입력장치가 있으며, 컴퓨터를 사용하기 위해서는 이 키보드를 두드려야만 한다. 키보드가 이용자에게 '내가 지금 컴퓨터를 사용하고 있다'고 인식시켜 주는 셈이다. 이렇듯 현재는 컴퓨터에서 정보를 얻으려고만 하면 컴퓨터에 전원을 놓고 로그인한 후 소프트웨어를 가동시켜야 하는 등 매개하는 컴퓨터의 존재를 인식할 수밖에 없다. 이게 바로 '눈에 보인다'는 뜻이다.

즉 '눈에 보이지 않는다'의 의미는, 이를테면 방 안 어딘가에 컴퓨터가 내장되어 있어 이용자가 음성으로 내린 명령을 듣고 작업을 수행해 주는 상태를 말한다. 유비쿼터스 컴퓨팅이 목표로 하는 세계는 컴퓨터가 '환경'이면서 또한 '생활의 일부'가 되는 세계이다.

덧붙여 와이저는 이와 같은 특징에 대해 "유비쿼터스 컴퓨팅은 인간에 친화적인 컴퓨터(calm technology)이어야 한다"라는 표현을 통해 확실히 밝혀 놓고 있다. 이러한 개념은 컴퓨터 칩 설계, 네트워크 프로토콜, 입출력 장치, 응용프로그램, 프라이버시 같은 모든 컴퓨터 분야의 연구에 영향을 주게 된다. 또한 주변환경에 숨어 있는 컴퓨터들의 도움을 받아서 여러 일들을 하지만 사용자는 컴퓨터의 존재를 느끼지 못하게 된다.

3. 현실세계 어디서나 컴퓨터 사용이 가능하다

유비쿼터스 컴퓨팅은 가상현실이 아닌 현실세계에 정보를 표현할 수 있는 증강현실이 된다.

4. 상황에 따라 제공되는 서비스가 변한다

유비쿼터스 컴퓨팅의 세계에서는 이용자가 누구인지에 따라서 또는 이용자가 놓여 있는 상황(콘텍스트; context)에 맞추어 컴퓨터가 스스로 제공하는 서비스를 변화시킬 수 있는 능력이 요구된다. 다시 말해 사용하는 사람에 따라 혹은 그 장소에 있는 디바이스(기기)의 규약에 따라서 제공되는 서비스가 바뀌게 된다는 것이다. 예를 들어 어떤 사람이 자신의 모바일 단말기(이를테면 통신 기능이 포함된 PDA 등)를 이용해 네트워크상의 파일을 인쇄하려 한다고 가정해 보겠다. 이때 모바일 단말기는 이용자가 어느 사무실에 있든지 항상 가장 가까운 데 있는 인쇄 가능한 프린터를 자동적으로 선택해 인쇄를 수행할 수 있어야 한다. 또한 시큐리티의 서비스에서는 정확한 ID를 가지고 있지 않은 사람에게는 해당 단말기가 서비스 제공을 거부해야 한다(혹은 경고음 서비스 등). 하지만 이와 같은 콘텍스트라는 말이 아직 쉽게 와 닿지 않을 것이다. 와이저는 이용자의 현재위치, 이용자의 ID, 디바이스의 ID와 상태 (status), 물리적인 주변환경(시간, 온도, 밝기, 날씨 등) 등을 콘텍스트로 열거해 놓고 있다.

Ⅲ. 유비쿼터스 시대 생활환경의 변화

유비쿼터스 컴퓨팅 세계에서는 어떤 일들이 가능해질까? 이를 상상하는 데에는 미래사회를 배경으로 하는 SF 영화가 좋은 참고자료가 될 듯하다. 미국의 인기 TV프로그램인 영화로도 개봉된 '스타트렉'을 기억하는가?

스타트렉에서 인간은 컴퓨터와 아주 자연스럽게 대화를 나눈다. 엘리베이터에 타고 '3층'이라고 말만 하면 엘리베이터는 인간의 음성을 인식, 이해해서 자동적으로 3층으로 이동한다. 또한 필요로 한 데이터의 이름을 말하기만 하면 디스플레이가 자동적으로 공간에 표시된다. 그리고 디스플레이를 보면서 동작이나 언어를 통해 지시를 내리면 새로운 데이터가 차례대로 화면에 표시된다. 용무가 끝나면 이 디스플레이는 자동적으로 사라진다.

우주선 엔터프라이즈호 내부의 세계는 인간이 컴퓨터에 둘러싸여서 생활하고 있는 공간이다. 바꾸어 말해 컴퓨터가 '도구'에서 '환경'으로 진화한 유비쿼터스 컴퓨팅 세계가 실현된 미래상이라고 말할 수 있다.

물론 스타트렉에서 실현시키는 기술 중에는 금세기 내에 실현 불가능한 것들도 있다. 이를테면 "전송!" 하고 컴퓨터에 명령하면 인간이 다른 장소로 전송되는 공간 이동이 그러하다. 하지만 인간의 음성이나 동작을 컴퓨터가 인식, 이해하고 친인간적인 인터페이스 형태로 정보가 표시되는 등의 기술은 이미 실현성이 높은 수준까지 와 있으며, 또한 빠르게 진보하고 있다. '스타 트렉의 세계'로 한순간에 뛰어넘어 갈 수는 없다. 하지만 여기에 도달하기 위해 현재 유비쿼터스 컴퓨팅이 어디까지 와 있는지, 과연 어떤 세계를 실현 시키려 하고 있는지를 살펴보겠다.

1. RFID(Radio Frequency IDentification)

RFID는 스마트 태그라고도 한다. 카드 안에 초소형 칩을 내장하고 바코드의 6,000배에 달하는 정보를 수록할 수 있는 자동인식기술 중의 하나이다. 기능은 바코드와 비슷하지만 먼 거리에서도 인식이 가능하고 동시에 여러 개를 인식할 수 있다는 장점이 있어 바코드보다 활용범위가 훨씬 넓다고 할 수 있다.

예를 들면, 이미 슈퍼에서도 친숙한 바코드의 경우에는 어느 회사의 어떤 상품 정도의 정보만 담고 있지만 스마트 태그는 언제, 어느 공장에서 만들어졌고 어디에 출하됐는지 등 방대한 정보를 수록할 수 있다. 즉 물류를 더욱 정확하고 세세하게 파악할 수 있을 뿐만 아니라 한 장의 카드에 방대한 정보가 담기기 때문에 신원 및 정보 확인이 용이하다. 응용되는 분야는 다음과 같다.

알레르기가 발생할 수 있는 식품을 넣으면 경고음이 울리는 냉장고, 의류품의 정보를 읽어 스스로 세탁방법을 변경하는 세탁기를 만들 수 있으며, 자세한 생산 정보가 담겨 있고 유통경로의 추적이 가능해 위조지폐나 모조품 방지에도 도움이 될 수 있다. 기계로 유통과정 중에 있는 제품 하나 하나의 위치를 알아낼 수 있다는 것은 획기적인 일이며, 따라서 소매업체들과 유통

업체들, 그리고 제조사들이 이로 인해 얻는 이익이 엄청날 것으로 예상되기에 월마트 같은 유통업체에서도 수백만 달러를 들여 기술 및 Test 제품 개발에 나서고 있다.

스마트 태그 시스템을 구성하는 기본 요소들은 안테나, 태그, 판독기인데 이 초소형 안테나가 바코드보다 훨씬 먼 거리인 수십cm 떨어진 거리에서도 판독이 가능하게 하는 요소이다. 각 기본 요소들에 대한 설명은 아래와 같다.

▶안테나: 안테나는 태그에 데이터를 입력하고 입력된 데이터를 읽기 위한 신호를 발신하는 등의 기능을 갖는 것으로 생성된 전자기장을 통해 태그를 활성화시켜 컴퓨터와 태그 사이의 소통을 가능하게 한다. 안테나는 판독기의 역할을 위해서 트랜시버나 디코더 등과 합쳐지는 경우가 많다.

▶태그: 태그의 형태는 아주 작아서 피부에 삽입할 수 있을 정도의 것부터 트럭 등에 사용할 수 있는 대형에 이르기까지 매우 다양하다. 태그의 메모리 용량은 애플리케이션의 요구사양에 따라 달라지며 데이터를 다시 쓸 수 있는 것과 읽기만 가능한 것으로 나누어진다. 모양도 나선형에서 신용카드 모양까지 다양하다.

▶판독기: 판독기는 안테나와 컴퓨터, 서버 또는 네트워크 인터페이스모듈 사이의 소통을 관리한다. 태그 메모리 안의 데이터로부터 직접프로세스 컨트롤을 수행하도록 할 수도 있다. 판독기는 태그의 칩 안에 암호화되어 있는 데이터를 풀어내고 그 데이터는 컴퓨터로 보내져 실행된다.

▶DMB: DMB(디지털멀티미디어방송)는 음성·영상 등 다양한 멀티미디어 신호를 디지털 방식으로 변조, 고정 또는 휴대용·차량용 수신기에 제공하는 방송서비스로, '손 안의 TV'라 불린다. 디지털 라디오용 기술인 DAB(Digital Audio Broadcasting)에 바탕을 두고 있으며, 여기에 멀티미디어 방송 개념이 추가되어 동영상과 날씨·뉴스·위치 등 데이터 정보를 추가로 보낼 수 있는 서비스이다. 이동 중에도 개인휴대단말기나 차량용 단말기를 통해 CD·DVD급의 고음질·고화질 방송을 즐길 수 있어 차세대 방송으로 주목받고 있다.

▶텔레매틱스: 텔레매틱스(Telematics)라는 말 자체의 정의는 통신(Telecommunication)과 정보과학(Infomatics)의 합성어로 차량, 항공, 선박 등 운송장비에 내장된 컴퓨터와 무선통신기술, 위성항법장치, 인터넷에서 문자 신호와 음성신호를 바꾸는 기술 등에 의해 정보를 주고받을 수 있는 무선 데이터 서비스를 의미한다.

간략하게 말하자면 자동차를 플랫폼으로 한 모바일 기술이라고 할 수 있다. 이 말이 너무나 뜬구름 잡는 것 같지만 그만큼 텔레매틱스가 갖는 잠재력이 크다고 할 수도 있다. 구체적으로 표현하자면, 텔레매틱스는 무선 음성·데이터통신과 인공위성을 이용한 위치정보시스템(GPS)을 기반으로 자동차를 이용해 정보를 주고받을 수 있도록 하는 기술이며, 위치측정시스템과 무선통신망을 이용해 운전자와 탑승자에게 교통정보, 응급상황에 대한 대처, 원격 차량진단, 인터넷 이용(금융거래, 뉴스, e-메일 등) 등 각종 모바일 서비스를 제공할 수 있는 단말기와 운영체제이다. 과장되게 말하면 자동차에서 전자 및 통신기술을 이용해서 밥 먹고 배설하고 씻는 것 외엔 거의 다 할 수 있게 만드는 것이다.

　ABS, 카오디오와 같은 현재 우리에게 친숙한 자동차에 접목된 전자기술도 넓게 보면 텔레매틱스의 일부이다. 그리고 자동차에 GPS 수신기를 달아서 길안내나 도로정보를 확인하는 것도 텔레매틱스이고, 심지어 고속버스에서 보는 skylife와 같은 것도 텔레매틱스에 속한다. 다만 더 현대적인 의미에서 ABS과 위치정보시스템과 화상통신시스템이 결합하면 교통사고가 일어났거나 일어날 가능성이 높았던 상황이 다른 곳으로 전송되어 신속한 응급처리가 가능하도록 하는 것이 더 텔레매틱스에 어울리는 개념이다. 이 외에도 가정 및 사무실의 방범장치가 자동차 내부의 통신기기와 연동되어 이상이 발생한 것을 운전 중에도 바로 알 수 있고 여타 통신장비와 컴퓨터와 결합되어 자동차를 움직이는 사무실로도 쓸 수 있는 것이다.

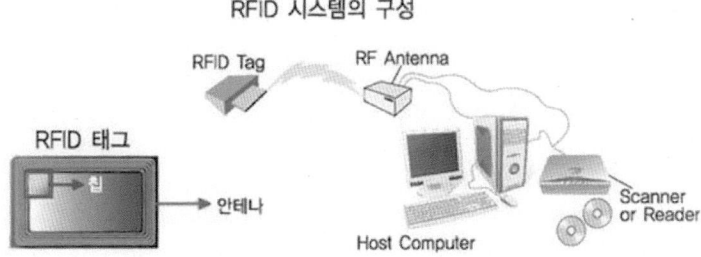

RFID 시스템의 구성

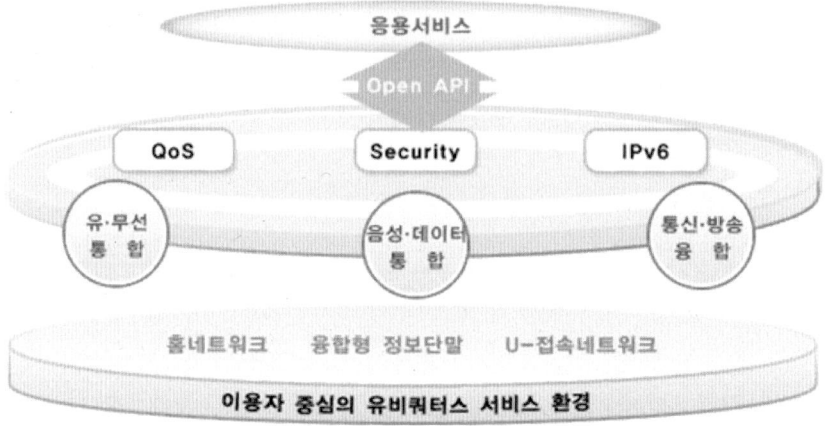

2. LBS(Location Based Service)

LBS란 Location Based Service의 약자로 위치기반 서비스를 말한다. 위치기반 서비스는 이동통신망을 기반으로 이동성이 보장된 기기를 통해 사람이나 사물의 위치를 파악하고 이를 활용하는 서비스이다. 넓은 의미로는 LBS 시스템을 기반으로 위치를 찾고, 이 위치를 활용해 제공할 수 있는 다양한 서비스를 모두 포함한다.

LBS는 서비스 방식에 따라 이동통신기지국을 이용하는 셀 방식과 위성을 활용한 GPS(Global Positioning Service)로 나뉜다.

셀 방식의 기반이 되는 기지국은 우리나라에 대략 2만 개가 곳곳에 분포되어 있다. 특히 인구 밀집지역인 서울 등의 경우 수십 미터 간격으로 기지국이 세워져 있을 정도다. 이같이 촘촘하게 설치된 기지국을 기반으로 가입자와 연결된 기지국을 먼저 파악한다. 도시에서는 대략 500~1,500m 오차로 위치 확인이 가능하다는 게 업계 관계자들의 설명이다. 또 기지국 3개를 이용해 삼각측량하는 방식으로도 위치를 파악할 수 있다.

셀 방식은 오차범위가 넓어 대략적인 위치 파악만 가능하다는 약점이 있는 반면 중계기 등을 이용해 건물 내 및 지하 등의 위치도 찾을 수 있는 장점이 있다.

반면에 GPS는 셀 방식보다 정확한 위치 추적을 가능하게 해준다. 위성이 GPS 칩을 정확히 찾아 주기 때문에 10~150m 오차 내에서 정확한 위치를 찾을 수 있지만 위성신호의 특성상 실내에서는 사용이 불가능하며 건물에 반사·굴절이 잘되기 때문에 고층 건물 지역에 취약하다 것이 단점이다.

LBS는 휴대폰 속의 칩을 이용해 사용자의 위치를 언제 어디서나 확인할 수 있으며 이를 통해 사용자가 원하는 각종 정보를 개인화된 환경에서 서비스할 수도 있다. 따라서 LBS는 물리공간에 '칩'을 심어 새로운 전자공간을 구성했다는 점에서 최초의 유비쿼터스 공간 서비스로 평가받는다.

이러한 LBS는 위치에 따라 가장 개인화된 금융, 교통, 엔터테인먼트, 복지 등 첨단 맞춤 서비스를 제공할 수 있다는 측면에서 유비쿼터스 환경에서 더욱 중요한 서비스로 부각될 것으로 기대된다.

3. GPS(Global Positioning System)

GPS는 1970년 초 미국 국방부가 지구상에 있는 물체의 위치를 측정하기 위해 60억 달러를 들여 만든 군사 목적의 시스템이다. 그러나 오늘날에는 일부를 민간에게 개방하는 것을 전제로 미 의회에서 승인되어 민간에서도 사용되고 있다. GPS를 이용하면 위치와 시간을 얻을 수 있다. 24개의 GPS 위성(실제로는 보충 위성 3개 포함 27개)이 서로 다른 궤도로 지구 대기권을 계속 회전하고 있다. 이는 지구상 어느 시간 어느 곳에서도 4개 이상의 위성신호를 얻을 수 있도록 하기 위함이다. 위치를 측정하기 위해서는 동시에 최소 4 개의 위성으로부터 신호를 받아야 한다. 물론 더 많은 위성으로부터 신호를 받으면 보다 정확한 위치 값을 얻을 수 있다. 주로 비행기, 선박, 차량의 항법 장치에 전자 지도(GIS)와 함께 GPS가 사용되고 있으며, 사람들이나 차량 등 이동체의 위치를 파악하는 데에도 사용된다. 또한 개인휴대용 GPS 수신기가 개발되어 미지 탐사나, 군 작전 시 자기 위치 파악에 이용되고 있다. 최근에 는 휴대용 무선전화기 내에 GPS 수신기를 내장하는 것도 개발, 출시되었다.

4. GIS(Geographic Information System)

GIS는 지리학 분야와 마찬가지로 많은 기술, 방법, 분야들의 결합으로 이루어지며, 그만큼 정의, 개념, 구현이 다양하다. 초창기 컴퓨터 기술 및 전자 지도 제작 방식의 발전에 의해 활성화된 GIS는 지도제작 성격이 강하였다. 그러나 이후 정보기술 분야의 기술이 발달하고, 이들 발전된 기술이 GIS 분야에 적용되기 시작하면서 GIS의 성격과 모습이 달라졌다. 즉 최근 정보기술 분야의 발전은 대규모 데이터베이스 기술로서의 DBMS 기술, 인터넷 등을 중심으로 한 네트워크 기술의 발전, 컴포넌트 형태의 기술발전, 클라이언트/서버 등으로 인한 다중 사용자 환경 등이 보편화되고 있으며, 이러한 주요 기술 및 방법이 GIS 분야에 적용, 통합되고 있다. 또한, GIS의 목적 및 용도를 어디에 두느냐에 따라 전문가 중심의 GIS, 일반 사용자를 위한 GIS 등이 있다. 따라서 각 분야마다 적합한 GIS 정의가 사용되므로 통일된 GIS 정의가 존재하지 않고 있다.

그러나 이렇게 다양한 GIS에서 공통점을 발견할 수 있는데, 즉 지리정보를 다루며, 이 지리정보를 구축, 유지관리, 편집, 분석 및 프로세싱, 디스플레이 및 출력 등 공통 과정을 가지며 이러한 GIS 구현 목적이 지리정보의 전산화라는 협의의 의미에서, 고품질의 공간 정보를 얻는 측면, 또한 나아가 합리적인 공간 의사결정을 위한 도구로서 사용되고 있다. 이러한 측면을 종합하여 볼 때 'GIS는 다양한 지리정보를 구축, 유지관리, 편집, 분석 및 프로세싱, 디스플레이 및 출력 등의 과정을 통하여, 공간 정보를 얻는 동시에 공간 의사결정에 도움을 주는 시스템'이라고 할 수 있다.

5. 임베디드 시스템(Embedded System)

임베디드 시스템(Embedded System)이란 "일반적으로 사람의 간섭 없이 독자적 기능을 수행할 수 있는 시스템으로 하드웨어와 소프트웨어로 구성되어 있다. 보통 마이크로프로세서와 소프트웨어가 들어 있는 롬으로 구성되며, 전원이 켜지자마자 목적을 가진 애플리케이션이 동작하고, 이 애플리케이션은 전원을 끌 때까지 멈추지 않는다. 인터페이스로 키보드, 모니터, 시리얼 통신, 큰 저장매체 등의 장비들을 모두 포함하고 있는 것은 아니며, 이들 중 시스템에 필요한 용도의 인터페이스만을 제공한다. 때때로 실시간(Real Time) 응답이 요구되기도 한다"라고 정의하고 있다. 우리 생활에서 쓰이는 각종 전자기기, 가전제품, 제어 장치 등이 단순히 회로로만 구성된 것이 아니라 프로세서가 내장되어 있고, 그것을 구동하여 특정한 기능을 수행하도록 프로그램이 내장되어 있는 시스템을 가리키는 것이다. 즉 컴퓨터가 아니면서도 컴퓨터와 유사한 기능을 할 수 있도록 하드웨어와 소프트웨어를 갖춘 전자제품을 의미한다.

임베디드 시스템(Embedded System)은 전기, 전자, 정보통신, 컴퓨터 기술들이 빠르게 발전하면서 이들 기술을 이용한 다양한 제품들이 출시되어 우리의 생활 주변에서 쉽게 접할 수 있다. TV, 냉장고, 세탁기, 전자레인지, 개인 휴대 정보 단말 등과 같은 모바일 컴퓨팅 기기나 마이크로프로세서를 보유

한 가전제품, 공장 자동화 기기와 사이버 아파트의 홈오토메이션 시스템, 홈
네트워크 게이트웨이 시스템 그 밖의 교통 관리 시스템, 주차 관리 시스템,
엘리베이터 시스템, 현금지급기, 항공관제 시스템, 우주선 제어 장치, 자동항
법장치 등 셀 수도 없이 무수한 기술들이 내부적으로 임베디드 시스템이 적
용되면서 우리의 생활에 아주 밀접하게 관련되어 도움을 주고 있다. 이러한
시스템에 사용되는 OS(운영체제)는 보통 임베디드 리눅스(Embedded Linux)를
사용하고 있다.

6. 홈네트워크

홈네트워크는 텔레비전, 비디오, 오디오, 냉장고, 세탁기, 전자레인지, 컴퓨
터, 휴대용 단말기, 전화기 등 가정에서 사용하는 모든 전기, 전자제품을 전
화선이나 무선으로 연결해 서로 정보를 주고받으면서 작동시키는 기술을 말
한다. 모든 가전이 본래의 고유기능은 물론, 인터넷을 통한 정보 활용, 원격
제어, 모니터링, 보안에 이르는 첨단기능까지 중앙의 홈서버를 통해 자동으
로 조절되고 통제되며 상호 교류하는 시스템이다. 유비쿼터스 측면에서 본다
면 사물과 사물이 통신하는 T2T(things to things) 또는 O2O(objects to objects)를
가능하게 한다는 것이다. 예를 들어 잠을 잘 때 취침모드로 바꾸면 홈서버가
알아서 집 안에 불필요한 TV, 전등을 다 끄고 보일러도 적절히 맞추어 놓고
알람도 다 맞춰 놓는 시스템이다.

7. 백화점 매장 + 물류센터

백화점 매장관리를 하는 A 과장은 고객별 취향과 소비 형태를 분석하여
350개 호스트와 주인에게 행사 메일을 보내고, 영상회의에 참여하였다. 회의

내용은 회의 기록부에 자동 변환 입력되고, 담당과장을 클릭하자 이어지는 블로그 홈페이지, 이메일, 휴대폰, 특기사항이 옆 화면에 표시된다. 회의를 마치고 물류관리 시스템에 접속하였다. 공급회사의 제품들에 따라 발생하는 수요의 규모가 실시간으로 기록되고 있었다. 생산－보관－배달－소비에 이르는 과정에 품목마다 차등적으로 나타나는 지연시간과 배달 상의 파손사고까지 공개되어 실매장에서 전시, 판매할 수 있는 규모도 최대 20분 오차 범위 내에서 파악이 가능하다.

유통에서 실시간 수요－공급의 차이로 발생하는 입고·출고까지의 재고, 파손량, 유실량의 규모와 시각을 그때마다 바로 파악하여 소비자로부터의 많은 불만을 모두 제거한다.

통합 네트워크를 기반으로 음성 데이터 유무선 통신방송의 복합적인 서비스를 수용하기 위해 IPv6, 광대역 스트리밍기술, 고품질 영상압축·전송기술, 영상 단말기술을 결합한 멀티미디어 통신서비스를 수용하는 방향으로 진화한다.

8. 할인마트

대형 할인 마트에서 일하는 P 과장은 전원 길을 달리다 신선한 야채밭을 발견하여 곧바로 스마트 폰을 사용해서 계약을 체결한다. 구입한 야채는 이동통신 단말기를 통해 매장별로 필요한 수량만큼 분배되고 이 정보는 곧장 소비자에게 전달된다. 이날 대형 할인마트를 방문한 소비자의 저녁식탁에는 그날 수확한 야채가 오른다. 매장관리 사무실, 물류센터, 저장창고, 슈퍼마켓, IBO, 전통장터의 고유기능을 유지하면서도 기능들이 통합되어 자동화된 서비스를 받는다. M-Commerce, T-Commerce로 고객과 유통사가 연결되는 시스템에서 유통제도, 과금제도, 과세제도가 보완되어야 한다.

9. 가정＋사무실

통신 네트워크 전문가인 A 씨는 휴대폰에서 관할 지역의 통신망 두절사고의 발생을 통보받고, 황급히 집을 나오면서 휴대 노트북의 통신망관리 메뉴를 클릭하여 사고가 접수된 시각, 장소, 피해 기기 현장까지의 이동소요시간과 약도를 확인하였다. 이는 24시간 상시감시 운영체제가 작동하고 있었기 때문에 가능하다. 이동 통신망의 정보 채널의 상태를 확인한 후에 노트북의 패널을 덮고, 그가 옷에 달려 있던 특수 선글라스를 착용하자 바로 그 화면이 나타났다. 이 설계 화면으로 쉽게 사고와 고장 원인을 찾아내어 고치니, 사고 원인이 지반과 지진에 있었으므로 그의 노트북에 있는 정보를 가지고 수도관, 가스관, 전기관까지 자세히 살펴보게 하라는 주문이 휴대폰을 통해 들어왔다. 모든 종류의 통신선로, 전기, 상수도, 하수도, 가스관 선로는 국가 관리정보시스템으로 완전하게 통합된 이후 점검 지역 담당자는 노트북으로 항시 축소지도를 내려받아 지하 매설물의 정확한 정보를 볼 수 있다. 모든 경제활동 주체들이 Global/Local, On/Off-line의 결합과 인터넷플랫폼의 활용을 반드시 최적으로 제어할 수 있어야 하고 가치의 환수속도와 경쟁에 대한 순간 적응력이 사업성공의 열쇠가 된다.

10. 통신사고 현장

사고 구역의 MDF(Main Distribution Frame) 주위에서 무인 경비로봇이 인근의 아파트 구역 전체를 지키고 있어 통신망 관리사인 A 씨가 자신의 ID를 대자 통과하였다. 내부의 RFID에 의해 선로의 고장 난 부분들이 나타났다. 선로를 보수하고 나서 시스템의 자기진단 프로그램을 구동하여 문제를 진단 처방에 따라 이력을 기록하였다. 개개인의 유비쿼터스 네트워크 사용 심리에 파고들어 미리 안내하고 예방함으로써 이상적 통신망 사회와 서비스 사업자의 미래를 연동시켜 나아갈 수 있다. 통신사고 난 지점에서도 고객 발굴차 유/무선 통신장치, 인터넷 TV의 내부 장치, 셋톱박스의 고장을 전담하는 업자들과 교신하여 판매, 수리접수, 직간접 수리대행 신고, 교체대행 등을 수행하면서 통신서비스와 다른 기간 사업체로부터 효과적인 지역 주민정보에 갱신을 요구받게 된다.

11. 고속도로

평북 신의주에서 부산까지 초고속 산업도로로 6시간에 가기로 결정하고, 자동차에 타자마자 시동이 걸리면서 지도상에 부산항 버튼을 눌러 각종 정보를 교환했다. 이윽고, 부산 톨게이트에 이르자 차량번호를 인식한 카메라에 '통행료 전자결제가 이루어졌음이 차 안의 화면에 표시되었다. ITS와 텔레매틱스에 의하여 신의주에서 부산까지 자동차 전용도로를 운전 없이 독서와 음악감상 또는 텔레매틱스에서 나오는 각종 도로정보와 업무정보를 이동통신망, 위성통신망, 지능형 교통망이 연동되어 제공한다. 차내, 실내, 야외를 잇는 자유로운 통신 서비스 간의 가변전송속도, 트래픽 제어, 프로토콜 자동변환, 디스플레이, 음성데이터 복합, 프레젠테이션의 기능이 서비스될 뿐만 아니라 다양한 기술들이 융합되어 실현된다.

무선통신의 경우 방사전력, 인접채널 간섭문제, 전송품질, 악천후 대책, 보안문제, 프로토콜 호환성 문제를 극복해야 한다.

Ⅳ. 유비쿼터스에 필요한 기술 동향 분석

1. 유비쿼터스의 실현에 필요한 테크놀로지

컴퓨터의 변화 속도와 폭은 상당히 빠르게 진행돼 많은 발전을 가져왔다. 빌 게이츠조차도 "지난 10년 동안 정보기술의 발달은 경이 그 자체라고 할 수 있으며 우리를 당혹하게 만드는 것은 앞으로 10년 동안에 무엇이 가능하게 될지 아무도 정확하게 예측할 수 없다는 점이다"라고 말했다. 개인 컴퓨터뿐 아니라 기업과 기업 사이의 컴퓨터, 그리고 지구촌 네트워크는 앞으로도 많은 변화를 지속적으로 불러일으킬 것으로 보인다. 아날로그에서 디지털 방송으로의 전환은 무수히 많은 패러다임을 등장시켰을 뿐 아니라 환경과 생활 또한 변화시켰다. 이런 가운데 새로운 패러다임으로 등장한 유비쿼터스화는 유비쿼터스 컴퓨팅과 유비쿼터스 네트워크를 기반으로 물리공간을 지능화하는 동시에 각종 사물들을 네트워크로 연결시킨다. 유비쿼터스는 환경 속에 떨어져 존재하는 도로, 다리, 터널, 건물, 냉장고, 티셔츠, 주전자, 종이 등과 같은 물리적 사물들을 지속적으로 연결해 준다. 결국 사람, 컴퓨터, 사물들을 네트워크로 연결하고 3차원으로 정보를 수·발신하게 되는 컴퓨터화의 발전단계를 의미한다고 보면 된다.

유비쿼터스 환경에서도 기업 간 전자상거래(B2B) 같은 개념은 여전히 존재한다. 그러나 그것은 물리공간과의 연계가 고도화된 전자상거래(B2B with T2T)라는 점에서 차이가 난다. 기업과 기업 간의 전자상거래는 정부에서도 그대로 나타날 수 있다. 전자정부도 이제는 공공의 물적 기반이 T2T화를 통해 지능화·네트워크화되는 유비쿼터스를 중심으로 다시 태어나야 한다. 사람, 컴퓨터, 사물이 언제 어디서나 하나로 연결되는 유비쿼터스가 진행되면서 기존 패러다임은 모든 면에서 변화를 일으킬 것이다.

유비쿼터스의 다양한 패러다임을 소화하기 위해 선점하려는 각축전이 시작되고 있다.

2. RFID는 유비쿼터스 사회로 가는 지름길

RFID(Radio Frequency Identification, 전자태그)란 무선 주파수 인식을 통한 자동인식 기술로, 바코드와 마그네틱 카드를 대체할 비접촉식카드(contectless card)의 대표라 할 수 있는 신기술이다.

RFID 시스템은 세 가지 요소로 구성되는데 리더(Reader), 호스트 컴퓨터(Host Computer), 그리고 트랜스폰더라고도 불리는 태그(Tag)가 바로 그것이다. 리더의 안테나에서 전파를 발산하는 동안 ID와 데이터가 저장된 태그가 마그네틱 필드 내에 들어가 활성화되어 자신이 가지고 있는 ID와 데이터를 안테나로 전송하게 된다. 안테나는 태그로부터 전송된 ID를 데이터 신호로 변환하여 컴퓨터에 전송하고, 컴퓨터는 미리 저장된 데이터베이스와 비교하여 필요한 서비스를 제공한다.

RFID는 기존의 바코드와 자기 인식 장치의 결함을 제거하고 사용의 편리성, 생산방식의 변화, 소비자의 의식 변화, 문화 및 기술의 진보에 따라 활용 범위가 비약적으로 증가하고 있는 차세대 핵심 기술이다.

저주파 대역(125~400kHz)은 짧은 거리의 전송뿐 아니라 RFID 응용 분야에 일반적으로 사용되었는데, 오늘날 쓰는 전형적인 캐리어 주파수의 범위는 125kHz~2.4GHz다. 최근 몇 년 동안 고주파와 마이크로웨이브의 적용 분야도 확대되고 있으며, 13.56MHz의 주파수대역이 RFID 분야의 표준이 되어 가고 있다.

RFID는 초소형 반도체에 식별 정보를 넣고 무선 주파수를 이용해 상품이나 동물, 사람 등을 판독·추적·관리할 수 있는 최첨단 기술이다. 물류, 유통, 전자 지불, 보안 등 다양한 분야에 적용 가능하다. RFID는 주파수 대역별로 인식거리, 데이터 전송속도, 값 등에서 차이가 나는데 13.56MHz 대역은 교통카드와 신분증 등에서 이미 상용화되고 있다.

1960년대 바코드에 이어 '제2의 디지털 혁명'으로 불리는 RFID 물결이 거세게 밀려오고 있다. 주요 시장조사 기관과 경제 연구소에서 올해 IT 시장을 이끌어 갈 유망 기술의 하나로 빠짐없이 꼽는 분야가 바로 'RFID'이다.

제품에 부착된 RFID 칩이 제품의 위치와 판매 여부, 상태를 실시간으로 알려 주기 때문에 유통, 물류 등 산업 전반에 대변혁을 불러올 것으로 기대된다. 우리나라 정보 통신부는 모든 사물에 RFID를 붙여 정보를 감지하고 이를 네트워크에 연결해 실시간 관리하는 'U-센서네트워크' 기본계획을 확정, 2004년 기술개발과 시범서비스 등에 138억 원을 투입하기로 했다.

최근 기술개발이 한창인 900MHz 대역(860~930MHz)은 인식 거리가 길어 생산 자동차의 유통, 물류 분야에서 큰 관심을 보이고 있다. 특히 식별코드 관리기구인 EAN.UCC에서 기존 바코드를 대체할 용도로 이 대역 표준화를 추진 중이다. RFID 시장 규모인 2003년 10억 달러 정도였고, 해마다 22.6%씩 성장할 전망이다. 이를 어떻게 활용하느냐에 따라 물류 개선효과, 생활 편익 증진, 위조와 도난 방지 등 사회 전반에 미치는 파급 효과가 크다.

RFID 기술을 적용한 시범 사업도 본격적으로 추진된다. RFID를 IT 선도기술로 육성하고 유비쿼터스 시대를 더욱 앞당겨 구축하기 위해서는 현실적인 칩 가격, 주파수 대역 확정, 기술 표준 수립, 다양한 응용 애플리케이션 개발과 함께 바코드처럼 모든 상품에 RFID를 부착하고 통신과 메모리 기능을 추가해야 할 것이다.

	바코드	자기코드	IC카드	RFID
인식 방법	비접촉식	접촉식	접촉식	비접촉식
인식 거리	0~50cm	리더기에 삽입	리더기에 삽입	0~5mm
인식 속도	4초	4초	1초	0.01~0.1초
이식률	95% 이하	99.9%	99.9% 이상	99.9% 이상
투과력	불가능	불가능	불가능	가능(금속 제외)
사용 기간	불가능	1만 번 이내(4년)	1만 번(5년)	10만 번(60년)
데이터 보관	1~100Byte	1~100Byte	16~64KB	64KB 이하
카드 손상률	매우 잦음	잦음	잦음	거의 없음
태그 코스트	가장 저렴함	저렴함	높음	보통
보안 능력	거의 없음	거의 없음	복제 불가	복제 불가
재활용	불가능	불가능	가능	가능

3. IP 어드레스 체계 정립의 중요성

차세대 인터넷은 유·무선 및 위성통신망의 연동과 다양한 망에서 제공하는 서비스의 통합이 촉진된다. 그만큼 앞으로 구축할 대부분의 통신망에서 인터넷 서비스를 이용할 수 있을 것으로 보인다.

오늘날 인터넷망 구축의 핵심 장비로는 라우터, 스위치 장비 등을 들 수 있다. 현재 이들 장비는 대부분 외국산 장비로서 국내 기술개발을 통한 국산화 추진과 나아가 해외시장 진출을 모색해야 한다. 현재의 인터넷 환경에서 미흡한 보안, 품질 등의 요소가 차세대 인터넷에서는 보완될 것이므로 QoS, 멀티캐스트, 보안, 유·무선 통합 등을 응용한 새롭고 실용적인 인터넷 비즈니스 모델 생성이 가능할 것으로 전망된다.

현재 APNIC는 RFC2450 및 APNIC의 Provisional IPv6 Assignment and Allocation Policy Document 등 관련 문서에 근거하여 국가 NIC뿐만 아니라 ISP 등에 sTLA 규모의 IPv6을 할당하고 있다. 따라서 IPv6할당 초기단계에 KRNIC 및 ISP 등에서 최대한 IPv6 주소를 확보하도록 유도하는 것이 필요하다.

현재 전 세계 107개 기관이 sTLA를 할당받은 상태이며, 앞으로 국내 IPv6 주소 할당체계도 RFC-KR 관련 문서를 개정하여 현재의 KRNIC 중심의 할당 체계를 구축해야 한다. 뿐만 아니라 ARNIC로부터 직접 IPv6을 할당받은 기관은 할당 현황을 정기적으로 KRNIC에 통보케 하여 전체적으로 KRNIC를 중심으로 국내 IPv6주소가 관리되도록 해야 한다.

4. 밴드폭 확보가 유비쿼터스의 필수 요소

유비쿼터스 컴퓨팅 환경에서는 주변에 있는 여러 정보기기들의 상호 교환이 가능하다. 이때 네트워크를 통해 오가는 정보의 양은 비약적으로 증대된다. 또한 영상 콘텐츠의 공유 문제로 현재의 네트워크 용량을 벗어나 대용량 네트워크의 필요성이 절실하게 요구된다.

앞에서 언급한 콘텐츠, 즉 브로드밴드 접속을 통해 전송되는 브로드밴드 콘텐츠란 디지털 형태로 되어 있는 콘텐츠를 통칭한다. 고속의 접속 서비스를 필요로 하는 대표적인 브로드밴드 콘텐츠의 예로는 영화, 방송 등 멀티미디어로 된 스트리밍형 동영상을 들 수 있다.

스트리밍형 동영상의 경우 고음질, 고화질로 제작될수록 파일크기가 커져서 고속의 브로드밴드 접속 서비스가 제공되어야 실질적인 전송이 가능하다. 이러한 동영상의 완벽한 전송은 접속 서비스 및 MPEG(Moving Picture Experts Group)으로 대표되는 동영상 파일 압축기술의 발전과 함께할 전망이다.

다양한 콘텐츠와 공유되는 데이터의 크기가 커진 오늘날의 네트워크 환경에서는 광대역망이 필수라고 할 수 있다. 음성정보는 협대역 통신으로도 충분히 해결할 수 있지만, 데이터양이 많은 영상정보를 전달하게 위해서는 광대역망이 반드시 필요하다.

예를 들어, 2MB의 정보를 모뎀을 통해 전송받으려면 35초가 넘게 소요되지만, ADSL 망을 이용할 경우에는 수 초 이내에 전송받을 수 있다. 그러나 요즘 많은 주목을 받고 있는 VDSL을 이용할 경우 이보다 훨씬 더 시간을 줄일 수 있다. 현재 유선이 시장을 주도하고 있는 가운데, 무선 네트워크가 활발하게 제안되고 있는 상황이다.

또한 최근 Wi-Fi로 불리는 무선랜이 급부상하면서 IT 기업들의 사업 참여가 활발해지고 있다. 하지만 다양한 Wi-Fi 표준 간 호환이 가능한 칩셋을 개발하는 것이 가장 큰 과제이다.

앞으로 다양한 정보기기와 정보 전송 및 콘텐츠를 사용하게 될 유비쿼터스 환경에서는 외부의 네트워크 접속이 중심이 될 것으로 보인다.

5. 유비쿼터스로 인한 프라이버시와 안전

프라이버시 보호는 어떤 이론적인 문제가 아닌, 실제 생활에서 이루어지는 개인의 정보침해로 인해 제기되는 삶의 질에 관한 문제다. 따라서 여기에서는 이러한 문제를 해결하기 위해서 프라이버시 보호에 대한 계도와 아울러 정보사회의 포괄적인 윤리라고 할 수 있는 정보윤리가 확립되어야 한다. 물론 이러한 윤리는 인간의 규범적인 접근을 바탕으로 하기 때문에 한계가 있을 수밖에 없다. 따라서 기술적인 측면에서 접근할 수 있는 방안들을 만들어야 한다. 대표적인 방안이 암호화와 인증을 통한 방법이다. 그리고 네트워크의 문제도 살펴볼 수 있다.

정보사회의 특징 가운데 하나는 기술 진보와 그 기술을 통한 생활환경의 개선이라고 할 수 있다. 그렇지만 기술에 의존하다 보면 기술 중심의 생활, 더 나아가 기술 우위의 사회문화가 형성될 것이다.

6. 유비쿼터스 활용능력

컴퓨터 기술은 초고속으로 발전하고 있다. 몇 년 전만 해도 컴퓨터는 업무의 효율성을 높이고, 단순한 정보기기 또는 청소년들에게는 값비싼 '오락기'로서의 기능만을 담당했다. 오늘날 컴퓨터는 선택사양이 아닌 필수요소로서 중요한 위치를 차지하고 있다. 그만큼 컴퓨터 활용능력은 반드시 필요한 요소다. 그러나 새로운 문물을 쉽고 빠르게 받아들이는 젊은 층에 비해 중·장년층은 새로운 정보기술을 받아들이는 일이 결코 쉽지 않다. 그렇다고 그들을 지식정보사회의 '로빈슨 크루소'로 만들 수도 없는 일이다. 그만큼 쉽고 편리하게 작동할 수 있는 기기를 설계해야 하며, 더욱 인간 친화적인 유저인터페이스(user interface) 설계가 필요하다. 즉 복잡한 매뉴얼보다는 단순하면서도 해당 기능을 쉽게 파악할 수 있는 아이콘화가 이루어져야 하며, 처음 조작하는 기기라도 간단하게 만질 수 있도록 설계되어야 한다.

6장

디지털 정보기술의 산업화

　인터넷은 정보의 보고라고 한다. 검색 키워드에 의해 구글, 야후, 다음, 네이버의 검색도구를 이용하면 원하는 정보를 검색할 수 있다. 또는 다양한 정보를 동호회 등의 웹을 이용하면 이용자가 필요한 정보를 찾아낼 수 있다. 이제는 UCC까지 등장하여 앞으로의 온라인 시대가 예측 불허의 변화에 의해 우리가 따라가기 힘든 대변혁의 시대에 살고 있다. 1760년대의 영국의 산업혁명에 이어 21세기에 들어 디지털혁명이 진행 중에 있다. 정보통신기술이 고도화되고 디지털기술이 결합된 디지털전송기술에 의한 광대역 ISDN으로 통신망이 확산되었다. 이로 인하여 인터넷이 급속도로 확장되어 인터넷 웹으로 통한 온라인시대가 보편화되었다. 또한 컴퓨터의 연산능력도 획기적으로 향상되고 소형화되어 PC가 과거의 중형컴퓨터를 대체하게 되었고 모바일 스마트폰은 음악 동영상 등의 멀티미디어를 처리하고 PDA를 대체할 수 있는 통합 모바일 단말기로 발전되었다. 이와 같은 정보통신기술은 사회 전반에 걸쳐서 아날로그 시대에서 디지털시대로 변혁되어 전 세계적으로 디지털혁명이 이루어지고 있다.

I. 디지털 정보기술 산업의 발전

　디지털 정보기술 분야가 미래사회 분석으로부터 도출될 수 있는 유망기술 분야에서 산업 활성화는 새로운 기술의 도래 및 기존기술의 혁신을 바탕으

정보저장장치
FPD
나노전자소자

BT-NT
특정약물전달
질병치료

분자전자소자
양자컴퓨터
나노로봇 실현

인공지능
자기복제기술
냉동인간 소생

[그림 1-51] 나노기술의 출현 및 산업적 응용

로 달성될 수 있다.

대표적인 것 중 하나가 나노기술의 등장이다. 나노기술이 IT나 BT와 결합하면 그 파괴력은 매우 크다. Norman Poire 및 Merrill Lynch가 예상한 나노기술의 전정과 산업적 응용은 다음 그림과 같다.

향후 5년 안에 나노기술을 이용한 테라비트급 정보저장장치가 개발되고, FPD(Flat Pane Display) 및 전자소자 분야에서 나노기술이 활성화될 것이다. 그 이후는 BT-NT 기술에 특정약물전달 시스템이 개발되어 나노기술이 질병치료에 응용되는 시대가 올 것이다. 10~20년 후에는 분자전자소자 및 양자컴퓨터와 나노 로봇이 실현될 것이며 50년 이후에는 나노기술이 인공지능, 복제기술 및 냉동인간 소생에 응용될 수 있다.

다음 그림에서 좀 더 구체적으로 기술의 출현 및 진화과정을 나타내었다. 즉 기술과 산업을 연계한 개념으로 기술의 태동기, 산업화준비기, 시장확대기로 표현하였다. 기술의 동기에서는 불확실성을 포함한 기술의 기대치가 가장 높다. 기술의 기대치가 최저로 떨어진 시점에서 산업화준비기가 시작된다. 그렇지만 실질적으로 기술이 시장확대기에 응용되려면 2~3차례 이상의

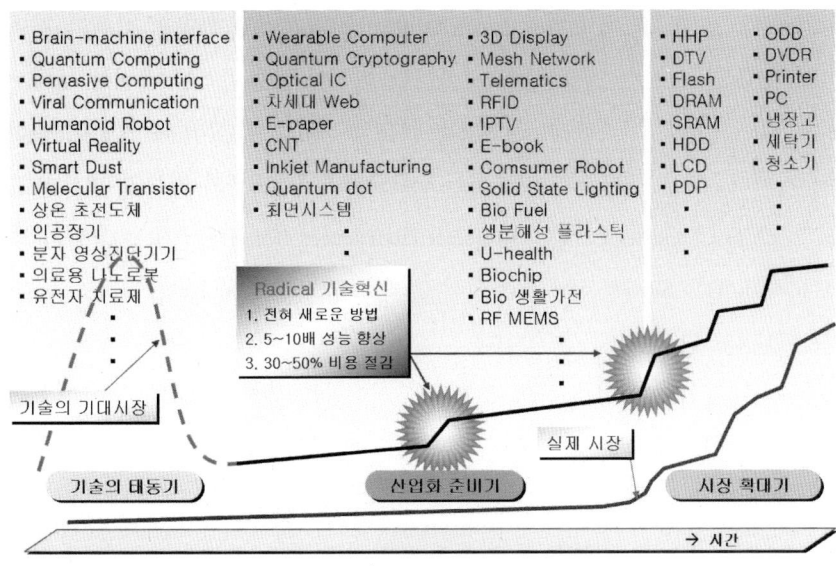

| • Brain-machine interface
• Quantum Computing
• Pervasive Computing
• Viral Communication
• Humanoid Robot
• Virtual Reality
• Smart Dust
• Molecular Transistor
• 상온 초전도체
• 인공장기
• 분자 영상진단기기
• 의료용 나노로봇
• 유전자 치료제 | • Wearable Computer
• Quantum Cryptography
• Optical IC
• 차세대 Web
• E-paper
• CNT
• Inkjet Manufacturing
• Quantum dot
• 최면시스템 | • 3D Display
• Mesh Network
• Telematics
• RFID
• IPTV
• E-book
• Comsumer Robot
• Solid State Lighting
• Bio Fuel
• 생분해성 플라스틱
• U-health
• Biochip
• Bio 생활가전
• RF MEMS | • HHP
• DTV
• Flash
• DRAM
• SRAM
• HDD
• LCD
• PDP | • ODD
• DVDR
• Printer
• PC
• 냉장고
• 세탁기
• 청소기 |

Radical 기술혁신
1. 전혀 새로운 방법
2. 5~10배 성능 향상
3. 30~50% 비용 절감

기술의 기대시장

실제 시장

기술의 태동기   산업화 준비기   시장 확대기

→ 시간

[그림 1-52] 기술혁신과 신산업의 창출

혁신적인 기술혁신을 이루어야 가능하다. 즉 생산성을 확보하여 기업 및 소비자에게 이익이 될 수 있어야 한다는 것이다. 기술혁신은 전혀 새로운 방법 5~10배의 성능 향상이나 30~50%의 비용 절감을 가져올 수 있는 기술로 원천적인 기술이 될 것이다. 이러한 기술혁신은 산업화 준비기뿐만 아니라 시장확대기에서 반복적으로 나타날 수 있다.

II. 디지털 정보기술의 융합 서비스

지식정보화 사회는 시간·공간을 뛰어넘을 수 있는 가상공간, 가상현실이 실현되게 된다. 지식정보사회에서의 IT 기술은 모든 기술의 신경 조직과 같은 인프라 기술로 존재할 것이며, 이의 형태로 끊임없는 IT 내의 융합 또는 IT와 타 산업과의 융합이 이루어져 새로운 산업기술이 탄생하게 될 것으로 예측된다. 또한, IT 제품에서도 유망기술의 컨버전스가 활발히 발생할 것이다. HDTV급 실시간 영상 인식과 실시간 외국어 자동번역이 가능한 제품으로 통신, 단말기, 디스플레이, 고성능 반도체 기술이 통합된 IT 제품이 출현될 것이다. 이를 구현하기 위해서는 SoC(System on Chip)의 진보가 필요한데, SET, CNT, CMOS logic 소자 및 optical interconnect, Tera-Flash/MRAM/PRAM 및 THz Cash/RTD SRAM 등이 적용되어 초저소비 전력, Tera-bit급 집적도, 초고속 트랜지스터 갖추게 될 것이다.

통신 네트워크 서비스 간의 융합은 무선, 방송, 통신 간의 융합이 이미 이루어지고 있으며 앞으로의 통신 인프라로서 신경조직과 같은 역할을 하게 될 것이다. 다음 그림은 통신방송 및 이동통신의 융합을 나타낸다. 또한 IT 기술은 NT, BT, ET, ST, CT 등 기술과 융합하면서 다양한 기술 제품 및 서비스를 창출하고 있으며 그 속도가 점점 가속되고 있다. IT 산업과 바이오나노 등 타 산업이 융합되면서 경쟁력 있는 제품이 개발되고 Blue Ocean이 창출될 것으로 예상된다. 그중 IT-BT-NT 융합기술은 크게 IT-BT, IT-NT, BT-NT로 구분할 수 있으며, 이 중 IT-BT와 IT-NT에 대하여 살펴본다. IT-BT 융합기술

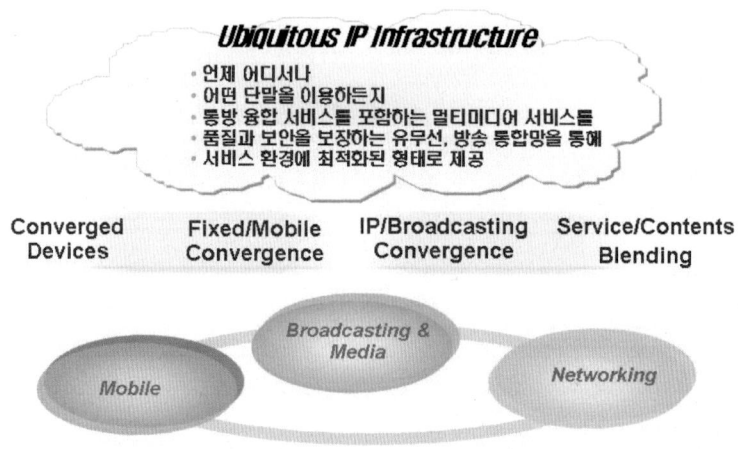

[그림 1-53] IP 인프라로서의 통신방송이동망의 융합

은 바이오센서 바이오인포매틱스, 헬스 인포매틱스 외에도 생체 정보인터페이스기술, 생체정보보호기술, 바이오컴퓨터 등이 있다. 또한 IT-NT 융합기술에는 기존 반도체기술이나 노스케일로 진입에 따른 나노소자 및 SoC 기술이 있으며 기존 반도체의 영역이 아닌 유기반도체 및 금속나노소자 기술 등이 있다.

1. IT-BT 융합기술

IT-BT 융합기술은 고령화 사회의 건강문제 환경 및 안전문제 등 미래 사회문제를 해결할 핵심기술이 될 것으로 기대되며 이 기술을 통하여 노인건강관리 및 맞춤의료서비스 환경센서를 통한 환경감시 등 서비스가 시장을 창출할 것이다.

IT-BT 융합기술의 초기단계는 바이오 센서칩 모듈과 생체 신호 분석/보호 모듈을 사용하는 건강 모니터링 시스템으로 나타나고 있다. 이러한 초기 모니터링 단계가 성숙되면 질병을 센서 자체에서 스크리닝하고 센싱된 데이터베이스를 분석 및 보호할 수 있는 질병 스크리닝 시스템을 거쳐 p-라이프케어 시스템으로 진화할 것이다. 이러한 IT-BT 융합기술의 발전을 위한 바이오센서, 바이오정보분석 SW, 생체 신호처리기술 등 핵심 원천 기술이 개발되어 IT-BT 융합산업에 파급됨으로써 미래 핵심 산업에 기여되어야 할 것이다.

2. IT-NT 융합기술

향후의 통신기술은 멀티미디어 전달을 위한 통신기술보다는 입체 영상 및 음향 그리고 후각 및 촉각 등 현장감이 느껴지는 오감정보를 실감나게 전달하고 궁극적으로 지능 내장형 칩이 인체 또는 사물에 내장되어 감성정보까지 교환되는 교감통신기술로 발전할 전망이며 이러한 통신을 지원하기 위한 u-단말

시스템이 개발될 것이다. 이러한 u-단말 시스템은 폭발적으로 증가하는 다양한 기능과 대용량 멀티미디어 및 오감 정보 데이터를 처리할 수 있도록 동적으로 재구성할 수 있는 하드웨어 및 소프트웨어 기능을 제공할 것이다. 이를 위하여 실감나노센서, 센서 인터페이스 및 태양전지 기술이 융합된 자가충전 전원장치 기술이 개발될 것이다. 나아가 교감형 u-단말시스템 등의 미래 IT-NT융합형 정보통신기기는 웨어러블 혹은 인체 내장형으로의 발전이 예상된다.

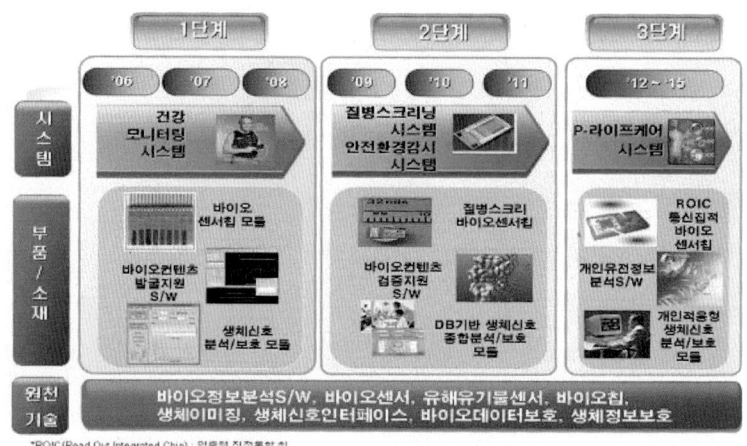

[그림 1-54] IT-BT 기술 발전 전망

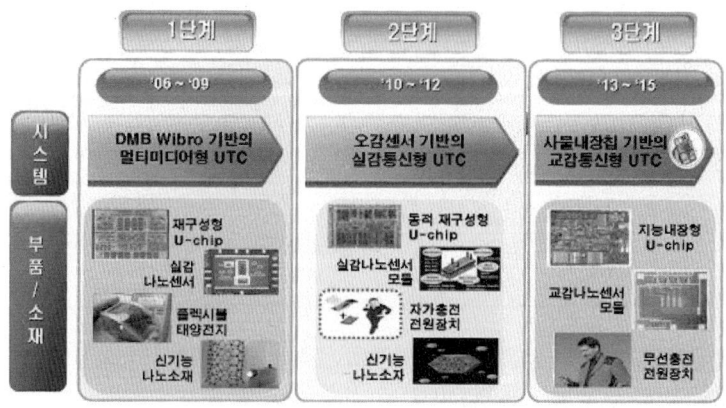

[그림 1-55] IT-NT 기술 발전 전망

　컴퓨터와 정보통신기술이 고도로 발전되면서 사회 환경은 변화하고 있으며 도서관 시스템 및 이용자 정보서비스는 새로운 패러다임으로 전환되고 있다. 20세기 후반을 지나면서 기존의 정보화 사회가 지식정보기반사회로 전이되고, 이에 따라 도서관정보 이용자들의 요구도 다양해지고 있으며 단순한 정보 제공에서 지식으로서 활용 가능한 정보 즉 정선되고, 가공된 정보를 요구하게 되었다. 이러한 새로운 사회적 환경은 도서관 시스템의 새로운 변화를 요구하게 된다. 이러한 양상은 새로운 정보환경과도 밀접하게 연관되어 있다. 디지털 환경은 상당 부분이 가상공간을 통해 이루어지고 있고, 도서관의 존재형태도 차츰 자료라는 형태와 도서관이라는 공간을 초월하는 방향으로 형성되고 있다. 이러한 새로운 환경은 당연히 도서관의 변화와 새로운 역할을 요구하게 된다.

　도서관 시스템 변화의 절대적인 영향은 정보처리 기술에 있으며 이는 컴퓨터와 초고속 정보통신망의 발달이라 볼 수 있다. 이로 인하여 지역공간은 물론 글로벌 정보공유가 보편화되었고 지속적으로 발달하고 있는 정보처리 기술 및 정보통신망으로 빠른 속도로 지역에 관계없이 확산되고 있다. 이제 어떤 형태의 정보든지 시공간을 초월하여 상호 이용이 가능하게 되었다. 공공도서관, 대학도서관, 전문도서관뿐만 아니라 학교도서관에서는 도서관 이용자들에게 양질의 정보서비스를 제공하기 위하여 첨단 전자정보시스템인 가상도서관 서비스의 구현을 위해 끊임없이 노력하여 디지털도서관을 탄생시켰다. 디지털도서관의 기능적 변화는 종래에 미처 예측할 수 없었던 분야까지 발전하여 공공기관, 학교 등 사회 곳곳까지 확산되어 사회에 미치는 영향이 대단히 크다 할 수 있다. 이러한 관점에서 본 장에서는 디지털 정보기술의 발전과 사회 및 도서관에 미치는 영향에 대하여 기술하고자 한다.

Ⅰ. 정보기술의 발전과 사회변화

급격한 정보기술의 발전으로 숫자 및 문자뿐만 아니라 그래픽, 이미지, 동화상, 음성 등에 대한 요구가 점증하면서 멀티미디어의 중요성이 점점 부각되고 있으며, 데이터베이스 기술도 관계형, 관계－객체 혼합형, 객체형 DB 등으로 다양화되고 있다. 데이터 응용기술 방면으로는 '90년대 초반에 나온 데이터웨어하우징 개념으로 인하여 일반 DB로부터 다차원조회, 시계열 분석 및 추세분석 등이 가능하게 되었다. 그리고 최근 사용자가 폭발적으로 증가하면서 사회 전반 각 분야에 커다란 영향력을 미치고 있는 인터넷과 일반대중을 대상으로 하는 인터넷과 달리 내부사용자를 대상으로 하며 외부사용자로부터의 보안을 중요시하는 인트라넷 등 첨단 정보기술의 발전은 놀라울 정도이다.

이러한 정보기술은 정보전산시스템뿐만 아니라 생산관리 시스템, 재무관리 시스템, 마케팅시스템, 인사관리 시스템, 도서관관리 시스템, 학교교육정보화시스템 등 여러 분야에서 통합적 접근에 의한 시스템이 운영되고 있다. 통합 시스템의 개념은 공동 데이터베이스시스템(Database-system)을 중심으로 각 하위 시스템의 데이터(Data)를 이용해서, 각 시스템에 유용하고 필요한 정보를 창출하고, 각 분야 활동에 알맞게 전환시켜 이용할 수 있는 시스템을 의미한다. 이러한 의미에서 정보기술은 몇 가지 중요한 역할을 수행하게 된다.

지식정보사회에서는 정보 생산의 포화상태로 인하여 우리는 수많은 정보에 노출되어 있다. 정보기술은 이러한 수많은 정보들을 체계적으로 이용자에게 유용한 정보로 만드는 일종의 기술이다. 필요한 자료의 수집, 필요한 형태로의 가공이 모두 정보기술을 통해서 이루어지게 된다. 우리는 인터넷(Internet)을 통하여 우리가 필요한 자료나 정보를 검색하여 이용한다. 이메일(e-mail)이나 생활에서 필요한 자료를 찾는 데 인터넷(Internet)은 없어서는 안될 정보검색 도구가 되었다. 정보기술의 발전은 각종 정보센터 및 도서관 시스템의 변화는 물론 사회 곳곳을 크게 변화시켰고 지식정보사회를 등장시켰다.

1. 정보기술의 발전과 영향

정보기술 발전은 사회 곳곳에 변화와 발전을 가져왔고 오늘날 진행되고 있는 지식정보사회는 정보기술의 발전을 기반으로 전개되었다. 산업혁명은 불과 100여 년 남짓한 기간 동안 인류문명의 양상을 근본적으로 변화시켰다. 산업혁명은 자동차, 비행기, 철강, 내연기관, 전기, 석유 등과 같은 기술 및 자원과 더불어 전개되어 왔다. 그에 비해 정보화시대는 인간 두뇌의 정보처리 능력을 획기적으로 확장시킨 놀라운 발명품, 즉 컴퓨터와 더불어 급속한 진화를 거듭해 왔고, 이 흐름은 21세기에 들어갈수록 가속화되고 있다.

오늘날 정보기술은 인간 생활의 거의 모든 측면에 영향을 미치고 있기 때문에 그 유형을 하나로 정리하기는 거의 불가능하다. 여기서 우리는 정보기술을 편의상 그것의 하드웨어적 측면과 소프트웨어적 측면으로 구분한 후, 양자의 발전과 전개 과정을 기술하고, 이러한 정보기술 혁명이 오늘날 어떠한 방향으로 전개되어 가는가를 살펴볼 필요가 있다.

1) 하드웨어와 인터넷의 발달

20세기 후반 하드웨어적 측면의 정보기술 발전은 크게 극소전자공학(microelectronics), 컴퓨터(computer), 정보통신(telecommunication) 분야에서 집중적으로 발전되어 왔다. 오늘날의 모든 정보기술은 1947년 미국의 벨연구소에서 발명된 트랜지스터라는 극히 작은 정보처리 소자의 발명과 불가분의 관계를 맺고 있다. 트랜지스터는 이진법에 기초한 정보의 처리 및 가공, 증폭 등을 가능케 함으로써 사람들이 서로 정보를 주고받듯이 기계 내부의, 그리고 기계들 상호 간의 의사소통을 가능케 만들었다. 트랜지스터는 50년대를 거치면서 미국 기업체 연구소, 대학의 연구원들에 의해 오늘날의 집적회로인 반도체 칩으로 발전되었다. 이후로 칩의 디자인과 집적 기술은 놀라운 속도의 진보를 거듭해 왔고, 칩은 더 작은 공간에 더 많은 정보를 기억하고 처리할 수 있는 능력을 갖추게 되었을 뿐 아니라, 칩을 통해 처리 가능한 정보의 속도 역시 초고속으로 증대되었다. 현재 우리가 일상생활에서 사용하는 거의 모든 도구들 속에 칩이 들어가게 되면서 이제 컴퓨터는 우리 주변의 모든 곳에 우리와 함께 존재하는 생활도구가 되었다.

또한 극소전자 공학과 컴퓨터의 발전은 컴퓨터와 통신기술이 결합되고, 컴퓨터 자체의 이동성과 휴대성이 증가함에 따라 컴퓨터는 '네트워크(network)'로 움직이는 새로운 '사이버 공간(cyber space)'을 만들어 내었다. 정보의 기억, 저장, 처리 능력은 이제 이러한 능력을 네트워크로 공유하는 극도로 유연한 시스템으로 발전해 왔고, 따라서 정보의 저장과 처리는 분산처리되며 상호작용적이며, 서로의 힘을 공유하는 네트워크로 전환되었다. 기술적 시스템의 전반적 변화는 이를 기초로 형성되는 사회조직과 인간관계의 성격도 급격히 변화시키고 있다. 더불어 통신기술의 발전은 고정된 정적 시간과 공간의 개념을 동적 개념으로 전환시켰고, 다양한 컴퓨터 및 커뮤니케이션 장비를 휴대하고 시간과 장소에 관계없음은 물론 이동 간에도 다양한 업무

처리를 가능케 하였다.

2) 소프트웨어와 인터넷의 진화

정보기술의 진화를 올바로 이해하기 위해서는 그것의 가장 중요한 구성요소인 소프트웨어의 발전을 함께 보아야만 한다. 좁은 의미의 소프트웨어는 컴퓨터시스템에서의 작업을 수행하기 위해 인간의 지적 활동을 통해 생산된 프로그램들을 통칭하지만, 넓은 의미의 소프트웨어는 단순한 프로그램뿐만 아니라 이와 관련된 모든 문서 및 그 사용법, 그리고 컴퓨터를 통해 나타나는 유형, 무형의 정보 처리 방법들을 모두 지칭한다. 하드웨어가 인간의 육체라면 소프트웨어는 그 정신에 해당한다.

그러나 정보기술 발전의 초기 단계에서 사람들은 컴퓨터의 소프트웨어와 하드웨어를 분리시켜 생각하지 않았다. 마이크로프로세서의 성능 향상과 이에 기반을 둔 개인용 컴퓨터의 개발은 새로운 소프트웨어에 대한 수요를 폭발적으로 증가시켰고, 마이크로소프트(Microsoft Corp.)로 대표되는 소프트웨어 기업들이 다양한 응용 프로그램들에 대한 폭발적 수요에 대응하면서 엄청난 속도로 성장하였다. 특히 마이크로소프트사가 개발한 소프트웨어는 컴퓨터의 모든 기계적 작동 방식을 지배하는 보이지 않는 손이 되었다.

80년대 후반에 들어서면서 컴퓨터는 여러 대의 개인용 컴퓨터와 워크스테이션, 그리고 대형 컴퓨터가 연결되면서 거대한 네트워크로 발전하게 되었다. 이러한 네트워크는 과거 대형 컴퓨터에서 행해지던 중앙 집중적 작업들을 많은 개인 사용자들에게 분산하는 것을 가능케 하였고, 이에 따라 분산된 컴퓨터들의 능력을 극대화시킬 수 있는 응용 프로그램이나 운영체제의 필요성이 증대하였다. 90년대에 이르면서 소프트웨어는 하드웨어에 버금가는 세계적 시장을 형성하게 된다. 다른 산업들과 달리 소프트웨어 산업은 그 속에 행위자들의 '정신'과 '문화'를 고스란히 간직한다. 소프트웨어는 사용자들이 많을수록 더 많은 사용자들이 이에 의존할 수밖에 없는 독특한 '수확 체증(increasing return)'적 성격과, 한번 표준이 정해지면 다른 행위자들도 이 표준을 따라야만 하는 '경로 의존성(path dependency)'을 갖고 있다. 또한 소프트웨어는 거의 전적으로 '정신'의 산물이다. 물질 속에 체화되어 있지 않고, 무게가 없는 정보의 형태로 유통되기 때문에 엄청난 속도로 확산된다. 바로 이런 이유 때문에 소프트웨어 산업의 지배는 곧 문화에 대한 지배를 의미한다.

3) 평생교육의 사회적 환경 구축

정보기술의 발전은 새로운 사회구조와 직업세계를 변화시키고, 이와 더불어 궁극에는 사회적 권력관계의 변화를 발생시켰다. 다니엘 벨은 지식정보화 사회의 핵심적 전략 자원을 '지식'으로 보고, 이 지식의 생산과 가공 및 적용에 종사하는 사람들이 사회의 변화를 주도하는 새로운 계급으로 등장한다고 보았다. 벨이 강조하는 지식은 시행착오를 통해 형성되는 경험적·감각적 지식보다는 이론과 분석, 그리고 체계적인 훈련을 통해 형성되는 지식을 의미한다. 다시 말해 전(前) 산업 시대나 산업자본주의 시대에 '장인(craftsmen)'에 의해 축적되어 온 장인 숙련된 경험보다는 이론에 기초하고 체계적인 방법론과 의도적인 실험, 그리고 체계적인 검증과 반증을 통해 대규모로 만들어지는 산업으로서의 지식, 정보의 생산과 유통 및 적용을 담당하는 '지식노동자(knowledge workers)'가 새로운 사회의 흐름을 주도하게 된다는 것이다. 이러한 관점에서 볼 때 정보화시대의 가장 중요한 문제의 하나는 어떻게 이러한 지식노동자 집단을 효과적으로 만들어 내고, 이들 간의 상호작용을 극대화시킬 수 있는 사회적 환경을 구축할 수 있는가의 문제이다. 여기에서 '교육'과 '학습' 그리고 막힘없는 정보의 유통, 즉 '사회적 소통성'의 문제가 등장한다. 과거 대량생산 체제의 시대에 교육의 목표는 주어진 목표에 순조롭게 적응하고, 충성심이 강하며 고분고분한 노동력을 대량으로 만들어 내는 것이었다. 그러나 정보화시대의 교육 개념에서는 지식의 주입보다는 문제와 해결책을 어떻게 개념화할 것인가가 더 중요하게 된다. 이에 따라 사물이나 현실의 일정한 패턴과 의미를 발견하는 추상화(abstraction), 산만한 정보들을 재조합하는 독창적이고 체계적인 사고(system thinking), 사고와 현실 간의 끊임없는 상호작용 시도로서의 실험, 상호 간의 지적 자극과 협력(collaboration) 등과 같은 기본 기능들이 부각된다.

이러한 체제는 곧 '학습 조직', '학습 사회'의 구축을 의미한다. 그런데 학습 사회가 형성되기 위해서는 전문성을 지닌 집단들 간에 고도의 개방적 소통성이 존재해야 한다. 사회적 소통성이 높은 지역들에서는 정확한 정보가 효율적으로 신속하게 전달된다. 누가 어떤 일에 능숙하고, 문제의 해결이 어떻게 가능한지, 새로운 기회가 어느 곳에 존재하는지 등이 신속히 파악된다. 이것은 사람들 사이의 '네트워킹'이 발전되어 있기 때문에 가능한 것이다. 이러한 네트워킹은 그 자체가 거대한 비공식적 조직으로 존재한다. 이러한 비공식적 조직들은 때로는 같은 대학의 실험실일 수도, 국가적 네트워크일 수도 있다. 그것이 어떠한 형태이건 공식적, 비공식적 조직들은 정보기술혁명의 시대에도 사람과 정보의 빠른 흐름을 매개하는 핵심적 연결점들이 된다.

2. 정보기술의 속성

1) 보편성(Universality)

어떤 기술이 사회의 근본적 변화를 만들어 내기 위해서는 이것이 인간 생활의 모든 측면에 걸쳐 폭넓은 영향을 미쳐야 한다. 내연기관 자동차가 산업혁명을 이끌 수 있었던 것은 이것이 인간의 보편적 공간적 이동 능력을 획기적으로 증대시켰기 때문이다. 오늘날 정보기술은 인간의 지적 능력을 확장시키고, 이러한 능력들을 거미줄처럼 연결시킴으로써 인류의 생활에 예측할 수 없는 변화를 만들어 내게 되었던 것이다.

2) 속도(Speed)

만약 컴퓨터의 빠른 정보처리 능력의 도움이 없었다면 오늘날의 금융 거래, 전화 교환, 인구 통계는 도저히 처리될 수 없을 것이다. 대량의 정보를 신속하게 처리할 수 있는 강력한 정보처리 기계의 도움이 없는 현대 사회는 상상할 수 없게 되었다.

3) 저장능력(Storage Capacity)

컴퓨터시스템은 엄청난 양의 데이터를 저장할 수 있고, 이러한 데이터들을 효과적으로 불러와서 필요에 따라 가공할 수 있다. 개별 두뇌의 정보저장 능력이 한계에 직면하면서 인간은 자신들에게 필요한 엄청난 정보를 인간들이 서로 공유할 수 있는 어떤 새로운 공간에 저장할 수 있는 수단을 찾게 되었는데, 바로 공유된 정보의 저장 장소가 전통적으로 도서관으로 대표되는 '문화적 공간'이다. 인류의 역사는 새로운 정보저장과 전달의 수단이 등장할 때마다 혁명적 변화를 거듭해 왔다는 것을 우리는 '종교혁명'과 '인쇄술'간의 관계를 통해 잘 알고 있다. 그런데 오늘날 정보기술은 과거 인쇄 매체 시대의 정보저장 수단을 대체하는 훨씬 효율적인 수단을 제공함으로써 인간의 정보저장과 공유 및 활용 능력을 획기적으로 증대시켰던 것이다.

4) 신뢰성(Reliability)

신뢰성은 주어진 자료를 정확히 처리할 수 있는 능력을 의미한다. 인간의 두뇌와 지식은 '시행착오(trial and error)'를 거듭하면서 발전한다. 그러나 컴퓨터는 주어진 프로그램의 한계 내에서 거의 실수를 허용하지 않는다. 가끔씩 컴퓨터가 만들어 내는 실수는 그것을 만들어 낸 인간의 오류인 경우가 대부분이다. 인간은 제한된 두뇌의 용량으로 한정된 정보를 신속하게 처리해야 하기 때문에 항상 '애매하고(fuzzy)' 불확실한 상황에서 제한된 판단을 하는 데 익숙해 있으며, 인간의 두뇌 역시 그러한 방향으로 진화해 왔다. 이 같은 인간의 두뇌는 엄청나게 많은 정보를 신속하고 정확하게 처리하면서 오차 없는 판단을 해야만 하는 상황에서는 많은 취약점을 안고 있다. 그러나 높은 신뢰성을 가진 정보처리 능력을 지닌 컴퓨터는 인간처럼 애매하고 어려운 상황에 유연하게 대처하지는 못해도 주어진 정보 상황에 신뢰성 있는 판단 을 신속하게 내릴 수 있는 특화된 능력에서는 인간을 능가하게 된 것이다.

5) 연계성(Connectivity)

컴퓨터가 처음 도입될 때 그것은 인간의 지적 능력을 극히 부분적으로만 확장시킨 하나의 '점'에 불과하였다. 그러나 오늘날의 컴퓨터는 곧 '네트워 크'를 의미하는데, 이것을 선도하는 것이 '인터넷(internet)'이다. 인간의 두뇌 가 수많은 뇌세포들이 함께 모여 구성하는 하나의 '사회', '소우주'인 것처럼 정보화 사회는 확장된 인간의 정신적 능력들이 더 큰 사회적 네트워크로 결 합되는 것을 의미한다. 컴퓨터와 커뮤니케이션이 결합된 지적 결합체를 구성 하는 소우주들 간의 소통적 능력(communicative capacity)의 증가 정도에 따라 정보화 사회의 발전 정도가 가늠될 수 있다.

정보기술의 발전이 초래한 또 하나의 중요한 변화는 인간의 '정신적 능력' 을 크게 신장시켜 준 것에 있다. 수시로 변화하는 불확실한 상황은 정확한 계산에 기초한 신속한 문제 해결과, 이에 기초한 의사결정 능력을 요구한다. 이러한 능력이 가능하기 위해서는 정보처리의 주체들 간의 긴밀한 연결 고 리가 형성되어야 한다. 열린사회는 정보의 소통성이 높고, 이를 바탕으로 지 식이 활발히 공유됨으로써 변화하는 환경에 대한 창조적 대응의 가능성을 높일 수 있다. 인간의 정신적 능력의 극대화라는 의미에서의 정보화는 인간

역사의 핵심적 측면이며, 정보기술혁명은 이 핵심적 측면의 급속한 진화와 발전을 의미한다.

3. 정보통신기술 교육

정보통신기술은 정보기술(Information Technology)과 통신기술(Communication Technology)의 합성어로서 정보기기의 운영 및 정보 관리에 필요한 소프트웨어 기술과 이들 기술을 이용하여 정보를 수집, 생산 가공, 보존, 전달, 활용하는 모든 방법을 말한다. 정보기기란 컴퓨터 및 주변기기, 실물 화상기, 프로젝션 TV, VTR, 디지털 비디오카메라 등을 말한다. 이 외에도 향후 정보통신기술 발달에 따라 디지털 기술을 바탕으로 교수·학습에 활용 가능한 정보기기(PDA, DVD, 웹캠 등)도 이에 포함된다. ICT(Information Communication Technology) 교육은 학생들에게 컴퓨터, 각종 정보기기 멀티미디어 매체 등을 이용하여 지식 정보화 사회에서 필요로 하는 정보의 생성, 처리, 분석, 검색, 활용 등의 기본적인 정보 소양 능력을 기르고 이를 학습 활동과 일상생활에 적극적으로 활용하게 하는 데 목적이 있다.

Ⅱ. 정보기술과 정보자원 형태

도서관의 장서관리(collection management)에서 콘텐츠관리(content management)로의 패러다임 변화에는 정보기술의 발전과 영향이 주요한 변인으로 작용하고 있다. 이러한 정보기술의 영향으로 콘텐츠관리가 필요하게 된 배경을 살펴보면 다음과 같다.

1. 정보자원 형태의 다양화

정보기술의 발전은 다양한 형태의 자원을 생산하게 되었으며, 최근에는 인터넷의 보급 확대와 함께 웹 자원의 이용이 급속하게 증가하고 있다. 따라서 개별적인 도서나 간행물, CD-ROM 등의 매체별 단위로 관리하고 이용하던 것에서 도서나 간행물 등의 내용의 원문을 이용자가 이용할 수 있게 되었다. 특히 원문을 이용할 수 있게 되면서 단순히 소장이나 접근개념으로 정보를 제공하고 이용하던 것에 커다란 변화가 나타나게 되었다. 그리고 가공물 단위로 정보를 이용하던 것이 가공물의 필요한 부분만을 이용할 수 있게 된 것이다. 이러한 매체의 변화와 원문이용의 가능성은 내용관리가 출현하게 되는 중요한 배경이 된다.

2. 이용자 정보요구 및 이용형태의 변화

정보기술의 발전은 또한 이용자의 정보요구 및 이용행태의 변화를 가져왔다. 즉 이용자들은 특정한 매체의 도서나 간행물을 원한다기보다는 어떠한 자원의 가공물 속의 내용을 이용하고자 한다는 점이다. 이러한 요인은 이용자가 필요한 정보를 찾기 위해서 도서관을 직접 방문하지 않고도 자신의 현재 위치에서 인터넷을 통해 OPAC 등에 연결하여 정보를 이용할 수 있게 하였다. 즉 원격지에서 웹 자원을 자유롭게 자신의 의도에 따라서 접근할 수 있게 된 것이다. 이러한 이용행태의 변화는 가치 있는 자원의 소장을 기반으로 도서관이 이용자에게 정보를 제공하던 것과는 큰 차이가 있다. 현재의 네트워크 체계에서는 도서관에 실물이 소장되지 않더라도 접근을 기반으로 하여 이용자들이 정보를 이용할 수 있게 되었으며 이는 더욱 방대한 웹 자원에 대한 체계적인 접근체계를 요구하게 되었다.

3. 정보의 디지털화와 원문검색

정보기술의 발전은 정보자원의 디지털화를 통해서 이용자의 정보접근을 유용하게 하였다. 이용자들은 온라인상에서 정보에 접근하여 검색된 정보결과의 원문까지 제공받을 수 있게 되었다. 이러한 환경에서 이용자들은 전체의 원문 가운데에서 이용자가 활용하고자 하는 특정내용의 원문만을 이용하고자 한다. 원문이용의 대표적인 이용방법인 인터넷을 통한 웹 자원 접근 시에는 이용자의 정보이용 행태의 다양성이 나타난다. 웹 자원을 이용하는 경우 도서에 있어서 인용과 같이 수많은 하이퍼링크들로 연결됨으로써 내용의 의도성은 이용자별로 상이하게 전개될 수 있다. 이는 단일 도서에 단일 의도성으로 관리하던 방식과는 차이가 있는 것으로 링크에 따른 재해석을 사서가 새로운 방식으로 관리해야 할 필요성이 생기는 것이다.

4. 인터넷의 보급과 웹 자원 이용관리

새로운 형태의 정보자원으로 대두되고 있는 웹 자원의 이용은 그 특성으로 인하여 기존의 관리방식으로 동일하게 관리할 수 없다는 문제가 나타나고 있다. 즉 기존의 관리방법으로는 새로운 자원에 대한 통합관리가 어려운 한계점이 있으며 이는 자원에 대한 상이한 특성이 존재하기 때문에 발생하는 문제이다. 이와 같이 내용관리가 필요하게 되는 배경에는 정보기술의 영향이라는 대전제가 작용하고 있으며, 이러한 영향으로 파생되는 현재의 문제점들을 해결하기 위해서는 내용관리 개념으로의 변화가 필요한 것이다.

Ⅲ. 정보기술의 발전과 도서관의 변화

컴퓨터와 정보통신기술 발전은 도서관에도 큰 변화를 가져왔다. 전자도서관, 디지털도서관 시스템으로 변화됨에 따라 도서관서비스, 도서관 운영, 사서의 업무내용 등에 급격한 변화를 초래하였다. 특히 고속통신망을 통한 전자정보에의 접근이 확대되고 전자정보의 출판량이 증가함에 따라 정보봉사 개념도 종전과 다르게 변화되었다. 도서관의 장서에 대한 개념, 장서 개발정책, 자원공유 등에 커다란 영향을 미치고 있으며, 도서관의 조직, 사서의 역할 및 이용자들의 요구 역시 크게 변화하고 있다.

1. 장서 및 장서 개발상의 변화

장서는 도서관의 핵심으로 운영예산의 상당 부분이 장서의 입수, 처리 및 보존에 사용되고 있으며 장서의 규모와 범위 및 독창성은 곧 그 도서관의 상징이기도 하다. 그리고 장서 개발은 장서의 체계적인 성장을 의미하는 능동적인 표현으로 단지 자원을 선택하고 자료예산을 운영하는 것뿐만 아니라 추가된 자원이 기관의 목적에 부합되도록 하는 것이다.

이와 같은 장서 및 장서 개발의 중요성은 앞으로도 변함이 없을 것이다. 그러나 정보기술의 발전으로 장서관리의 특징인 전통적인 수집과 보존역할이 근본적으로 변화하고 있다. 즉 정보기술은 접근봉사개념의 대두, 정보매체의 다양화, 수서 및 선택업무의 효율화, 협동장서 개발의 촉진 등 장서 및 장서 개발의 개념을 변화시키고 있다.

정보 기술의 발전과 및 이용자의 다양한 정보요구 증가는 다양한 정보에 대한 접근이 거대한 망라적 장서에 대한 추구를 대체하는 환경을 창출하였다. 그리고 도서관 네트워크와 온라인 정보서비스는 정보의 신속한 배포, 그리고 전문정보의 입수를 가능케 하였다.

이와 같이 전자정보환경에서의 도서관은 더 이상 전통적인 수집방법만을 고수할 수 없으며 모든 형태로 된 모든 유형의 정보를 수록하는 지식 네트워크에 대한 공공의 주된 접근점이 될 것으로 보인다. 이로 인하여 장서에 대한 개념도 도서관 소장자료만을 의미하는 것으로부터 이용자들이 네트워크를 통하여 큰 불편 없이 조회할 수 있는 모든 자료로 확대되고, 접근된 정보를 서비스로 취급하고 소장자료만을 장서로 취급하는 개념에서 벗어나 도서관 상호 대차자료, 원격지에 소장된 데이터베이스, 공동으로 소유하거나 구입한 공유 데이터베이스 등과 같은 접근에 의한 정보자원도 장서에 포함시키는 개념으로 바뀌고 있다.

장서 개발 활동 역시 수서 중심에서 전문 온라인 서비스, 전문 CD-ROM 제품, 내용목차 및 원문제공서비스 등의 접근제공서비스를 중요시하는 방향으로 변화하고 있다. 그러한 예로 일부 대학도서관에서는 연속간행물 구독예산을 CD-ROM이나 온라인 색인에서 검색한 원문을 제공하는 비용으로 전환하거나 원문제공비용을 지원한다는 명분 아래 일부 학술지의 구독을 중단하고 있는 것으로 나타나고 있다. 이뿐만 아니라 접근개념의 대두와 더불어 정보 보관소로서의 도서관 개념도 그 타당성을 잃고 있으며, "이용자의 요구를 예상하여 대규모 장서를 구축함으로써 잠재적 이용에 대비하는 수요중심의 장서 개발은 불가능하다는 인식 아래 요구가 현시적으로 나타났을 때 그 요구에 따라 정보를 수집·제공하는 공급 중심의 장서 개발정책을 채택"하는, 즉 도서관은 접근구매에 예산을 자유롭게 사용하며 이용자들이 당장 요구하는 자료만을 입수하는 경향도 나타나고 있다. 정보가 단지 양적으로만 팽창하고 있는 것이 아니라 형태 및 주제 면에서도 다양화되고 있다. 지난 20세기에는 인쇄매체인 도서와 학술잡지가 도서관자료의 가장 중요한 위치를 차지해 왔으며 여기에 마이크로형태의 자료가 다소 추가되었을 뿐이었다. 반면에 전자

형태의 정보는 비교적 새로운 형태의 도서관자료로서 1980년대 이후 도서관 장서와 서비스에 상당한 영향을 미치고 있다. 이제 CD-ROM, 멀티미디어 대화식 컴퓨터 작업, 인터넷상의 문자 및 이미지형태로 축적된 데이터베이스 등과 같은 새로운 출판기법에 의하여 제작되는 자료들은 점점 증가하여 중요한 도서관 자원으로 자리 잡아 가고 있다. 따라서 도서관망과 인터넷에 접속되어 있으며 광범위한 CD-ROM 접근도 제공할 수 있는 LAN은 오늘날 도서관의 적극적인 서비스에 필요한 근본적인 통신시스템이 되고 있다. 이미 오래전에 모든 도서관은 소유보다 접근을 우선순위에 두는 새로운 패러다임으로 급속히 옮겨 갈 것이며 그 결과 도서관 간의 협동은 더욱 증가할 것으로 많은 학자들이 예측한 바 있다. 이처럼 자원공유는 도서관이 접근 대 소유 문제를 해결하는 중요한 수단으로 대두되고 있다. 그것은 일단 자원공유가 이루어지면 도서관의 핵심장서 개발이 보다 용이해질 것이며 소장하지 않은 자료에 대한 적시적인 접근을 제공하고 주변적인 자료 수집을 위한 협동장서 개발 협약을 성립시킬 수가 있기 때문이라고 하겠다.

이와 같은 관점에서 컴퓨터와 통신기술의 발전은 협동장서 개발 노력에 새로운 가능성을 보여 주고 있다. 이것은 협동장서 개발의 성공요인으로 제시하고 있는 물리적 접근과 서지적 접근, 효과적인 전달 및 커뮤니케이션을 실현시키는 데 있어 정보기술이 기여하는 바가 크기 때문이라고 하겠다. 이용이 되지 않는 주변적 자료에 대한 입수책임을 분담하고자 했던 전통적인 협동수서와는 달리 컨소시엄 구성을 통한 공동접근방식에서는 협동도서관 이용자들의 요구가 많은 데이터베이스에 집중되는 경향이 높게 나타나고 있다. 이와 같은 공동접근방식은 데이터 비용의 절약 외에도 정보 관리에 대한 인적 지원, 데이터 축적 및 탐색 소프트웨어 가동에 필요한 컴퓨터 자원 등의 측면에서도 경비 절약을 가져다줄 것으로 보인다.

뿐만 아니라 정보기술은 사서들의 수서 및 선택업무를 효율화하였다. 도서관이 통합시스템으로 전산화되어 장서 개발 사서의 워크스테이션이 온라인화되고 온라인 데이터베이스 및 CD-ROM 제품이 장서 개발 도구로서 활용되고 있어 장서 개발업무의 편의가 향상되었다. 온라인 시스템의 탐색 및 주문 기능은 자료를 검색하고 입수하는 데 필요한 시간을 단축시켰으며 기계 가독형 서지도구를 신간자료나 소급적인 자료의 선택에 이용할 수 있게 되었다.

2. 도서관이용자 요구의 변화

정보기술은 도서관정보에 대한 접근을 용이하게 하였으며 도서관정보의 이용을 증가시키고 있다. 루스타인(Joel S. Rutstein) 등은 "CD-ROM 데이터베이스, 온라인 데이터베이스, 국가 및 지역 네트워크 등의 증가와 더불어 이용자들의 서지적 접근이 크게 향상되었고 그 결과 도서관 장서에 대한 이용이 증가하였다"고 하였으며, 헤르조그(Kate S. Herzog)는 "소장에 대한 기대뿐만 아니라 비소장자료 탐색 및 추적에 대한 기대가 커지면서 보다 많은 비소장자료에 대한 구입 및 도서관 상호 대차 요구를 낳게 되었다"고 지적한 바 있다.

이처럼 정보기술 도입으로 인한 소장 혹은 비소장자료에 대한 이용자 요구의 증가로 대학도서관은 증가된 이용자 수요에 대처하기 위하여 전통적인 도서관 상호 대차나 정보에 대한 접근서비스를 확장하지 않으면 안 될 시점에 놓이게 되었다.

이뿐 아니라 "교수·학생들의 컴퓨터 활용능력이 향상되고 정보기술 사용이 증가함에 따라 도서관에 대한 기대가 상승하여" 교수·학생들의 정보시스템에 대한 요구도 변화하고 있다. 즉 네트워크를 통한 도서관자료의 검색, 접속노드의 확충 등 네트워크 관련 요구가 늘어나고 있으며 다양한 정보시스템 및 정보채널, 정보매체를 넘나드는 복합적인 정보수요의 양상을 나타내고 있다. 즉 다양한 정보원 및 상이한 형태의 정보매체에 수록된 정보를 통합하여 정보에 부가가치를 창출함으로써 지엽적이고 단편적인 정보가 아닌 총체적인 정보를 제공해 줄 것을 요구하고 있다. 한편 특정 주제에 대한 정보요구 외에 도서관 전산자원의 이용, 온라인 정보파일 작성능력 등 기술적인 요구 역시 증가하고 있다. 즉 이용자들은 실시간 정보서비스를 요구하고 있으며 지엽적인 정보가 아닌 총체적인 정보에 대한 접근을 요구하며 멀티미디어, 클라이언트-서버, 그래픽이용자 인터페이스, 공동작업 등의 다양한 서비스지원을 요구하며 공중망서비스를 선호하고 있다. 그리고 컴퓨터마인드의 확산으로 최종이용자 컴퓨팅과 정보의 양보다 질을 중시하는 고수준 정보에 대한 요구가 늘어나고 있다.

온라인 정보검색에 있어서도 탐색중개자의 개입 없이 직접탐색을 선호하는 경향이 나타나고 있어 보다 이용이 편리한 이용자 인터페이스의 제공이 요구되고 있다.

사회가 정보화됨에 따라 개개인이 주체적으로 정보를 취사선택하여 활용할 수 있는 능력이 필요하게 되었으며, 특히 대학에서 교육 및 연구에 정보기술이 활발하게 활용되고 교육이 종래의 교수형 교육에서 학습형 교육, 즉 문제발견 및 해결형 교육으로 구조 전환함에 따라 정보활용능력이 중요하게 되어 정보활용능력 향상을 위한 교육프로그램에 대한 요구도 증가하고 있다.

3. 도서관 조직의 변화

정보기술이 발전하고 이용자의 기대가 상승함에 따라 도서관은 기본적인 서비스뿐만 아니라 조직구조까지도 재검토하지 않으면 안 되게 되었다. 변화는 장서 중심의 조직에서 벗어나 이용자 중심으로 옮겨 가고 있으며 열람봉사와 기술봉사 간의 구분이 근본적으로 변화하고 있다. 장서 개발과 선택업무는 기술봉사보다는 열람봉사에 소속되는 경우가 늘어나고 참고봉사와 편목, 대출을 통합하거나 편목기능과 참고기능을 통합하는 사례가 나타나고 있다. 정보기술의 도입으로 부서 간의 커뮤니케이션이 점점 증가하고 더 많은 협력이 요구되어 조직의 상하계층 수가 줄어들고 있다.

접근환경으로 이전해감에 따라 정보를 도서관에 입수하는 것뿐만 아니라 외부정보에 접근할 수 있는 기술적 자질을 보유한 직원이 더 필요하게 되고 전문직 사서를 보조적으로 지원하는 직원의 비율이 늘어나고 있다.

장서 및 장서 개발의 개념이 전자매체 및 접근에 의한 정보 제공으로 확대되고 문헌 중심에서 정보 중심으로, 수서 중심에서 문헌배달 중심으로 옮겨감에 따라 수서 부서와 문헌배달부서를 통합하는 문제가 논의되고 있다.

수서와 문헌배달부서의 통합을 반대하는 주장은 다음과 같은 두 부서 간의 성격상 차이를 근거로 하고 있다. 즉 수서 부서는 정보가 아니라 자료를 입수하는 것으로 이용자 지향적이 아니라 도서관의 목적을 지원함에 있어 수서 과정을 효율적이고 비용 효과적으로 운영하기 위하여 존재하는 반면에 문헌배달은 효율적인 수서가 주된 관심이 되기보다는 이용자의 요구와 신속성에 의하여 운영된다는 것이다. 또 수서는 광범위한 카테고리의 자료를 취급하고 Approval plan을 이용함으로써 내부적인 효율성을 촉진해 왔으며 도서나 학술지를 각권 혹은 종별로 취급한다. 그러나 문헌배달은 도서의 일부분이나 학술지에 수록된 논문 단위를 취급하므로 결과적으로 수서와 문헌배달을 통합한다면 혼란이 불가피하며 중점 분야가 거시적인 수준에서 미시적 수준으로 옮겨 가게 된다는 것이다. 당면한 수요를 만족시킬 필요가 마침내 장기적인 수요를 충족시키는 능력을 저해하게 될 것이므로 이들 양 부서는 서로 분리 운영되어서 각각의 역할을 추구하여야 한다고 주장하고 있다.

그러나 이들 두 개 부서의 통합을 주장하는 측에서는 수서는 도서관의 장서를 위하여 자료를 입수하는 것인 반면 문헌배달은 이용자를 위하여 자료를 입수하는 것이기는 하나 두 가지 과정이 유사하고 이 두 가지 업무를 조정하기 위하여 전문가시스템을 사용함으로써 이익을 얻을 수 있다는 것이다. 이용자들의 복합적인 정보요구를 만족시키기 위해서는 정보를 중심으로 한 조직의 개편이 요구된다. 또한 도서관의 정보기술 도입 과정에서 프로그래머, 시스템 분석가, 전자통신 전문가 등 기술적 자질을 갖춘 직원이 필요하게 되었다.

4. 사서의 역할 변화

제3세대 컴퓨터가 도서관 서지작업에 활용되어 도서관 업무가 전산화됨에 따라 문헌정보학의 원리를 전산기술과 결합시킴으로써 도서관의 기능을 향상시킬 수 있는 전산사서의 영역이 사서의 전문영역으로 대두되었다. 통신기술의 발달로 인한 도서관 네트워크 개념의 실현, 전자매체의 발전 등은 사서들에게 전통적인 자료의 수집, 정리, 제공 능력 이외에 컴퓨터 미디어, 네트워크에 대한 포괄적인 지식 등을 요구하게 되었다. 특히 1990년대에 들어와 사회 전반에 걸쳐 정보화가 보편화됨에 따라 사서들은 정보기술을 자신들의 사회적 역할에 대한 중대한 도전과 기회로 받아들이고 새로운 역할을 정립하기 위하여 고심하고 있다.

기존의 사서들이 이용자와 도서관 사이에 정보전달의 매개역할을 하던 일이 이제는 이용자가 필요한 정보를 직접 찾을 수 있게 되었으며 또 물리적인 공간으로 많은 제한을 받던 이용자들이 아무런 제한 없이 자신의 책상에서 어떤 도서관이라도 선택하여 사용할 수 있게 되었으므로 사서들은 이제 새로운 역할을 찾아야 한다는 목소리와 더불어 정보탐색 활동에 빼앗기는 시간, 적합정보 결정의 어려움, 시간에 따라 변하는 자료내용의 질과 범위, 이용절차 등의 복잡성으로 인하여 참고사서의 중재 역할은 더욱 강화될 것이라는 주장도 있다.

이상과 같은 논의를 종합하여 볼 때 참고사서와 교육자로서의 정보상담자의 역할은 시대의 변화와 상관없이 여전히 중요시되는 역할로 남아 있는 반면, 이용자의 요구에 맞는 정보를 여과·선별해 내는 정보선택자 및 정보중개인, 정보 요구에 따라 필요한 정보를 검색·제공하는 전문정보검색사 및 정보분석사, 정보를 체계적으로 조직하여 구성할 수 있는 정보생성자 및 지식공학자로서의 역할 등이 새로이 부각되고 있다. 그리고 사서가 급변하는 정보환경에 효율적으로 대처하기 위해서는 정보환경과 변화요인 분석, 전략적 계획 수립 등과 같은 경영능력과 도서관·정보센터 자동화 설계 및 구축, 온라인 데이터베이스 검색, 인터넷 활용 서비스 등의 정보기술능력이 특히 중요시되고 있다.

Ⅳ. 디지털 융합기술 환경의 등장

1. 디지털 기술과 디지털 융합

비디오, 오디오, 텍스트는 아날로그 시대에도 존재하였다. 아날로그 시대에는 각각 별도로 처리했던 신호들을 이제는 디지털 기술의 발달로 공통언어인 디지털 데이터로 변환함으로써 융합이 가능하게 되었다. 디지털 기술의 발전은 유선과 무선, 방송과 통신, 통신과 컴퓨터 등 기존의 기술·산업·서비스·네트워크의 구분이 모호해지면서 이들 간에 새로운 형태의 융합 상품과 서비스들이 등장하는 현상을 만들어 냈고, 바로 이런 현상을 포괄적으로 디지털 융합(Digital Convergence)이라 일컫는다. 디지털 융합현상은 정보기술(IT) 분야는 물론 경제사회의 모든 분야에 걸쳐 일어나고 있는데, 좁게 보면 유선과 무선의 통합, 통신과 방송의 융합, 온라인과 오프라인의 결합 등 3가지로 압축된다.

유·무선의 통합의 대표적인 예로는 휴대폰을 들 수 있다. 휴대폰은 이동전화의 기능은 물론, 디지털카메라와 MP3, 게임, 방송 시청, 금융 업무의 기능을 한데 갖추는 등 끊임없이 진화하고 있다. 또 유선의 광대역성과 무선의 이동성을 겸비한 와이브로(WiBro)는 디지털 융합의 백미라고 할 수 있다. 통신·방송의 융합의 대표적인 예로는 DMB를 들 수 있는데, DMB의 실현으로 휴대폰, PDA, 차량용 리시버를 통하여 이동하면서도 다채널 멀티미디어 방송을 볼 수 있게 되었다. 온라인/오프라인의 결합도 인터넷이 생활화되면서 자연발생적으로 생겨나고 있다. 이러한 결합 현상은 인터넷 매장과 방송통신 구매, 웹진 등 양방향이 가능한 산업의 모든 분야에서 활발하게 나타나고 있으며, 최근 스마트폰과 태블릿 PC의 소형화, 경량화, 고성능화로 인해 앞으로 어떤 방향으로 진화해 갈지 누구도 정확한 예측을 불허하는 실정이다. 오늘날 진행되고 있는 유비쿼터스 사회에서는 모든 사물과 기기에 소형 컴퓨터칩이 내장되어 단일 네트워크로 연결됨으로써 언제 어디서나 끊김 없이 정보를 이용할 수 있다. 이와 같이 인간 중심의 지능형 서비스가 가능해지는 유비쿼터스 사회로 진입하는 데에는 다른 요소들과 함께 무엇보다도 디지털 융합의 대중화가 전제되어야 한다.

2. 디지털 융합에 따른 사회 환경의 변화

네트워크 기반 디지털 기술은 우리의 사회적 경제적 일상생활에 심대한 변화를 초래하고 있다. 이러한 변화는 시민과 소비자의 주권을 강화하는 방향으로 권력의 이동을 야기하는 한편, 새로운 형태의 정치적 참여를 북돋우고 새로운 패턴의 경제적 가치의 창조를 가능하게 하고 있다. 디지털 사회 환경은 다음과 같은 특징으로 간주된다.

1) 사회적 양방향 매체의 확산

사회적 네트워킹 플랫폼(Social Networking Platform)이 사회생활의 모든 영역을 관통하는 가운데, 기업의 입장에서는 인터넷 공동체에 대한 통제력이 급속히 재분배되고 있다. 기업과 공공기관들이 인터넷 공동체를 통해 급속한 정보 확산의 이점을 누리는 한편으로, 양방향 의사소통으로 인해 소비자와 시민들에 대한 종래의 일방적 통제력을 급속히 상실해 가고 있다. 특히 스마트폰의 확산으로 급속히 확산 중인 SNS는 앞으로 이러한 양방향 의사소통을 강화하고 일상화시켜 기업이든 정부든 사회적 매체의 독점을 불가능하게 하는 한편으로 집단지성에 기초한 민주주의를 실험하게 만들 것이다.

2) 개방적 혁신

디지털 융합이 가능하게 만든 상호작용을 통한 가치창조의 과정은 정부와 기업들로 하여금 외부 전문가들의 지식과 창의성, 그리고 공동체 구성원들의 지식과 창의성을 내부로 수용해서 가치창조의 과정에 반영하고 적극적으로 활용하도록 자극한다. 이처럼 일종의 개방형 혁신(Open Innovation) 전략이 중시되어 가는 추세에 적극적으로 적응하는 공공기관과 기업일수록 새로운 것을 창조해 낼 수 있는 잠재력을 극대화할 수 있다. 그러나 동시에 새로운 전략들로 인해서 전통적인 가치창조의 패턴들이 필요 이상으로 평가절하되면서 적응지체 현상 등 과거에 경험해 보지 못한 신종 위기들에 맞닥뜨리게 될 리스크도 또한 점증하게 된다.

3) 개방형 정부

정치적 기구들과 정부당국자들도 마찬가지로 시민의 참여를 상시적으로 유도해서 의사결정 과정에 참고하게 된다. 공적인 데이터들의 공개가 확대되면서 종래의 폐쇄적 의사결정 구조와 리더십은 사라지게 될 것이고 정부는 늘 시민들로부터의 피드백을 신속하게 반영하게 된다. 이러한 과정에서 새로운 협력적·참여적 모형의 리더십과 팔로어십(followership)이 정부와 시민 사이에 구축되어 나갈 것이다. 그 과정에서 민주주의는 갈수록 더 큰 투명성을 획득해 갈 것이다.

4) 개방적 접근성과 개방적 문화

사용자-친화적 디지털 융합기술은 과학적·기술적 지식의 확산과 공유를 가속화시킬 것이다. 적극적인 개방적 정보 접근 정책이 디지털 융합기술에 힘입어 지식을 보다 효율적이고 경제적으로 확산시키는 동시에 경제의 혁신 잠재력을 고양시킬 것이다. 그리고 시민들은 창의적 분야에서 디지털 시대의 이점을 최대한 활용할 여건을 부여받게 된다. 그 결과 더 많은 지식들이 가상공간에서 공유될 것이다.

V. 도서관의 변화

1. 디지털도서관의 출현

지식정보사회는 지식과 정보가 중심축을 이루는 사회이다. 학문, 기업경영, 무역, 경제, 문화 등 어떤 분야를 막론하고 효과적으로 정보를 수집하고 활용할 수 있어야 한다.

도서관은 이러한 정보활용을 지원해 주는 정보센터이며 도서관 이용자들을 위해 최대한 서비스 측면에서 신속 정확하게 도서관 이용자에게 봉사해야 한다. 그러나 사회가 발달하면서 정보의 양이 폭증되어 원하는 정보를 효과적으로 얻기가 매우 힘들어졌다. 특히 신속성을 요하는 정보를 원하는 이용자들의 경우에는 그 불편함을 이루 말할 수 없을 정도다. 따라서 도서관에서는 이러한 문제를 해결하기 위해 방법을 모색하게 되었고 디지털도서관을 출현시켰다. 디지털도서관은 전자도서관(Electric Library), 가상도서관(Virtual Library) 등으로 표현되며, 전통적인 도서관의 각종 정보 및 서비스 등을 디지털화하여 디지털도서관을 구축함으로써 시공간을 초월하여 필요한 자료를 이용자에 신속 정확하게 제공하게 되었다. 이러한 기대에 따라 학계뿐만 아니라 산업계에서도 디지털도서관에 관련된 연구 및 개발을 활발하게 진행하여 최근 대부분의 도서관이 디지털도서관으로 변모하게 되었다.

디지털도서관에 관련된 연구는 계속 진행되고 있으나 디지털도서관의 정의 및 제공해야 할 기능들이 명확하게 파악되지는 않고 있다. 도서관의 정보 이용자는 네트워크에 연결된 자신의 개인용 컴퓨터(PC)를 이용해서 디지털도서관에 접속함으로써 디지털도서관에서 제공하는 검색엔진 시스템은 사용자에게 정보가 어디에 위치하는가에 무관하게 원하는 정보의 검색 및 제공 기능을 빠르고 쉽게 제공해 준다.

2. 디지털도서관의 발전단계

1) 1세대 디지털도서관

1세대 디지털도서관은 이미지, 동영상, 웹 자원, 원문(full-text) 등 다양한 형태의 전자자원을 효율적으로 관리하는 시스템을 지칭했다. 전통적으로 이러한 자원들을 관리해 온 도서관에서는 도서관자동화 시스템의 부가 또는 확장 기능으로 이해되었으며, 당시에는 디지털도서관이라는 명칭보다는 일반적으로 전자도서관으로 불리었다. 그 까닭은 당시로서는 디지털도서관 탄생의 핵심기술인 디지털 융합기술이 본격적으로 개발되지 않았기 때문이다.

2) 2세대 디지털도서관

2세대 디지털도서관은 1세대에 비해 한 단계 진화된 모형이 적용되었는데, 그 대표적 특징으로 조직 내에 산재하는 다양한 디지털 전환 가능 자원의 통합관리, 포털 기반의 통합서비스 및 개인화 서비스 수용시스템의 모형구축 등을 들 수 있다. 또한 다양한 형태의 디지털 자원을 통합 환경에서 체계적으로 관리하고 제공하기 위한 목적으로 메타데이터 변환(Meta-data Crosswalk)이라는 개념이 본격적으로 형성되기도 했다. 이것은 다양한 유형의 메타데이터 통합을 위한 개념으로서 도서의 '저자', 영화의 '감독', 미술작품의 '작가' 등과 같은 메타데이터 요소의 사용을 허용하며 이들을 의미상 동일속성을 지니도록 통합해 주는 개념이다.

대부분의 국내외 디지털도서관의 사례는 현재 이 단계의 후반부에 해당된다고 할 수 있다. 결국 이 시기의 디지털도서관은 단위조직 내에서 관리하고자 하는 다양한 메타데이터를 허용하며, 이들을 더블린코어(Dublin Core)를 중심으로 통합 관리하며, 또한 협력 기반에서 디지털 자원들을 구축하는 환경을 제공하고 있다.

3) 3세대 디지털도서관

3세대 디지털도서관은 현재 국가별로 초입단계에 있거나 소규모로 실험적 구축 중이거나 서비스되는 중이며, 그 핵심적인 특징은 분산환경의 디지털도서관들 간 통합 및 연동성 문제가 강조된다는 점이다. 디지털도서관 간 상호운용성 보장, 협업업체 확립, 부가가치 서비스 제공 등의 아키텍쳐(architecture)상 요구사항과 더불어 교육, 연구, 미디어, 박물관 등 전문영역별로 고유한 디지털도서관이나 디지털 리포지터리(Repository)를 구축하려는 노력들이 나타나며, XML 및 RDF 요소기술, 시맨틱 웹(Semantic web) 등을 활용한 디지털도서관의 요구도 등장하게 된다.

이러한 요구사항을 충족하기 위해서는 각종 메타데이터 처리기술 및 핵심 개념들이 필요하다. 주요한 기술 및 개념으로는 OAI 기반의 개방형 디지털 도서관(Open Digital Library), RDF/XML 기반의 메타데이터 스키마(Meta-data Schema) 개념, 시맨틱 웹 디지털도서관 원리 등을 꼽을 수 있다.

또한 3세대 디지털도서관의 한 특징은 각종 이용자 지향의 혁신적 서비스를 제공하려는 것이다. 이것은 콘텐츠 및 메타데이터의 개방과 공유, 각종 서비스 편의기능 서비스 등과 같은 사회적 네트워킹 개념의 적용과 시맨틱 웹 기술을 이용한 정보자원 간 의미론적 네트워킹 개념을 융합한 새로운 디지털도서관을 구축하려는 노력을 말한다. 즉 정보와 정보 간의 의미론적 링크와 사람과 사람 간의 사회적 링크를 통해 보다 새로운 정보생태계를 구축하려는 노력이다. 그리고 이러한 정보생태계는 이용자가 존재하는 곳은 어디서든 어떠한 매체로도 접근이 가능한 유비쿼터스 환경의 실현도 그 목적의 일부로 설정하고 있다.

2장 디지털도서관의 의의

과거 전통적인 도서관의 자료는 인쇄 출판물과 같은 물리적 형태의 자료를 소장하는 장소로만 여겨졌으나 현대의 도서관은 정보환경의 변화, 즉 정보저장 기술의 발달에 따른 다양한 매체의 변화와 네트워크를 통해 정보서비스 할 수 있는 디지털도서관으로 변화되었다. 지식정보사회의 도서관 이용자는 재택 또는 원격지에서 여러 도서관에 소장된 정보를 색인이나 초록뿐만 아니라 전문(全文)정보까지 손쉽게 탐색하고 이용하려는 욕구를 갖게 되었는데 이러한 욕구에 부응하기 위해 디지털도서관이 탄생되었다고 볼 수 있다. 디지털도서관은 컴퓨터를 기반으로 한 전자출판 기술·데이터베이스 기술, 정보검색기술에 의하여 컴퓨터에 의한 디지털화한 정보로 조직화하고 탐색 접근점을 제공하여 정보통신 기술에 의하여 원격지에서도 접근이 가능하도록 한 도서관이라고 할 수 있다.

도서관 자동화는 1960년대 범용 컴퓨터가 널리 사용되고 1963년 3월 미의회도서관(ALA)의 MARC의 개발로 목록 작성, 검색, 선택 등 자동화의 토대가 마련되었다. 1970년대에 들어오면서 Mini Computer의 등장과 온라인 시스템 개발로 네트워크에 의한 정보공유가 가능해졌으며 Total System이 개발되었다. 또한 1980년대에 들어오면서 기존의 온라인데이터베이스로 제공되던 정보를 CD-ROM Database에 수록하여 공급하기 시작하면서 도서관 자동화가 눈부시게 발전되었다. 특히 CD-MARC Database를 이용한 서지데이터베이스의 구축이 가능해지면서 도서관의 효율성을 개선시켰으며 광기록 기술은 향

후 디지털도서관 시대를 여는 데 크게 기여하였다. 그러나 1990년대에 들어
오면서 컴퓨터기술과 정보통신기술의 발전으로 인터넷이 탄생되면서 전자
도서관이라 불리는 디지털도서관(Digital Library)이 본격적으로 구축되었다고
볼 수 있다. 본 장에서는 디지털도서관의 개념을 알아보고 특징을 분석하고
향후 어떻게 발전할 것인가를 살펴본다.

I. 디지털도서관의 의미

디지털도서관은 관점에 따라 의미의 차이는 있을 수 있지만 여러 가지 다
른 이름을 가지고 있다. 예컨대 전자도서관(Electronic Library) 네트워크화 된
도서관(Networked Library), 벽이 없는 도서관(Library without Walls), 논리상의
도서관(Logical Library), 가상(현실) 도서관(Virtual (reality) Library)이라고도 불린
다. 이러한 동의어(또는 유의어) 가운데 '디지털도서관'이 최근에 가장 일반
적으로 선호되는 용어가 되었다. 많은 연구자들은 이미 도서관의 많은 수식어
가운데 '디지털'을 가장 본질적인 것으로 생각하고 있다. 자료를 디지털화한다
는 것은 다양한 형태의 정보를 통합 운영할 수 있다는 점에서 전통적인 도서관
과 차별화되어 멀티미디어 도서관으로 운영되어야 한다고 생각할 수도 있다.

최근 들어 디지털도서관 연구자들은 인터넷 환경의 확대에 기반을 둔 디
지털도서관에 대하여 논의하고 있다. 특히 인터넷의 근본적인 구조의 하나로
서 급속히 자리 잡은 웹이 주목을 받고 있다. 다양한 정보 자원을 하이퍼텍
스트로 연결해 주는 환경을 제공하는 웹은 네트워크를 통해 접근 가능한 도
서관 역할을 한다고 볼 수 있다. 따라서 디지털도서관은 인터넷에 있는 다양
한 종류의 정보를 제공해 줄 수 있어야만 한다. 결국 디지털도서관은 멀티미
디어 형태로 전 세계적으로 서로 연결되어 있는 다양한 종류의 정보를 제공
하지 않으면 안 된다. 이러한 의미에서 디지털도서관은 단지 일개 도서관이

되어서는 안 되며 박물관이나 문서보관소, 나아가 비디오 센터, 컴퓨터 그래픽 모델 센터(예컨대, 3차원 컴퓨터 그래픽을 제공하는)가 되어야 하고, 웹페이지의 채널뿐 아니라 전 세계 실험실의 데이터, 인력자원의 채널도 되어야 한다. 분명 디지털도서관의 개념은 기존의 도서관과 다른 사이버도서관에 가까운 도서관이라도 생각할 수 있는 것처럼 디지털도서관의 명확한 정의를 내리기는 쉽지 않다.

Ⅱ. 디지털도서관의 정의

디지털도서관은 시간과 공간의 제약이 없는 네트워크 기반의 콘텐츠 시스템을 의미한다. 다시 말해, 텍스트와 그래픽, 소리, 이미지 등 각종 데이터를 디지털 형태로 저장하고, 네트워크를 통해 이들 정보에 접근할 수 있는 도서관이다. 이런 점에서 디지털도서관은 디지털 정보의 생산과 조직기법, 네트워크 구축기법과 표준화, 정보에 대한 접근기법의 개발, 분산된 데이터베이스의 이용기법, 지적 재산권, 개인비밀보호, 디지털 출판 등 폭넓은 분야와 관련되어 있다고 할 수 있다. 이러한 다양한 관점의 디지털도서관 개념을 종합해 보면, 디지털도서관은 두 가지 유형으로 구분할 수 있다. 첫째는 기존의 도서관이 자관의 정보서비스 이외에 네트워크를 통해 외부의 다양한 정보서비스 및 정보 차원에의 접근을 가능하게 하는 경우로, 특히 인쇄물 형태의 정보뿐만 아니라 디지털 형태의 원문정보를 제공한다는 것이 특징이다. 둘째는 네트워크를 통해 디지털 형태의 원문정보를 제공하는 분산형 컴퓨터시스템으로서 이러한 디지털도서관은 사실 기존의 정보검색시스템의 범주에 속한다고 할 수 있다. 두 번째 개념으로 해석할 때 인터넷은 하나의 거대한 디지털도서관이 된다는 것이다.

1. 미국 연구도서관협회(Association of Research Libraries)의 정의

미국 연구도서관협회(Association of Research Libraries)에서 디지털도서관의 의미와 관련된 다음과 같은 개념에서 정의를 찾을 수 있다.

첫째, 디지털도서관은 단일 실체가 아니다.

디지털도서관은 인터넷을 포함하여 전 세계에 분산되어 있는 수많은 디지털 형태의 정보자원을 검색 대상으로 하기 때문에 복수의 실체들로 이루어져 있다.

둘째, 디지털도서관은 다양한 정보자원들을 연결시킬 수 있는 기술을 필요로 한다.

디지털도서관에서 처리대상이 되는 디지털 객체는 텍스트를 비롯하여 이미지, 소리, 동영상 등과 같은 멀티미디어 형태로 되어 있기 때문에 이들을 효율적으로 처리할 수 있는 기술이 필요하다.

셋째, 수많은 디지털도서관 및 정보서비스 사이의 연결은 이용자들에게 정보를 편리하게 제공되어야 한다.

이용하기 쉽고 편리한 이용자 인터페이스를 통해 많은 디지털도서관에서 제공하는 다양한 정보자원들에 끊김 없이 접속하여 원하는 정보를 활용할 수 있어야 한다.

넷째, 디지털도서관과 정보서비스에 대한 범세계적인 접근이 중요한 목표가 된다.

기존의 도서관 자동화 시스템은 특정 도서관이 소장하고 있는 자료에 대한 검색서비스를 목표로 하고 있는 데 비해 디지털도서관 환경하에서는 전 세계에 분산되어 있는 다양한 형태의 디지털 객체들을 이용자의 검색 단말기에서 손쉽게 검색할 수 있다.

다섯째, 디지털도서관의 장서는 서지 데이터만을 대상으로 하지 않으며,

인쇄물 형식으로는 표현과 배포가 어려운 디지털 객체까지도 포함된다.

디지털도서관은 전문 데이터베이스를 기본으로 하고 있으며, 특히 모든 형태의 정보를 디지털화하여 처리함으로써 정보의 형태에 따른 이용상의 제약을 근본적으로 극복할 수 있다.

2. 미국 국립과학 디지털도서관(National Science Digital Library)의 정의

미국과학재단(NSF)의 지원으로 구축되고 있는 NSDL(National Science, Digital Library)은 교육영역의 디지털도서관(Education Digital Library)으로서, 특정한 영역에서의 디지털도서관 서비스를 지향하고 있다. 즉 이 도서관은 과학, 수학, 공학, 기술 교육에 필요한 모든 수준의 콘텐츠 자원을 온라인 네트워크에서 구성, 제공하는 것을 목표로 하고 있다.

이와 같이 NSDL에서 제시한 내용은 디지털도서관은 각종 정보자원의 통합운영체를 강조하고 있으며, 관련된 표준과 프로토콜의 적용을 주요 요건으로 하며, 다양한 서비스 기능을 제공하고, 적용 영역 또한 다양하다는 점을 알 수 있다.

3. 사회적 장치로서 디지털도서관의 정의

다른 한편으로 디지털도서관을 이용자의 정보 리터러시(information literacy) 활동에 유용한 디지털 자원과 정보서비스를 제공하는 역할과 책임을 위해 존재하는 사회적 장치라고 할 수 있다. 따라서 디지털도서관의 관리자는 풍부한 디지털 정보자원을 구축하고, 편리한 정보 접근 환경을 제공하며, 이용자의 정보 연구 문제의 해결에 최적의 수단이 될 수 있도록 하는 정보활용 환경을 제공하여야 한다. 이러한 환경에서 디지털도서관 이용자는 디지털도서관에서 제공하는 정보환경을 통해 자신의 정보요구를 표현하고, 효율적인 검색기법을 통해 정보자원의 존재 여부와, 비판적인 관점에서 정보의 적합성을 평가하며, 정보윤리를 준수하면서 각종 정보들을 가공하여, 새로운 지식 정보자원을 생산하고 공유하는 등 정보 리터러시 프로세스 전반에 걸쳐 디지털도서관을 활용하게 된다.

4. 정보시스템과 서비스의 관점에서 정의

보그만(Borgman)은 디지털도서관을 두 가지 관점에서 구분했다. 첫째, 정보공학적 관점으로서, 디지털도서관은 디지털 콘텐츠를 관리하는 시스템으로 운영하는 도서관이다. 이것은 주로 컴퓨터공학자들의 생각이다. 디지털도서관은 정보시스템이며, 이용자를 대신하여 디지털 콘텐츠를 수집 관리하는 역할을 한다는 것이다. 두 번째는 디지털 서비스를 제공하는 도서관이라는 것이다. 이 관점은 기관이라는 운영 주체가 존재하고 대상 이용자들에게 다양한 디지털 서비스를 제공한다는 것이다. 기존의 디지털도서관이 디지털 환경에 적합한 서비스를 제공한다거나, 도서관은 아니지만 정보서비스를 수행하는 기관에서 디지털도서관 서비스를 하는 경우에도 해당된다.

5. 통합적 개념으로서의 디지털도서관

디지털도서관의 개념을 요약해서 재정의하면 디지털도서관이란 전 세계 분산 네트워크로 연결된 이질적인 정보저장소의 정보들을 이용자 중심 인터페이스를 통해 시공간에 구애됨이 없이 탐색·접근·이용할 수 있도록 설계된 멀티미디어 정보시스템으로서 디지털 정보를 수집·조직·추적·탐색·검색하여 원격지로 배포하고 저작권을 관리할 수 있는 시스템이다. 여기에서는 디지털도서관을 기존 도서관의 디지털화라는 개념 이외에 정보에 대한 소유 및 물리적·공간적 개념을 초월한 가상공간의 개념을 추가한 개념으로 파악하며, 디지털도서관의 대상 축적매체도 종래의 도서 및 비도서자료는 물론 이미지 및 화상정보, 소리, 멀티미디어정보, 전문(full-text) 데이터를 모두 포함시켜야 할 필요가 있다. 디지털도서관의 구축범주에도 각종 도서관은 물론 정보센터, 박물관, 미술관, 기록보존소, 방송국 등 도서관이라는 이름을 가지고 있지 않은 정보유통 및 관리기관도 포함시키는 통합적인 개념으로서의 디지털도서관으로 구축되어야 한다.

Ⅲ. 디지털도서관의 특성

디지털도서관을 어떻게 보더라도 중요한 특징은 전통적인 도서관에서 제공하던 자원보다 콘텐츠의 범위가 넓고 다양하다는 점과 양질의 문헌정보를 디지털 환경에서 통합적인 서비스로 제공하고자 하는 비전과 사명을 가진 것이라 하겠다. 사실 초기의 디지털도서관 논의는 정보기술적인 측면에 대한 강조가 지나쳐서, 문헌정보학적 관점보다는 컴퓨터공학적인 관점으로 접근하는 경우가 많았다. 그러나 논의가 진전되면서, 디지털도서관이 전통적 도서관의 확장 또는 변화된 모습이라는 관심이 우세해지고, 실제적인 관련 사례들도 많이 나타남에 따라 '기술 중심'에서 '이용자 중심' 또는 '정보자원 중심'의 서비스가 강조되었다.

전통적 도서관이 전자도서관을 거쳐 현재의 디지털도서관으로 변화하고 진보하였기 때문에 디지털도서관이라 할지라도 도서관의 본질적인 역할에는 커다란 변화가 없고, 단지 그 역할을 수행하는 방법이나 내용에 차이가 있을 뿐이다. 즉 전통적 도서관이든 디지털도서관이든 개인의 정보활용 문제를 해결하는 창구로서 역할을 위해 당대의 최적의 콘텐츠, 정보기술, 그리고 정보를 제공한다는 것이다.

1. 디지털도서관의 일반적 특성

디지털도서관의 탄생은 정보환경의 변화, 즉 정보기록인 정보 생산 매체의 변화, 정보 관리 시스템의 변화, 정보서비스인 정보유통의 변화에서 비롯된 것이다. 즉 도서관 이용자는 시공을 초월하여 원격지에서 여러 도서관에 소장된 정보를 손쉽게 탐색하고 수집하려는 욕구와 이제는 정보의 소재 파악뿐만 아니라 전문 정보를 원격지에서 손쉽게 수집하려는 욕구를 갖게 되었는데, 이러한 욕구에 부응하기 위해 디지털도서관이 탄생되었다고 볼 수 있다.

전통적인 도서관과 디지털도서관과의 물리적 또는 기능상의 상이한 점을 들어 보면 시설 중심에서 서비스 중심으로, 인쇄매체 중심에서 전자매체 중심으로, 정보의 소재 파악에서 지식의 직접 전달로, 자료의 소유개념에서 서비스와 공유개념으로, 정보 생산과 소비의 분산화에서 정보 생산과 소비의 일원화로, 도서관의 공유화에서 도서관의 개인화 등으로 비교가 될 수 있다. 이러한 디지털도서관의 특성을 분석하여 열거해 보면 다음과 같다. 첫째, 우선 정보를 기존의 종이 인쇄형태의 매체에서 SGML(Standard Generalized Markup Language)의 DTD(Document Type Definition)와 같은 표준전자문서 형식에 의하여 구조화된 전자문서인 디지털 형식으로 축척한다는 점이다. 둘째, 정보의 입수 시 디지털 통신기술에 의존한다는 점이다. 즉 정보통신 기술의 발달은 디지털도서관 구현을 가능케 하고 있다. 셋째, 자료의 원본은 하나이며 하나의 원본을 이용한다는 점이다. 최근 연구저작물들이 전자정보 형태로 제작됨에 때라 과거 인쇄물 형태처럼 여러 원본이 출간되지 않고 한 전자 저작물만이 존재한다는 점이다. 이처럼 현 도서관이 컴퓨터의 도움을 받는 도서관이라고 한다면, 디지털도서관은 컴퓨터가 중심이 되는 도서관이라 할 수 있다.

2. 전통적인 도서관과 디지털도서관의 차이

디지털도서관의 탄생은 정보환경의 변화, 즉 정보기록인 정보 생산 매체의 변화, 정보 관리 시스템의 변화, 정보서비스인 정보유통의 변화에서 비롯된다. 즉 도서관 이용자는 시공을 초월하여 원격지에서 여러 도서관에 소장된 정보를 손쉽게 탐색하고 수집하려는 욕구와 이제는 정보의 소재 파악뿐만 아니라 전문(全文) 정보를 원격지에서 손쉽게 수집하려는 욕구를 갖게 되었는데, 이러한 욕구에 부응하기 위해 디지털도서관이 탄생되었다고 볼 수 있다. 전통적인 도서관과 디지털도서관과의 물리적 또는 기능상의 상이한 점을 들어 보면 시설 중심에서 서비스 중심으로, 인쇄매체 중심에서 전자매체 중심으로, 자료의 소유개념에서 서비스와 공유개념으로, 정보 생산과 소비의 분산화에서 정보 생산과 소비의 일원화로, 도서관의 공유화에서 도서관의 개인화 등이라 할 수 있으며 디지털도서관은 다음과 같은 특성을 갖고 있다 하겠다.

첫째, 디지털도서관의 정보서비스는 기존의 인쇄물을 포함하여 네트워크를 통한 전 세계의 디지털 정보를 소유하게 되어 복수의 실체로 이루어져 있다.

둘째, 대부분의 자료가 네트워크를 기반으로 접근되기 때문에 수집보다는 접근 중심의 개념이 강조된다.

셋째, 정보서비스가 원격접근으로 이루어짐에 따라 원격 참고 서비스가 핵심적으로 이루어진다.

3. 웹정보와 디지털도서관의 차이

1) 웹정보

최근 들어 웹서비스의 기능이 발달하면서 웹과 디지털도서관과의 차이가 불분명하다는 생각을 할 수 있으나 디지털도서관과 웹은 그 기능상 뚜렷한 차이가 있다. 웹정보는 다음과 같은 문제점을 갖고 있다.

첫째, 웹정보는 정보조직이 체계적이지 못하고 산재되어 있어 정보 보호 면에서 신뢰성이 적다.

둘째, 정보가 과포화 상태로 엄청난 양의 정보가 산재해 있기 때문에 정확한 정보탐색이 불편하다.

셋째, 멀티미디어 정보의 내용탐색이 지원되지 않고 있다.

넷째, 디지털도서관에 비해 첨단 서비스의 응용성이 낮다.

다섯째, 멀티미디어정보의 전송속도가 늦다.

2) 네트워크로 연결된 디지털도서관의 특성

네트워크로 연결된 디지털도서관의 특성은 다음과 같은 기능을 통해서 찾을 수 있다.

첫째, 디지털도서관의 정보는 각기 상이한 장소에서 발생하고 생산되지만 마치 하나의 실체인 것처럼 접근할 수 있다.

둘째, 디지털도서관의 디지털 장서는 조직, 분류, 색인이 생성되어 있기 때문에 정보탐색이 가능하다.

셋째, 디지털도서관의 장서는 최신성을 유지하는 기간 이후에도 계속 이용 가능하도록 축적·유지된다.

이 외에도 디지털도서관은 다음과 같은 특성을 갖고 있다.

첫째, 정보와 지식을 디지털형태로 수집·저장·조직할 수 있는 수단을 체계적으로 개발하고 디지털도서관 장서를 체계적으로 구축한다.

둘째, 정보를 사회의 모든 부문에 경제적이고 효율적으로 배포한다.

셋째, 연구자원, 전산 및 통신망에 대한 투자를 유도하기 위한 공동의 노력을 장려한다.

넷째, 연구, 비즈니스, 정부, 교육부문 사이의 커뮤니케이션과 협동작업을 강화한다.

다섯째, 평생교육의 기회를 증진시킨다.

Ⅳ. 정보환경 변화에 따른 디지털도서관의 역할

1. 디지털도서관 서비스

디지털도서관이 완전히 구축되었을 경우에 다음과 같은 서비스를 이용할 수 있다.

첫째, 텍스트, 정지/동화상, 소리에 대한 단순주제 또는 키워드 탐색이 가능하다.

둘째, 표준 웹 브라우저를 이용하여 인터넷을 통해 광범위한 정보의 색인에 접근할 수 있다.

셋째, 동일한 웹기반 서비스로 특허, 학술잡지 기사, 최신의 회의논문에 대한 접근의 통합으로 가장 망라적인 일괄(one-stop) 정보 제공이 가능하다.

넷째, 사이트상에서 사서와의 대화 또는 전화/비디오 회의를 통해 도움을 받을 수 있다.

다섯째, 모든 탐색 및 요청이 웹으로 가능하기 때문에 가장 최신 연구결과에 대한 즉각적인 온라인 배포서비스가 가능하다.

여섯째, 비전문가를 위한 과학 관련 내용(유전자구조, 핵분열), 사물 또는 사건의 원리를 설명할 수 있는 일종의 백과사전 기능을 제공한다.

일곱째, 희귀필사본·미술·음악·영화·편지·필사본·악보·녹음자료·사진·그림·지도·도안·공공출판물 등을 서비스 받을 수 있다.

이와 같이 디지털도서관은 과거 전통적인 의미의 도서관이 물리적인 형태의 정보자원에 중점을 두는 것과는 달리 디지털 정보자료에 중점을 두며 이용자의 접근이 용이한 가상적인 도서관이라 할 수 있다. 그렇다면 이러한 디지털도서관의 업무는 어떤 방식으로 전환될 것인가. 디지털도서관은 지식중개자로서 네트워크 정보시대에서 이용자에게 서비스하기 위해서 다음과 같은 선택, 축적, 서비스, 지원 및 출판기능을 수행하게 될 것이다.

2. 디지털도서관 사서의 역할

컴퓨터 및 정보통신 기술 발달을 바탕으로 한 전자매체 중심의 디지털도서관은 이용자의 다양한 요구를 충족시키기 위하여 상당한 전문직 사서로서의 역할이 더욱 강조될 것으로 생각된다. 디지털 환경에서의 사서 역할 변화중 가장 큰 변화는 비전문직의 역할과 직무내용의 변화이다. 즉 사서들의 전문직 업무 중에서 상당 부분이 비전문 직원의 기능으로 변화되는 이른바 전문직 업무의 비전문화 현상이 나타나고 있다. 전문직 사서에 의해 수행되었던 편목업무, 수서업무, 대출, 정보시스템의 관리 및 검색 등의 업무가 상당 수 비전문직에 이양됨에 따라 전문직은 새로운 시스템과 봉사를 개발하는 업무로 역할 면화를 추구해 나아가야 한다. 따라서 디지털도서관 환경에 속해 있는 사서는 다음과 같은 역할을 수행해야 한다.

첫째, 정보화시대에 도서관 사서는 이용자의 현재적 요구는 물론 잠재적 이용 가능성을 조사·분석하여 적절한 자료를 적시에 제공할 수 있는 정보제공자로서의 역할을 수행해야 한다.

둘째, 디지털도서관의 사서는 외부의 정보자원을 그대로 활용하는 것은 물론이고 자체적으로 특색 있고, 중요한 정보자원에 대한 데이터베이스를 구축해야 한다. 특히, 모체기관의 목표와 이용자의 요구에 따라 다양한 정보기술을 이용한 데이터베이스를 개발해야 하는데, 이때 서지 데이터베이스뿐만 아니라 전문(全文), 이미지, 음성 등과 같은 다양한 형태의 정보를 수록한 멀티미디어 형태의 데이터베이스를 구축해야 한다.

셋째, 이들 정보자원들을 이용자들이 편리하고 쉽게 이용할 수 있도록 인터페이스 개발 및 정보검색시스템을 개발할 능력을 갖추어야 한다.

넷째, 새로운 정보기술, CD-ROM 검색 및 OCLC 등 전 세계적인 정보센터에서 제공되는 온라인 데이터베이스 검색시스템과 이용자 사이의 문제를 해결해 주는 정보중개자(information mediator)로서의 역할을 수행해야 한다.

다섯째, 이용자의 정보검색 효율을 높여 주기 위한 정보자료의 이용법 및 이용자의 정보기술 활용법을 지도·지원하는 정보교육자로서의 역할을 수행하여야 한다.

여섯째, 인터넷 환경에서의 사서는 도메인(domain) 관리, 이미지 및 원문을 사용할 때 지적재산권 담당, 도서관에서 저작한 내용에 대한 저작권 관리, 도서관에 링크할 사이트의 허가사항 관찰 및 자신의 도서관을 링크한 사이트의 관리 등의 역할을 수행해야 한다.

이처럼 급변하는 정보사회에 있어서 대량의 장보를 신속하게 입수하고 효율적으로 처리하여 적시에 이용자의 요구를 충족시킬 수 있는 정보를 제공해 주는 문제야말로 디지털사회에서 요구하는 전문사서이자 정보전문가로서의 역할이라 할 수 있다. 최근 들어 이용자 중심의 도서관을 지향하면서 기존 사서의 명칭도 총체적 사서(holistic library), 정보 관리자(information library), 정보중개자(information mediator), 정보해석자(information interpretor), 정보교육자(information educator), 주제전문가(subject specialist), 가상사서(cybrarian), 웹사서

(webrarian)에 이르기까지 다양한 개념으로 전개되고 있다. 이것은 사서의 역할이 특정 분야에 국한된 활동보다는 여러 개의 전문직 활동에 영역을 넓혀야 한다는 의미이다. 이렇듯, 디지털도서관이라는 도서관의 패러다임을 변화시키는 계기가 컴퓨팅 기술 및 정보통신 기술의 발전이라고 한다면, 이렇게 변화된 환경에서의 패러다임을 이끌어 나가는 것은 오늘날 정보담당 사서가 담당해야 할 몫이라 할 수 있다.

3. 이용자 측면에서 본 디지털도서관의 특성

1) 도서관 이용자의 시공간 제약의 초월

전통적 도서관이 특정한 시공간을 전제로 하는 것이라면, 디지털도서관은 이용자의 시공간 제약을 뛰어넘는 정보의 공유 및 유통센터 역할을 수행한다. 이처럼 디지털도서관에서의 장서는 종래의 도서 및 비도서 자료를 디지털화한 것은 물론이거니와 전문정보, 멀티미디어정보 등을 포함하는 자원들을 개발·조직·보존하며 각종 이용자 정보서비스를 제공한다. 디지털도서관은 도서관과 마찬가지로 정보들을 모아 놓은 곳이라고 할 수 있지만, 디지털도서관에 모아 놓은 것은 물리적 정보가 아닌 디지털 정보, 즉 컴퓨터가 읽고, 컴퓨터에 의해 사람이 인식할 수 있는 형태로 표현될 수 있는 디지털 문서, 동영상과 같은 정보들이다. 그러나 디지털도서관은 단순히 디지털화된 정보의 저장소가 아니다. 정보들이 쌓여 있기만 하고, 어떤 정보들이 있는지 파악하기 어렵고 접근하기 어렵게 되어 있다면 창고에 지나지 않을 것이다. 사용자들이 접근할 수 있는 곳에 이러한 정보들이 단순히 모여 있는 곳을 디지털도서관이라고 한다면 인터넷과 같은 것이 디지털도서관의 대표적인 예가 될 것이다. 그러나 어느 누구도 인터넷을 디지털도서관이라고 하지는 않는다. 왜냐하면 인터넷 그 자체로는 정보들이 쌓여 있는 디지털 창고라고 할 수 있는 반면, 디지털도서관은 이러한 디지털 정보의 조직적인 관리와 유통 (검색 및 정보 제공)기능을 가지고 있어야만 한다. 특히 정보의 양이 폭발적 으로 증가하고 있는 시대에 이러한 기능은 매우 필수적이다.

따라서 사용자의 요구에 따라서 시공간의 제약 없이 정보를 수집하고, 사용자가 쉽게 필요한 정보를 찾을 수 있도록 조직하고 검색할 수 있는 디지털 도서관의 기능은 정보 사용자에게 정보에 관한 무한의 자유를 제공해 줄 수 있다.

과거의 도서관에서 자료를 찾기 위한 경우를 생각해 보자. 우리는 도서관 에서 자료를 찾기 위해서는 가까운 동네나 학교 아니면 몇 안 되는 국립도서 관에 가서 방대한 도서목록을 뒤져서 책을 찾아야만 했다. 이런 방식으로는 책을 찾기 위해 엄청난 시간을 소비해야만 했고, 공간적 제약으로 인해서 정 보공유의 소외계층을 만들어 내기도 했다. 그러나 디지털도서관의 구축은 원 하는 정보를 언제 어디서나 손쉽게 검색하고 필요하면 즉석에서 전문 정보 를 다운로드받을 수 있다. 또한 디지털도서관은 방대한 자료들을 개인의 정 보활용에 유용하고 신뢰할 만한 것들로 선정하여 수집 관리하며, 이용자가 정보를 쉽게 검색하고 편리하게 접근하도록 하여 정보문제를 해결하도록 도 와주며, 정보기반 생활의 중심이 된다. 이런 디지털도서관의 특징은 정보 사 용자의 시공간적 제약의 초월과 정보공유의 평등을 제공한다.

2) 멀티미디어 정보서비스의 제공

디지털도서관은 정보를 기존의 종이 인쇄형태의 매체에서 SGML(Standard Generalized Markup Language)의 DTD(Document Type Definition)와 같은 표준전 자문서 형식에 의하여 구조화된 전자문서인 디지털 형식으로 축척한다는 점 이다. 디지털도서관은 기존의 인쇄매체에서 불가능했던 새로운 형태의 자료 까지 포함한다. 전통적인 도서관은 단지 종이로 인쇄된 정보를 저장하고 있는 저장소에 불과했다. 책에서 정보를 얻기 위해서는 단순히 2차원의 종이 위에 인쇄된 글자와 단순한 그림이나 도표가 우리가 책에서 얻을 수 있는 정보의 전부였다. 그러나 최근의 멀티미디어 기술의 발전은 책의 내용을 단순히 2차원의 종이 위에 표현하는 차원을 넘어 다차원의 정보를 표현할 수 있다.

예를 들면, 우리가 골프에 관련된 책을 도서관에서 찾는다고 할 때, 도서관에서 우리가 힘들여 찾은 책은 기껏해야 종이 위에 쓰인 글자 정보나 그림 정보만을 제공할 뿐이다. 그러나 디지털도서관에서 우리가 얻을 수 있는 정보는 위와 같은 단순히 종이 위에 인쇄된 2차원적인 정보가 아니다. 실제로 필드에서 골프를 치는 사람의 모습을 동영상으로 보여 주면서 동시에 음성으로 설명해 줄 수 있다. 이러한 멀티미디어 정보서비스의 제공은 단순하게 종이 위에 인쇄된 글자를 읽고 이해하는 차원을 벗어나 보다 재미있고 이해하기 쉬운 정보를 제공할 수 있다.

3) 무한한 정보 제공 기능

디지털도서관은 전통적인 도서관이 가지고 있었던 정보제약의 한계를 극복할 수 있다. 즉 무한한 정보의 제공 기능을 제공할 수 있다. 아무리 큰 도서관이라고 하더라도 도서의 보유에는 관리 및 장소의 문제로 인하여 한계를 가질 수밖에 없다. 그러나 디지털도서관의 경우에는 아무리 멀리 떨어진 경우라도 네트워크로 연결되었을 경우 정보 이용자는 공간의 제약을 받지 않고 정보를 제공받을 수 있다.

4) 정보의 공유 개념으로서의 변화

디지털도서관은 전통적 도서관의 자료 소유개념에서 서비스와 공유라는 개념으로서 도서관으로의 변화를 가능하게 한다. 전통적인 도서관의 대부분 객체들은 도서관 종류에 따라 달라질 수 있는 어떤 형태의 정보 자원들이다.

전통적인 도서관의 객체는 어떤 특성을 가지고 있어 고정되어 있으며 통상 변화하지 않으며 또한 영구적이다. 즉 장서로부터 사라지지 않는다. 그러나 이제는 도서관에서 범람하는 모든 장서를 전부 소장하여 유지하기란 불가능 하게 되므로 디지털도서관에서는 정보의 소유라는 개념에서 탈피하여 정보 의 공유라는 개념으로 변하고 있다.

V. 전자도서관으로서 디지털도서관의 기능

디지털도서관은 기존의 도서관을 대신하는 새로운 개념이 아니라 전통적 인 도서관 기능의 다각화, 확장을 의미한다. 도서관이 소장, 제공하는 정보는 텍스트를 중심으로 하는 인쇄물형태에서 다양한 유형의 전자매체를 이용한 전자정보로 그 범위가 광범위해졌고, 이들 정보를 네트워크 환경을 통해 공 유하게 되므로 이용자서비스 또한 다양한 양상을 띠게 되었다. 즉 디지털도 서관이 추구하는 기본목표는 변함이 없지만 이를 수행하기 위한 여러 가지 기능이 달라진 것이다.

1. 자원기능

전자형식이 아닌 출판물에 대해서도 목록으로 탐색이 가능한 기능이다. 도서관 소장자료에 대한 정보가 목록에 수록되어 이용자는 여러 표준적인 접근점을 통해 탐색하게 되는데, 이러한 기능은 전통적인 도서관에서 수행해 오던 가장 전형적인 기능으로 전자도서관으로의 전이과정 속에 계속 존재하 게 될 것으로 보인다. 전자도서관을 주장하는 대부분의 사람들도 인쇄형태의 자료들 역시 그 가치를 충분히 지니고 있는 정보패키지로서 계속 남아 있을 것으로 보며, 도서관은 가치 있는 중요한 학술지, 도서 등의 자료를 계속 수집하여 이들 자료를 비전자적인 방법으로도 제공하는 기능을 수행해야 한다.

2. 정보기능

전자형식으로 접근하여 전달되는 데이터, 정보, 지식의 제공을 말한다. 전통적인 도서관과 차이를 보이는 중요한 기능으로, 앞으로의 도서관을 전자적인 형태의 텍스트, 이미지, 오디오, 비디오 등의 전자정보를 생산, 처리, 제공하는 역할을 충분히 수행할 수 있는 역량을 가져야 한다. 도서관에서 제공되는 전자정보원에는 전자도서, 전자잡지, 전자신문, 온라인 도서관목록, 그 외 온라인데이터베이스, CD-ROM 등이 있다.

3. 커뮤니케이션기능

이용자 개개인이 전자도서관의 한 노드로서의 역할을 하는 것이다. 이 기능에는 디렉토리 기능, 연결기능, 정보전문가의 중개기능이 포함되며, 전자우편이나 게시판의 이용에서부터 온라인목록을 이용한 정보검색, 네트워크를 이용한 최신정보서비스와 문헌전달서비스, 외부데이터베이스검색에 이르기까지 다양하다.

전자도서관 환경에서의 이용자서비스는 사서에서부터 컴퓨터로 이전되어 가므로 보다 효과적인 정보검색을 위해 동일한 검색언어와 절차, 구조화된 탐색언어, 이용자의 탐색전략분석과 탐색전략극대화를 위한 가이드를 제공하는 발전된 인터페이스가 요구된다. 즉 방대한 정보 속에서 적절한 정보를 얻을 수 있도록 도와주며, 검색방법에 익숙하지 않은 이용자도 어려움이 없도록 하며, 적절한 데이터베이스를 선택할 수 있도록 하는 것이다.

이상의 기능들을 종합해 보면 결국 전자도서관의 기능은 텍스트, 그래픽,

소리, 이미지 등 각종 형태의 데이터를 효과적으로 관리할 수 있도록 전자형태로 저장하고, 이들 정보를 편리하게 검색할 수 있는 기능과 네트워크를 이용한 커뮤니케이션 기능을 충분히 제공하여 시간과 공간을 초월하여 정보원에 접근할 수 있도록 하는 것이다.

4. 디지털도서관의 보편적 기능

디지털도서관의 보편적 기능에는 디지털 자료의 분산 장서의 생성, 유지, 확장, 보존에 필요한 것이 포함된다. 디지털도서관의 보편적 기능을 단적으로 종합하면 다음과 같다:

첫째, 텍스트, 그래픽, 소리, 이미지 등 각종 형태의 데이터를 효과적으로 관리할 수 있도록 디지털 형태로 저장하고, 이를 편리하게 탐색하는 기능

둘째, 네트워크를 이용한 커뮤니케이션 기능을 충분히 제공하여 시공간을 초월하여 정보원에 접근할 수 있도록 하는 기능.

1) IBM Digital Library에서 제시한 구조적 측면에서 디지털도서관의 기능

① 정보의 생성과 수집: 정보의 생성과 수집에는 편집, 저작, 스캐닝, 문자인식, 압축, 추출, 캡처, 변환, 포매팅과 관련된 내용이 포함된다.

② 정보의 저장과 관리: 정보의 저장과 관리를 위해서는 데이터베이스, 미디어 서버, 텍스트 서버, 저장관리기능이 필요하다.

③ 정보의 탐색과 접근: 정보탐색과 접근단계에서는 비통제 질의어 처리, 탐색결과의 적합성 순위에 따른 디스플레이, 화상정보의 내용기반검색, 색상구성, 특징, 질감, 모양, 위치에 의한 검색기능이 포함된다.

④ 정보의 배포: 정보의 배포는 웹 탐색기, ATM, IBS, 네트워크 응용서비

스기술이 필요하다.

⑤ 저작권 관리기능: 저작권 관리 분야는 저작권보호, 사용권한관리, 로열
티관리, 보안 등이 포함된다.

2) 영국의 British Library에서 제시한 디지털도서관 기능

① 내부 네트워크 및 시스템
② 디지털 장서 개발
③ 디지털 축적 및 운용
④ 저작권 관리 시스템
⑤ 이용자 제품 및 서비스
⑥ 주문 및 배달
⑦ 재정 및 행정
⑧ 디지털도서관 관리기능

VI. 디지털도서관의 유형

1. 디지털화된 도서관(Digitalized Library)

디지털화된 도서관은 업무 절차가 전산화되어 있을 뿐 아니라 도서관 자
료 또한 디지털화되어 있는 도서관의 형태로서, 소장하고 있는 자료가 디지
털 형태인 것을 제외하면 전통적인 도서관과 다를 바 없을 수도 있다.

정보서비스는 고도로 통합되고, 새로운 정보기술의 도입에 따라 기존의
업무수행 형태와는 완전히 다르다. 도서관 사서에 의해 처리되어 온 업무 가
운데 대부분이 변할 수밖에 없다. 디지털도서관의 이용자들은 시공간을 초월

해서 도서관 자료에 쉽게 접근할 수 있으므로 도서관을 방문할 필요가 없다. 전자도서관에서의 전자화란 의미는 아날로그와 디지털 방식을 모두 포함하고 있는 반면, 디지털도서관에서는 디지털 방식으로만 이루어진다고 볼 수 있다. Laverna는 "도서관에서 기술단계를 평가하는 데 전자도서관과 디지털도서관의 두 가지 혁신 단계가 있다. 전자도서관은 책자형태로 발달된 지식의 온라인 전송으로 이루어지며, 디지털도서관은 정보기술에 바탕을 둔 지식의 새로운 형태로 이루어진다"라고 두 가지 용어를 구별하여 설명하고 있다. Garrett와 Lyons는 "디지털도서관이란 상용 인터페이스, 표현, 이해 및 실행의 논리적인 구조물로서 고도의 탐색 알고리즘에 의해 논리적 구조로 조직된 하이퍼텍스트와 하이퍼미디어 기술이 지원되는 서지, 전문, 멀티미디어 정보를 다루는 도서관"이라고 하였다. 여기에서 구조물이란 일정한 조직구조 내에서 독립적으로 구성되며, 시스템 내에서 대부분의 정보표현은 디지털이다. Gladney는 디지털도서관을 "디지털도서관은 종이 및 여타 매체에 기반을 둔 분산된 정보를 목록화하여 탐색하고 유통시키는 기능을 하던 전통적인 도서관의 서비스뿐만 아니라 이에 더욱 확장된 서비스를 위해서 디지털 컴퓨터, 저장 및 통신장치 일체, 그리고 정보와 정보를 재생산하고 보여 주며 구성하는 소프트웨어의 조합체이다. 디지털도서관의 전체 서비스는 모든 전통적인 도서관의 서비스를 기본으로 하고 있으며 디지털 축적 및 검색과 통신의 장점을 잘 활용하여 개발되어야 한다"라고 정의하고 있다. 1995년 미국 NII의 IITA(Information Infrastructure Technology & Applications)가 주관한 디지털도서관 워크숍에서는 "디지털도서관이란 분산된 정보저장소(repository)들로 구성된 전 세계적인 네트워크이며 이를 통해 색인된 콜렉션으로부터 모든 유형의 객체들을 검색할 수 있는 시스템"이라고 정의하고 있는데 여기에서는 이용자들로 하여금 정보와 지식이 대규모로 조직화된 저장소(repository)에 일관되게 접근할 수 있게 하는 시스템을 의미하고 있다. 영국의 British Library에서는 "디지털도서관은 잘 조직되고 체계적인 서비스의 구조 내에서 언제 어디에서도 이용자의 요구에 따라 이용 가능한 디지털형식으로 유지되는 문헌 (문자, 정지화상, 동화상, 음성 및 이들의 조합)으로 구성된다"라고 규정하고 있다.

2. 정보자원 네트워크(Information Resource Network)

정보자원 네트워크는 인터넷과 같이 우리가 얻고자 하는 정보를 얻을 수 있는 엄청난 기회를 부여하며, 정보를 제공하는 기관에 접근할 수 있는 지리적 범위의 폭이 매우 넓어진다. 이에 따라 우리의 정보탐색 행동도 변한다. 우리는 마치 도서관 안에 있는 것처럼 정보를 찾아 네트워크를 항해한다. 이렇게 보면 비록 디지털화된 자료만을 제공받을 수 있다는 한계는 있지만 네트워크는 도서관으로서의 기능을 가지는 소위 말해, '벽이 없는 도서관'의 형태라 할 수 있다. 그러나 네트워크는 장서수집의 사상이 없기 때문에 단지 은유적 개념의 도서관일 뿐이고, 네트워크에서 찾을 수 있는 정보는 대부분 그 네트워크에 참여하고 있는 회원기관들에 의해 제공된 무질서한 집합체일 뿐이다. 인터넷이 그 대표적인 실례로, 고유의 독특한 자료 수집 정책은 수립할 수 없다.

3. 가상도서관(Virtual Library)

우리는 도서관 서가에 있는 책, 잡지, 목록카드 등을 꺼내어 뒤적거리는 정보수집 절차에 익숙해져 있으며, 그것은 정보활동을 수행하는 기본적 행동이다. 우리에게 책은 친숙한 정보미디어이며, 책의 두께와 크기를 통해 자료의 양에 대한 정보를 얻는다. 그러므로 사람들이 얻고자 하는 정보를 찾는 메커니즘, 그 절차와 특성을 적용하는 것은 지극히 당연한 일이다. 이용자를 위해서 시각화한 정보를 책에 은유하여 도서관에서의 정보탐색 행동과 메커니즘을 시뮬레이션한 시스템이 있다. 이러한 시스템을 통해 우리는 마치 도서관에 있는 것처럼 저장된 정보에 접근할 수 있다. 그러나 이 또한 은유적인 도서관에 지나지 않고, 다만 사용자 인터페이스로 가정해 볼 수는 있다. Roland는 사실성과 실제성에 기초하여 실제 도서관과 가상도서관을 구별하고, 물리적 실체와 도서관의 기능을 지닌 도서관은 실제 도서관이며, 기능은 있으나 물리적인 실체가 없는 도서관은 가상도서관이라 정의하였다. Bryfonski는 "가상도서관이란 컴퓨터에 의해 연결된 네트워크 도서관이며, 정보를 디지털 형태로 보존하여 실시간으로 입수할 수 있는 상태로 두고 사서나 이용자가 원격지에서 그 정보에 접근이 가능한 실시간 시스템(realtime system)"이라고 정의하였다. Kaye는 "가상도서관이란 외부 도서관과 상업정보 및 지식자원에 네트워크로 접근하여 전송할 수 있는 시스템으로서 도서관 서비스와 정보내용 및 기타 정보자원에 대한 원격접근 개념"이라고 정의하였다. 이상의 가상도서관 개념은 완전히 디지털화된 멀티미디어 정보를 소장한 개개의 도서관이 네트워크로 연결되었을 때 그 역할을 수행할 수 있다는 의미가 내포되어 있다. 따라서 기본적으로 디지털도서관과 같은 의미이며, 다만 가상공간 속의 가상현실에 의한 도서관측면을 부각시킨 표현이라고 할 수 있다. 즉 가상도서관은 누구나 어디서나 세계의 모든 정보에 접근할 수 있는 도서관으로서 시간 및 공간적 인터페이스를 강조한 용어이다.

I. 디지털도서관의 기본 설계 모형

디지털도서관의 기본 설계 모형은 10가지 구성요소로 구분된다([그림 2-1] 참조).

구성요소는 크게 디지털도서관의 기능구성에 관련된 기능적 운영체제와 실제적인 운영에 관련된 외부지원 운영체제로 구분된다. 기능적 운영체계에

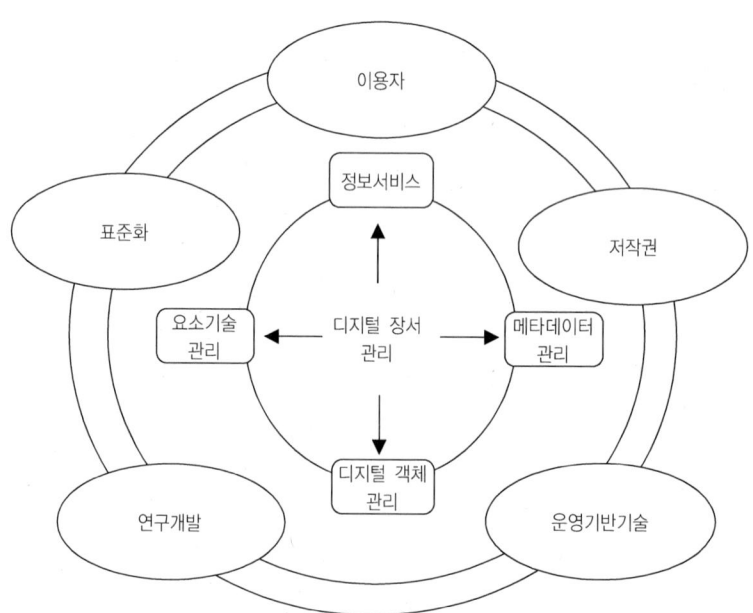

[그림 2-1] 디지털도서관 기본설계 모형

는 장서관리, 메타데이터 관리, 객체관리, 요소기술관리, 정보서비스가 포함
된다. 외부지원 운영체제에는 이용자, 표준화, 저작권, 연구개발, 운영기반 기
술의 요소가 포함된다.

Ⅱ. 디지털도서관의 시스템 구성요소

1. 디지털 장서 관리

디지털 장서는 디지털도서관의 장서를 말하며 디지털 형태의 자원 즉 디
지털 자원(또는 전자자원)을 어떤 목적이나 기준에 따라 모아 놓은 것이다.
디지털 자원은 디지털 생산(born digital)과 디지털 변환(being digital)의 형태로
제작된다. 한편, 장서 내에서 개별 정보자원은 특정한 장소에 소장되어 있을
수 있고, 지리적으로 분산된 다양한 장소에 존재할 수 있다. 일반적으로 디지
털 장서는 텍스트, 수치 데이터, 오디오, 비디오, 동영상, S/W 프로그램 등과
같은 장르의 디지털 자원으로 구성되며, 이들을 검색하고 접근하는 방식, 선
정하고 조직하고 유지하는 방식이 뚜렷하게 구분되고 식별되어야 한다. 도서
관 장서, 박물관 장서, 기록관 기록물, 인터넷 디렉토리, 디지털 아카이브, 주
제별 게이트웨이, 이미지 DB, 사운드 DB, 데이터세트 DB, 소프트웨어 DB 등
이 사례가 된다.

디지털 장서 관리는 디지털도서관의 핵심 요소로서 물리적 아이템 또는
디지털 아이템을 모아 놓은 각종 디지털 장서를 관리하는 영역이다. 세부 영
역으로는 디지털 장서의 개발정책, 선정 및 수집, 평가 등이 포함된다. 이러
한 활동은 장서 수집 관리 시스템을 통해 세부적인 기능으로 구현된다.

2. 디지털 객체 관리

디지털 객체는 주소표현이 가능한 정보자원(addressable information resource) 또는 디지털 문헌이다. 즉 URI(Uniform Resource Identifier)와 같은 주소를 가지고 있어서 다른 정보자원과 구별이 된다. 디지털 객체는 디지털 매체(digital media), 전자기록물(electronic records), 이프린트(e-print), 이텍스트(e-text), 디지털 자원, 전자정보 디지털 지식정보 등 다양한 용어로 사용된다. 디지털 객체 관리는 디지털도서관의 콘텐츠인 디지털 객체에 관한 각종 관리 활동에 관한 영역이다. 디지털 객체의 모델링, 객체의 유형관리, 포맷관리, 워크플로우 관리, 평가 및 보존 등 과제를 다룬다. 이러한 활동들은 콘텐츠관리 시스템으로 구현된다.

3. 메타데이터 관리

메타데이터는 데이터에 대한 데이터, 즉 데이터에 대한 구조화된 데이터로서, 정보의 여러 속성을 기술하여 주는 데이터이다. 웹에서 문헌에 대한 서지정보나 도서목록 기록을 나타내고 있다. 특히 정보의 체계적인 조직과 관련하여 그 중요성이 큰 메타데이터는 교환을 위한 표준적인 약속에 따라 해석이 가능한 형식으로 표현된다. 메타데이터는 네트워크 환경에서 정보자원을 식별하고 그 소재를 파악하며 내용을 기술해 주는 역할을 하게 된다.

메타데이터 관리는 DC Collection AP, MODS, DC, EAD 등 디지털 장서와 객체 수준의 메타 프로파일을 위한 메타데이터 편집기, 스키마 및 코드 관리, 상호 운영성을 위한 처리 등 영역과 관련된다.

4. 정보서비스

디지털도서관의 정보서비스는 구축한 양질의 장서와 콘텐츠를 대상으로 정보를 활용하려는 모든 계층의 이용자들에게 인터넷 기반의 정보서비스를 제고하는 정보환경, 즉 도서관 포털 서비스를 말한다. 일반적으로 도서관 포털은 디지털도서관에서 관리하는 방대한 디지털 장서와 콘텐츠를 기반으로 하는 검색 서비스와 이용자의 정보활용과 관련된 각종 커뮤니케이션 활동을 위한 참여서비스로 구성된다. 이러한 서비스는 다시금 일반 이용자를 대상으로 하는 일반 서비스와 특정한 개인을 대상으로 하는 맞춤서비스로 나눌 수 있다. 디지털도서관의 정보서비스는 기관포털, 주제포털, 미디어포털, 검색 포털 등의 형식으로 제공되며 이용자에게 보이는 디지털도서관이기에 이용자 중심의 접근이 매우 중요하다.

5. 요소기술 관리

디지털도서관의 운영환경에서 요소기술은 디지털도서관 시스템 구성요소라 할 수 있다. 즉 디지털도서관 시스템에서 특정 기능을 담당하는 모듈(프로그래밍 블록)이나 도구(애플리케이션)를 말한다. 이 요소기술은 시스템 내부의 요소로 구현되거나, 기 구현된 것을 도입하여 사용할 수 있으며, 또한 외부에 존재하는 것을 네트워크로 연계하여 사용할 수도 있다. 요소기술 관리는 장서, 메타데이터, 객체, 정보서비스 등의 처리 및 관리를 위한 각종 요소기술 및 기능과 관련되는 정보공학적인 영역이다. 검색엔진, 저작권 관리기, 식별체계, 웹크롤러, 메타검색엔진, 로그인관리, 메타변환기, 보존처리기, 통계출력기 등의 전문기능 관련 요소기술과 참조링크처리기, OAI 서버, Harvester, Z 서버, RSS 도구, Unicode 기반의 다국어처리기 등 표준 기능 관련 요소기술이 해당된다.

6. 이용자

디지털도서관을 이용하는 이용자에 관한 제반 사항을 다룬다. 이용자 연구는 정보이용행태(information use behavior) 또는 정보행태(information behavior)와 같은 개념으로 설명되기도 한다. 정보행태는 정보원 및 정보채널과 관계된 인간행태의 총체이며, 능동적 또는 수동적 정보추구와 정보이용을 포함하는 것이다. 여기에는 이용자의 정보요구 및 추구와 관련된 문제, 정보 리터리시 문제, 이용자 인터페이스 문제, 이용자 평가 영역 등과 관련된다.

7. 표준화

디지털도서관은 현존하는 정보기술과 정보서비스 방법이 종합적으로 적용되는 영역이라 해도 과언은 아니다. 방대한 규모의 디지털 콘텐츠의 수집과 저장, 텍스트 및 멀티미디어와 같은 다양한 포맷 자료의 조직과 처리, 편리한 검색과 참여 활동이 요구되는 정보서비스, 서로 다른 메타데이터 및 정보서비스의 상호 운용성 보장 등과 같은 기본적인 요건들을 원활하게 구현하기 위해서는 적합하면서도 표준화된 정보기술과 서비스 방식을 적용하여야 하기 때문이다. 이처럼 인프라 영역, 데이터 영역, 미들웨어 영역, 응용서비스 영역, 인터페이스 영역 등의 영역에서 표준화 대상은 매우 다양하다. 문자코드 표준화, 웹 환경의 표준화, 장서관리에서 정보서비스 영역에 이르는 각종 요소기술의 표준화, 디지털도서관의 상호 운용성과 협업을 위한 각종 표준화 등의 과제가 해당된다.

8. 저작권

디지털도서관에서 제공하는 디지털 형태의 정보자원은 일종의 저작물이다. 디지털 자원도 아날로그 저작물과 같이 특정 저작자가 자원에 대한 권리를 가지고 있으며, 저작자는 저작권법에 의해 그 권리를 보호받는다. 그리고 도서관은 라이선스 계약을 통해 저작자로부터 저작물에 대한 이용권한을 부여받아 이용자들에게 디지털 자원을 이용할 수 있도록 해 준다. 라이선스, 개방 접근 문제 등 디지털도서관 운영과 관련된 법률적·정치경제적 또는 사회적 현안들과 관련된다.

9. 연구개발

장서 및 서비스 협력, 디지털도서관 프로젝트 수행 등 디지털도서관 관련 연구 및 협력 영역이다. 디지털도서관 구성체제와 관련된 각종 이론영역, 연구개발 활동, 교육영역, 관련단체, 회의 및 세미나 활동 등이 여기에 해당된다. 우리나라의 한국정보문화진흥원(KADO)은 정보 소외계층에게 정보통신서비스에 대한 자유로운 접근과 정보이용을 보장하여, 삶의 질을 향상시키고 균형 있는 국민경제의 발전에 이바지하는 것을 목적으로 창설되어 지식정보자원관리 사업과 국가지식정보 통합검색 시스템을 운영하고 있다. 한국교육학술정보원(KERIS)은 교육 및 학술연구의 질적 수준을 높이고 국가 교육 발전에 이바지하는 업무를 목적으로 하여 설립되어 주로 교육과 학술연구에 필요한 정보를 조사·수집·제작하고, 이를 효과적으로 유통하기 위한 교육정보망(에듀넷 및 학술정보 데이터베이스)을 구축·운영한다. 한국문화콘텐츠진흥원(KOCCA)은 문화산업의 진흥 발전을 지원하기 위해 설립된 공공기관으로, 문화콘텐츠산업의 진흥을 위한 정책을 개발하고, 창의력의 근간이 되는 인적 자원 확보를 위해 인력양성사업을 추진하고 있다.

10. 운영기반 기술

디지털도서관의 동작모델, 운영모델, 운영체제, 개발언어, 패키지 솔루션, 시스템관리자 등과 관련된 운영환경과 기반기술을 다루는 영역이다.

디지털도서관의 주요한 서버 유형으로는 인터넷으로 제공되는 웹서버, 이용자가 검색을 할 때 원문서버에 저장되어 있는 원문과 연계되어 작동하는 DBMS 서버, 제출되거나 수집된 자료를 원문 형식 그대로 저장하는 원문서버, 이용자가 보거나 프린트하거나 또는 다른 사람에게 전달할 수 있도록 만들어진 이미지로서 프린트 출력된 문서의 모든 요소를 갖추고 있는 파일 형식인 PDF 변환 서버가 있다.

시스템 구축의 가장 선행되는 결정사항이라고 할 수 있는 플랫폼은 각종 웹 애플리케이션이 실행될 수 있는 기반 구조인데, 서버 플랫폼의 운영체제로는 크게 유닉스(UNIX) 계열과 윈도우(Windows)NT 계열, 그리고 리눅스(Linux) 계열로 구분한다.

디지털도서관 구축을 위한 솔루션의 유형과 종류는 다양하다. 전문회사에서 자체적으로 개발하든지 또는 특정한 도서관과 공동 개발하는 형식으로 만들어진 전문 솔루션이 있는데, 디지털도서관 전문 솔루션은 도서관자동화와 포털시스템을 포함하는 통합시스템의 형태를 나타내기도 한다. 도서관자동화 시스템에는 수서모듈, 목록모듈, 연속간행물관리모듈, 열람모듈, 기사색인모듈, 지정도서모듈 등으로 구성된다.

Ⅲ. 디지털도서관의 구축 방법

컴퓨터 및 정보축적 매체의 발달과 정보통신 기술 발전에 따른 네트워크 환경의 발달은 기존의 문헌정보뿐만 아니라 디지털화된 정보를 네트워크상에서 제공받고자 하는 이용자의 요구를 증대시키고 있다. 이러한 이용자의 요구로 도서관 및 정보센터를 비롯한 많은 기관에서는 디지털도서관 구축에 대한 관심이 증대되고 있다.

디지털도서관 구축은 정부 차원의 적극적인 차원이 필요하다. 즉 미국의 경우 디지털도서관 개발을 국가의 중요한 정책과제로 선정하고 있음을 보더라도 국가의 재정 및 정책적인 지원이 수반되는 국가 차원의 종합계획이 필요하다. 이렇듯, 디지털도서관은 장기간 여러 관련 분야의 전문가에 의한 기본연구와 응용 분야 연구가 선행되어야 한다. 디지털도서관 구축을 위한 제안을 살펴보면 다음과 같다.

첫째, 도서관이 주축이 되어 개발되는 디지털도서관 시스템은 도서관 업무 전산화시스템을 바탕으로 이루어져야 한다.

기존의 도서관리 시스템과 디지털도서관 시스템을 분리하는 것은 과도기적인 현상일 수는 있으나, 궁극적으로는 하나의 통합된 구조로 이루어져야 한다. 그럼으로써 도서관 업무과정에서 생성되는 새로운 정보는 그 즉시 자연스럽게 정보이용자에게 제공될 수 있기 때문이다. 또한 하나의 통합된 시스템 환경하에서는 자료의 갱신이 어디에서 이루어지든지 이용자에게는 그 즉시 갱신된 정보가 제공될 수 있어야 하기 때문이다.

둘째, 타 도서관 및 정보센터와의 긴밀한 협력을 바탕으로 사업을 추진하는 것이 효과적이다.

각각의 특화 디지털 콘텐츠를 성공적으로 구축하기 위해서는 콘텐츠의 상호 트레이드가 반드시 필요하다. 나아가서 기술적인 협력을 통해서 취약한 부분을 보완할 수 있기 때문이다. 물론 이럴 경우 예산 및 노력의 절감 효과도 클 것이다.

셋째, 장기적인 마스터 플랜하에서 사업을 진행해야 한다.

예측 가능한 투자와 단계별 이용자 서베이를 통한 피드백이 가능해야 사업결과를 보장할 수 있다. 물론 향후의 정보기술의 발전 추이나 정보환경 변화에 따라 마스터플랜은 갱신될 수 있어야 한다.

넷째, 관종에 따라 갖고 있는 특성을 살린 디지털도서관을 구축해야 한다.

콘텐츠, 적용기술 또는 아이디어 등에서 인터넷상의 고객들에게 충분히 어필할 수 있고, 다른 시스템이 갖지 않은 특징을 갖춘 도서관을 세워야 한다. 궁극적으로는 향후의 분산된 정보환경하에서는 전문적인, 특화된, 독특한, 유일한, 망라적인 등의 특징을 가진 디지털도서관만이 인터넷상에서 살아남게 되기 때문이다.

이러한 디지털도서관 구축 제안을 바탕으로 향후 디지털도서관 구축은 중복 투자, 연계성 부족, 공급자 중심의 디지털화, 저작권 문제 등을 해결하고 지식 정보 데이터베이스를 언제, 어디서든 쉽게 활용할 수 있도록 하기 위해서 디지털화 대상의 정책적 우선순위를 설정하여 추진해야 하고, 개별적으로 구축되어 있는 데이터베이스들을 연계해 나가야 하며, 관련 기술개발과 법, 제도의 개선도 추진해야 한다. 디지털도서관 구축을 위한 구체적인 방안을 제시하자면 다음과 같다.

첫째, 디지털화의 대상자료에 대한 우선순위를 결정해야 한다.

자원낭비를 막고 수요자가 필요로 하는 정보를 적시에 제공하기 위해서는 공급자보다는 수요자의 입장에서 디지털화 필요성을 기준으로 자료의 우선순위를 정하여 디지털화할 필요가 있다. 디지털 대상자료는 자료의 이용빈도가 높은 정보를 우선적으로 구축해야 하며, 그 다음으로는 신속한 정보의 유통이 필요한 자료를 가장 최근의 자료부터 데이터베이스를 구축해야 한다.

둘째, 기관 간의 역할 분담이 필요하다. 중복투자를 방지하고 체계적인 정보 관리체계를 구축하기 위해서는 기관 간에 역할을 분담하여 디지털화를 추진할 필요가 있다.

이에 따라 정부에서는 기본적으로 정보의 생산기관에서 디지털화를 추진하도록 하고 있으며, 정보의 생산자가 디지털화할 수 있는 기반이 마련되지 않는 경우에는 정보의 소장기관에서 대행하거나 지원할 수 있도록 하고 있다.

셋째, 효율적 정보활용을 위한 데이터베이스 연계가 수반되어야 한다.

분산 환경에서 구축되는 지식정보 데이터베이스를 효율적으로 활용하기 위해서는 관련 데이터베이스의 연계가 필수적이다. 이를 위해서는 개별적으로 구축되는 데이터베이스에 대해 연계가 가능하도록 최소한의 표준을 제도화할 필요가 있고, 데이터베이스를 통합 검색할 수 있는 시스템을 구축할 필요가 있다.

넷째, 지식정보 데이터베이스 관련 기반 기술 개발이 필요하다.

데이터베이스 구축 형식과 자료 내용 등이 상이한 각종 지식정보 데이터베이스를 연계하여 통합 정보검색서비스를 제공하기 위해서는 데이터베이스 통합기술, 이용자 인터페이스, 멀티미디어 검색 등 관련 기술의 개발이 필요하다.

개발되어야 할 구체적인 기술로는 지식 정보의 디지털화 및 데이터베이스 구축과 관련하여 문헌구조화 기술 및 멀티미디어 처리·저장·검색하는 기술을 개발해야 하고, 지식정보 데이터베이스의 연계를 위해 데이터베이스를 통합하는 기술과 분산정보처리 및 연계 기술이 개발되어야 하며, 지식정보의 내용을 검색하는 기술과 관련하여서는 색인 기술, 문헌 검색 기술, 이용자 인터페이스 등이 개발되어야 한다.

다섯째, 지식정보사회에 적합한 법, 제도가 개선되어야 한다.

지식기반사회에서 이용자의 신속하고 자유로운 정보활용을 보장할 수 있는 지식정보 유통 기반을 확립하기 위해서는 전자납본제 등 대상자료의 효율적인 수집을 위한 제도적 장치의 마련과 지식정보사회에 적합한 전자저작권 제도의 도입이 선행되어야 한다.

디지털도서관을 기술적인 관점에서 접근하면 네트워크로 연결된 정보시스템(networked information system)으로 요약할 수 있다. 즉 소프트웨어나 하드웨어 기술 측면에서 보면, 디지털도서관은 단순히 다양한 정보시스템이 네트워크로 엮인 상태로서 총체적으로 하나의 정보시스템을 형성하고 있는 것으로 정리될 수 있다.

따라서 디지털도서관은 초고속 정보통신 응용서비스와 결합된 시스템 구축을 위해서는 여러 가지 기반 기술 개발이 선행되어야 한다. 이러한 디지털 기술에는 정보의 효과적 분산처리와 그 제어를 위한 분산기술의 개발, 디지털 정보의 효율적인 저장, 유연한 표현을 위한 매체 기술의 개발 및 정보의 다양한 특성을 보장하는 실시간 전송기술 등의 개발 과제들이 있다. 이들은 지금까지 컴퓨터 과학 및 엔지니어링이 해결하였던 어떠한 문제들보다 개발 기술 과제가 복잡하며 상당히 난해한 문제들이 포함되어 있다. 이러한 점에서 디지털도서관은 그 개발 설계의 성격상 문헌정보학 분야만의 과제가 아니라 디지털 공학, 컴퓨터 공학, 정보통신공학 등 인접 관련 학문 분야와의 긴밀한 연계성과 상호 운용성이 요구되는 정밀하고 복잡한 연구과제이다.

Ⅳ. 디지털도서관 구축 시 고려사항

1. 정보 소유자 측면

1) 저작자와 디지털도서관

저작자 지적재산물의 최초 창조자로서 대부분의 저작자들은 그들의 작품을 창작하기 위해서 도서관을 이용하며, 어떠한 형태로든지 도서관은 저작자의 모든 창작물의 중요한 소스가 된다. 즉 도서관은 광범위하고 다양한 자료들을 통해서 저작자의 연구와 독창적인 생각을 가능하게 하는 지적재산물의 중추적인 역할을 한다. 여기서 저작자와 도서관과의 관계는 도서관이 일반 이용자들에게 자유롭게 책을 대출해 주고 복사할 수 있도록 하는 대신, 저작자들에게는 이들로 하여금 새로운 정보를 창조할 수 있도록 도와주는 것이다. 저작자에 대한 보상과 이용의 무제한 접근 사이에서 균형이 유지되면서 정보소유자와 정보이용자가 융합할 수 있는 곳은 도서관이며, 디지털도서관에서도 이 점을 유념해야 할 것이다.

2) 출판사와 디지털도서관

저작자의 지적재산권을 소유하며 출판을 통하여 자료를 일반인에게 이용시키도록 하는 일을 담당한다. 출판사와 도서관과의 관계는 출판사는 출판할 자료들을 제공하는 저작자가 필요하며, 저작자는 도서관에 대해서 매우 의존적이라 할 수 있다. 저작자와의 상호 교류를 통해서 출판사는 출판에 적합한 자료를 결정하고, 동시에 도서관은 출판된 모든 종류의 자료 구입에 대해서 매우 많은 돈을 지불하기도 하는 출판사의 중요한 고객이다. 특히 학문적인 출판물 시장의 단골 고객은 도서관이다. 출판 방식의 기술에 있어서 급속한 변화는 이제는 전자 형태로의 출판물에서도 나타난다. 이론상 이러한 변화는 출판사가 적어도 도서관과 같은 중간매개체의 도움 없이도 네트워크를 통하여 최종 이용자에게 직접 출판물을 배포할 수 있음을 의미한다. 또한 출판사는 이용자로 하여금 특정분야의 특정문헌에 대해 접근하는 것을 통제할 수도 있다. 한편 멀티미디어 환경에서는 저작물의 유통이 주문 출판(publication on demand) 방식으로 행해질 수 있다. 이용자는 도서관에서 대출하지도 않고, 도서관 간의 상호 대차 제도를 이용하지도 않을 것이다. 주문 출판된 복사물을 받아 보면 그만이기 때문이다. 이러한 기술의 변화는 오랜 시간 동안 출판사에 의해서 이루어졌던 것으로 최종 이용자에 대한 직접적인 문헌 전달 방식이 현실이 되었음을 의미한다. 이로 인해 의존관계에 놓여 있던 도서관에 대한 출판사의 태도를 자연스럽게 바꿔 놓았다. 하지만 출판사 스스로가 그들 창작물을 다수의 이용자에게 알리고 이용시키는 방법에는 도서관에 비해서 한계가 있으며 또한 문헌공급자들의 활동은 출판사 능력 밖의 시장에까지 영향을 미치므로 인하여 보다 광범위하게 출판물들을 배포하는 데 따른 로열티를 지불하게 되므로 궁극적으로는 출판사에 이익을 가져다준다. 결국 출판사의 도서관에 대한 의존관계는 계속될 수밖에 없다.

2. 정보 관리자 측면

1) 정보 관리자로서의 사서의 역할

도서관 정보전문직 사서는 이용자의 관심 분야에 대한 정보의 수집, 관리 및 탐색과 같은 종전의 정보 전문가로서의 역할을 계속 수행하는 것 이외에도 정보 발굴을 위한 지식의 항해자(navigator) 역할이 강화되고 있다. 전문직 사서의 서비스는 다음 두 가지 다른 방식, 즉 이용자와 직접 상호작용을 통해서, 다른 하나는 사서를 모형화한 전문가 시스템에 의해서 이루어질 수 있다. 디지털도서관의 중요 특징 중의 하나는 이용자에게 봉사하는 인간적 관계는 여전히 존재한다는 것이다.

또한 사서는 저작권 관련 문제를 처리할 수 있는 능력을 배양해야 한다. 저작권 소유자가 적당한 가격의 로열티를 징수하기 위해서 개개의 이용자와 만족스럽게 합의를 한다는 것도 어려울 것이다. 더구나 저작권 소유자들은 수많은 이용자들과 직접 거래하기 위한 어떠한 기구도 가지고 있지 않다. 이와 같은 한계점들을 해결하기 위해서는 도서관을 이용하는 것이 가장 적격일 수 있다. 왜냐하면, 몇몇 반대 논쟁에도 불구하고 대부분의 저작권 소유자들은 사서를 가장 믿을 수 있는 대리인 역할로서 적합하다고 생각하기 때문이다. 그렇다고 해서 도서관을 저작권 소유자들의 경제적인 이익을 침해하는 곳으로 보는 것은 아니다. 일단 로열티 징수를 위한 기틀이 형성되기만 하면 사서는 이를 위해 가장 적합한 능력을 가지고 있는 집단으로 인식될 수 있기 때문이다.

한편 정보 이용료 지불 문제에 있어서는 지불 방법의 불확실성과 어려움 때문에 사서는 이용자가 대부분의 정보에 대해 접근의 제한점 없이 무료로 이용하는 것을 선호할 것이다.

2) 시스템 개발자로서의 전문직 사서

데이터를 정보로 변환하고 변화된 정보를 지식으로 변환하는 기술과 디지털화된 정보를 계층적으로 관리하고 저장할 수 있는 기술, 즉 신속한 자료변환시스템(Digitization)을 개발해야 하며, 자료의 단순한 저장이나 축적 개념의 시스템이 아닌 지식베이스 개념의 시스템을 개발해야 한다. 또한 데이터를 정보로 처리하기 위해서는 인터페이스 과정 중 이용자에게 즉시 응답하는 서비스가 필요하다. 이를 위해서는 시스템에 이용자 모형(user modeling)을 구축해야 하며 시스템은 이용자 모형을 통해 적합한 탐색 결과를 제공할 수 있을 것이다.

그 밖에도 디지털도서관의 이용자 인터페이스 시스템은 질의어 자동확장, 자동 번역 시스템, 다국적 언어 제공, 접근 제한 시스템(시스템을 사용하는 이용자에게 이용권한을 부여하여 권한이 부여되지 않은 이용자는 통제하고 이용자에 따른 정보 대금의 자동부과 기능으로 디지털 미터링(digital metering) 개념이 도입된 시스템), 그리고 어떠한 형태의 자료든지 검색하고 브라우징할 수 있는 기능과 다양한 탐색방법을 제공해야 할 것이다.

3. 정보 배포자 측면

정보 배포 범위에는 서적판매상, 구독 대행사, 정보 브로커 및 DB 그리고 광범위하게 도서관이 포함된다. 또한 이들의 모든 활동은 문헌공급산업으로 간주될 수 있다. 문헌공급이라는 활동은 최근까지만 해도 이용자에게 포괄적인 서비스를 제공하기 위해서 유일하게 다양한 주제의 자료들을 소장하고 있었던 도서관만의 고유 영역이었다. 하지만 현재는 점차적으로 상업적인 문헌공급업자들에 의해서 이루어지는 활동이 되고 있다. 이것은 문헌공급을 하나의 도서관 봉사라기보다는 일종의 사업으로 바꿔 놓은 것이다. 정보의 탐색으로부터 시작하여, 조직, 분석, 가공 및 신속한 배포 그리고 디지털 복사에 이르는 일련의 활동들과 색인, 초록 등 2차 자료의 생산, 번역 및 각종 정보서비스에 관한 업무 등이 정보 배포자의 활동이라고 할 수 있다. 한편 몇몇 정보 배포자들은 복사 서비스에 따른 지적재산권 문제를 해결하기 위해서 저작권 관리 기구들과 합의를 보고 있지만 그들 스스로는 로열티 지불 부분에 대해서 출판사와 같은 정보소유자와 직접 거래하려는 경향이 있다. 그 이유는 정보 배포자들은 그들의 모든 이용자를 위하여 다양한 범위의 출판물을 발굴하길 원하며, 개개 이용자의 요구에 적합한 문헌 공급서비스를 즉시 제공할 기회를 가지고 싶어 하기 때문이다. 정보 배포자들이 계속해서 디지털도서관과 밀접한 관계를 유지하기 위해서는 저작권 관리기구로부터 받은 제한된 자격증만으로는 부족하며 저작권 소유자들과 개별적으로 협상해야 할 필요가 있을 것이다.

4. 정보 이용자 측면

이용자는 다양한 목적을 위하여 정보를 원하며 이 정보를 얻기 위하여 직접 DB에 접속하기도 하지만 아직도 중간매개자에게 의존하는 경우가 많은데, 여기서 중간매개자란 정보공급산업의 핵심적인 역할을 담당하는 도서관을 의미한다. 오늘날 기술의 발전은 디지털도서관의 정보전달 과정에 있어서 온라인 DB이나 CD-NET으로부터 적합한 문헌을 곧바로 이용자에게 전달할 수 있게 하였다. 문서의 빠른 스캐닝 기술은 이용자에게 또는 그것을 필요로 하는 장소로 직접 전달이 가능하게끔 하며, 이것은 도서관의 문헌공급 활동을 하루나 일주일 단위가 아닌 지금 현재의 가능한 활동으로 만들었다. 이때 이용자는 제공되는 정보가 양질의 정보이기를 원하며 또한 검색된 정보의 신뢰성과 무결성에 대한 기대를 가지게 된다. 이렇듯 디지털도서관의 신속한 정보전달 기능이 이용자들에게는 도움이 되지만, 그러한 기술적 발전의 장점을 취할 수 있는 환경에서 모든 사람들이 일하고 있는 것은 아니다. 그리고 이용자의 정보이용에 따른 이용료 지불 능력 유무로 인하여 개인이 소유한 정보의 격차가 생길 수도 있다. 결국 이러한 상황은 '정보의 부자'와 '정보의 극빈자'를 만들어 낼 수 있으며 이때 정보의 극빈자는 반드시 개발도상국가나 후진국에만 존재하는 것은 아닐 것이다. 고도로 발전된 사회에서도 빈곤한 정보를 가진 도서관과 개인은 여전히 존재할 것이다. 디지털도서관의 경우 이용자가 사용한 H/W나 S/W의 비용 지불 능력이 있는 사람들만이 디지털도서관을 사용할 수 있다면 정보의 격차는 미래에는 더욱 커지게 될 것이다. 한편 이용자는 도서관에서의 정보탐색, 저장, 가공 및 복사 등 모든 일련의 활동들이 하나의 워크스테이션상에서 간단한 조작만으로도 실행될 수 있는 시스템을 원한다. 그와 반면 이용자들은 시스템과의 상호작용 중 발생하는 탐색 기록들이 그들의 프라이버시를 침해할지도 모른다는 두려움도 동시에 가지고 있음을 간과해서는 안 된다.

I. 메타데이터

메타데이터는 데이터에 관한 데이터, 데이터에 대한 구조화된 데이터로서, 정보의 여러 속성을 기술하여 주는 데이터이다. 웹에서 문헌에 대한 서지정보나 목록정보를 나타내 주고 있는 것을 말한다. 디지털도서관에서 중요한 기능인 정보교환을 위해서 메타데이터는 상호 운용성을 가져야 한다. 즉 다양한 형태의 메타데이터는 인터넷상에서 일관된 형태의 검색과 교환을 지원하기 위하여 단일 의미를 표현할 수 있는 모델을 가져야 한다.

1. MARC(Machine Readable Cataloging)

미국의회도서관 자동화 계획에 의해 1965년에 MARC Ⅰ이 완성되었고, 1968년에 MARC Ⅱ가 완성되었다. 현제는 미국 표준인 USMARC로 개정되어 사용되고 있다.

2. Dublin Core

더블린 코어는 데이터의 호환성을 유지하고 네트워크상 정보자원의 기술에 필한 일련의 데이터 요소를 규정하고, 이들 정보자원의 신속한 검색을 목적으로 1995년 OCLC(Online Computer Library Center)와 NCSA(National Centre for Supercomputer Application)가 미국 더블린에서 개최된 워크숍에서 합의한 메타데이터이다. MARC와 같은 기존의 메타데이터로 네트워크 자원을 표현하는 데에는 구조의 경직성으로 인해 많은 비용과 시간이 소요되는 문제점을 보완하기 위해 개발된 단순구조 형식의 메타데이터이다.

3. RDF(Resource Description Framework)

WWW(World Wide Web)의 출현은 전 세계적으로 분산되어 있는 정보자원에 대한 접근을 용이하게 해 주었다. 그러나 네트워크상의 정보자원의 성격은 동적이기 때문에 전통적인 목록과 같은 주제 접근이 어렵다. 이처럼 다양한 메타데이터의 등장은 메타데이터의 활용상의 혼란과 상이한 메타데이터의 운용에 문제점을 드러내고 있다. 따라서 상이한 메타데이터를 효율적으로 통합하고 이용할 수 있도록 하기 위해 어의나 구문 및 구조 등의 측면을 지원하는 메타데이터 관련 요소들의 공통적 규정이 있어야 한다. RDF는 이를 지원하는 '웹 지원을 기술한 데이터 규약'이라 할 수 있다.

Ⅱ. 전자문서 파일

1. 텍스트 형식

1) ASCII(American Standard Code for Information Interchange)
초기에는 전자문서는 ASCII 파일로 작성되었다. 단순 텍스트 파일인 ASCII는 알파벳, 숫자, 특수문자들을 포함한 128개의 문자를 표현할 수 있다. 최근에는 상당수의 전자잡지가 HTML 형식으로 제작되어 웹상에서 제공되고 있다.

2) HTML(Hyper Text Markup Language)

현재 인터넷을 통해 제공되는 대부분의 학술정보는 HTML 형식으로 웹을 통해 배포되고 있다. 텍스트 형식의 일종인 HTML 파일은 파일명의 확장자가 '.htm'이나 '.html'로 되어 있으며 이들 파일을 보기 위해서는 넷스케이프나 익스플로러와 같은 웹 브라우저가 필요하다.

3) SGML(Standard Generalized Markup Language)

SGML은 현재 디지털도서관 환경에서 문헌의 디지털화를 위해 가장 널리 사용되는 형식이다. SGML은 정보를 주고받는 시점에서 정보의 내용과 구조 등을 상세하게 기술함으로써 정보를 효율적으로 교환하도록 하는 표준적인 전자문서 교환 형식이다.

4) XML(eXtensible Markup Language)

XML은 웹 문서의 표준형식으로 기존의 HTML과 SGML의 문제점을 해결하기 위해 제정된 것이다. XML은 사용하기는 쉬우나 기능적인 면에서는 너무 단순해서 고정된 태그만을 사용해야 하며, 문헌의 구조에 관한 정보를 표현할 수 없다는 문제를 안고 있다.

반면에 SGML은 특정 문서의 기술에 필요한 태그들을 임의로 생성할 수 있으며 해당 문서의 구조를 정의할 수 있는 기능을 갖고 있다. XML은 기존의 HTML을 보완하여 확장하였기 때문에 HTML을 그대로 사용할 수 있으며, SGML을 XML로 쉽게 변환할 수 있다는 장점이 있다.

5) PDF(Portable Document Format)

PDF는 전자잡지의 표준형식으로 점차 널리 사용되고 있으며 특징적인 기능은 다음과 같다. PDF 문서를 온라인으로 브라우징하기 위해서는 Acrobat

Reader 프로그램이 필요하다.

- 문서 내 혹은 문서 간 하이퍼링크 기능
- 주석 및 북마크 기능
- 각 페이지에 대한 축소 이미지 기능
- 문서 내장 폰트 제공
- 효율적인 압축 기능

2. 이미지 파일

일반적으로 비트맵(bitmap)이라는 그래픽 이미지에서는 ASCII 형식에서와 같이 정보가 각각의 문자 코드로 저장되는 대신 픽셀(pixel)이라고 하는 점들의 패턴으로 저장된다. 복잡한 수학공식 등과 같이 특수기호가 많거나 기간호(back issue)가 대부분인 전자잡지의 경우 ASCII 형식 대신 GIF, JPEG, TIFF 등과 같은 비트맵 이미지 형식을 이용하여 문서를 표현한다.

1) GIF(Graphic Interchange Format)

GIF는 이미지 파일의 표준형식으로서 그래픽 이미지를 교환하거나 디스플레이하기 위해 사용한다. GIF를 이용할 경우 다양한 그래픽 하드웨어를 통해 고화질의 이미지를 디스플레이할 수 있다. 특히 선 그리기와 간단한 만화 등과 같이 몇 가지 색으로 되어 있는 이미지에 적합하다. GIF 이미지 파일의 확장자는 '.gif'이다.

2) JPEG(Joint Photographic Experts Group)

이미지 파일의 표준형식으로서 완전 컬러(full-color)나 그레이 스케일 (gray-scale) 이미지의 압축 파일을 위해 사용된다. 이 압축 표준은 사진자료 등에 적합하며 글씨, 단순한 그림, 선 긋기 등에는 적절치 않다. JPEG 파일은 GIF 파일보다 크기가 더 작기 때문에 디스크 공간의 절약과 데이터 전송시간 등의 측면에서 GIF 파일보다 더 우수하다. JPEG 파일의 확장자는 '.jpg' 또는 '.jpeg'이다.

3) TIFF(Tagged Image File Format)

TIFF는 현재 디지털도서관 환경에서 전자문서 구축으로 가장 널리 사용되고 있는 이미지 파일이다. 대규모의 고해상도 그래픽 이미지에 적합한 형식으로서 복수 이미지 파일 및 다양한 압축기법을 지원한다. 흑백 이미지, 그레이 스케일 이미지, 팔레트 컬러 이미지, 완전 컬러 이미지 등을 처리한다. 그러나 TIFF는 GIF와 유사한 컬러 이미지 형식을 지원하면서도 GIF와는 달리 파일을 읽어 가면서 동시에 이미지를 디스플레이할 수 없기 때문에 파일을 내려받으면서 부분적인 이미지를 보기 원하는 경우에는 GIF를 사용하는 것이 바람직하다. TIFF 파일의 확장자는 '.tiff' 또는 '.tif'이다.

3. 멀티미디어 형식

1) 소리 및 동영상 이미지

컴퓨터의 플랫폼과 상관없이 이용할 수 있는 유일한 사운드 파일 형식으로는 Sun Microsystems 사의 AU 형식이 있다. 한편, 품질은 우수하지만 특정 컴퓨터에 의존적인 형식으로는 WAV가 있다. 이 형식은 마이크로소프트 윈도우상에서 음향 효과를 내기 위해 주로 사용된다.

2) 대화형 이미지

최근 발표되는 웹 브라우저에서는 VRML(Virtual Reality Modeling Language), JAVA 등을 통해 대화형 3차원 콘텐츠를 다룰 수 있는 새로운 형식들을 지원한다. VRML을 이용할 경우 3차원 환경과 모형을 생성하고 디스플레이할 수 있다. JAVA와 같은 새로운 프로그램 언어가 개발되면서 보다 완벽한 멀티미디어 디지털 제작이 가능하게 될 전망이다. 매우 복잡한 C++ 언어를 기반으로 하고 있는 JAVA는 상대적으로 사용이 간단하면서 강력한 프로그램 언어이다. JAVA는 이용자의 데이터 처리, 3차원 이미지의 회전, 기타 시뮬레이션 등과 같은 대화형 환경에서 많이 사용될 전망이다.

Ⅲ. 네트워크 시스템

최근 급속한 컴퓨터의 확산과 디지털 통신기술의 눈부신 발전에 힘입어 전 세계는 하나의 거대한 정보처리망, 정보교환망을 형성하게 되었고 이로 인하여 무한한 정보를 가공, 저장, 교환할 수 있게 되었다. 디지털도서관은 다양한 디지털 형태의 멀티미디어 정보를 수집, 가공하여 컴퓨터와 통신망을 기반으로 이용자에게 시간적·공간적 제약 없이 온라인으로 제공해야 하기 때문에 네트워크 시스템은 디지털도서관에 있어서 필수적인 요소이다.

1. 클라이언트/서버 시스템

일반적으로 클라이언트/서버(client/server) 시스템은 네트워크를 통하여 응용작업을 분담 처리하는 컴퓨팅 기술이라고 정의한다. 클라이언트/서버 시스템을 구성하는 기본 요소는 하드웨어, 소프트웨어, 표준 프로토콜, 네트워크 등 4가지이다. 클라이언트는 네트워크상의 다른 컴퓨터(서버)에게 서비스나 정보를 요청하고, 서버는 네트워크상의 다른 컴퓨터(워크스테이션)에게 서비스를 제공한다. 서버에는 파일서버, 데이터베이스 서버, 메일서버들 다양한 종류가 있다.

- 한 대의 워크스테이션상에서 동일한 이용자 인터페이스를 이용하여 분산되어 있는 다양한 정보자원을 쉽게 검색할 수 있다. 즉 클라이언트/서버 환경하에서 Z39.50과 같은 정보검색용 표준 프로토콜을 이용할 경우 도서관 이용자와 사서는 자신에게 익숙한 검색 명령어를 이용하여 자관의 OPAC뿐만 아니라 타 도서관의 OPAC, CD-ROM 데이터베이스, 그리고 원격지의 데이터베이스를 손쉽게 검색할 수 있다.
- 시스템의 유연성이 우수하다. 중앙집중형 환경하에서는 시스템의 부하가 시스템 용량의 70~80%에 이르면 시스템의 성능이 급격히 나빠지는 문제를 안고 있으나, 클라이언트/서버 환경하에서는 시스템의 부하가 여러 클라이언트들로 분산되어 처리되기 때문에 시스템의 급격한 성능 저하는 나타나지 않는다.
- 확장성이 뛰어나다. 확장성이란 시스템에 대한 요구가 증가할 때 적절한 응답시간을 유지하기 위하여 특정 시스템을 확장할 수 있는 능력을 의미한다.
- 기술발전의 가능성이 크다. 중앙집중형 환경하에서는 타 업체와의 경쟁이 없는 특정 업체에 의해서 관련 기술 개발이 주도되기 때문에 기술발전 속도가 그다지 빠르지 못한 반면, 클라이언트/서버 환경하에서는 특정 분야의 제품을 생산하는 업체의 수가 많기 때문에 이들 업체들 간의 경쟁이 치열하며 따라서 관련 기술의 발달 속도가 빠르다.
- 비용이 저렴하다. 클라이언트/서버 환경하에서는 대부분의 기술이 표준화되어 있기 때문에 유사 제품들 사이의 성능 차이는 거의 없다. 따라

서 가격 차이가 제품 선택의 주요 기준이 되기 때문에 전반적인 시스템 비용이 낮아지게 된다.

2. CD-ROM 네트워크

CD-ROM이 도서관 환경에서 처음 사용되기 시작했을 때에는 한 대의 컴퓨터에 한 대의 CD-ROM 드라이브를 연결하여 사용하는 시스템 구조를 갖고 있었다. 그러나 이러한 독립형 시스템은 이용상의 제한점과 비용 면에서 문제점을 갖게 된다. 이러한 문제를 해결하기 위해 개발된 것이 LAN(Local Area /Network)을 이용한 CD-ROM 네트워크 시스템이다.

1) 웹기반 CD-ROM 네트워크 시스템

초기의 CD-ROM 네트워크 시스템은 다양한 통신 프로토콜의 사용에 따른 제약과 클라이언트 PC의 메모리 부족 등과 같은 여러 가지 문제점을 안고 있었다. 이러한 문제를 극복하기 위한 기술로서 개발된 것이 웹을 이용한 CD-ROM 네트워크 시스템이다.

2) ERL(Electronic Reference Library)

기존의 CD-ROM 네트워크 시스템은 검색속도가 비교적 느리고, CD-ROM 데이터베이스마다 검색기법이 서로 다르며, 또한 클라이언트 환경이 다양하지 못한 문제점을 갖고 있다. ERL 시스템은 이러한 문제점을 해결하기 위해 개발된 시스템으로서 현재 SilverPlatter 사를 중심으로 여러 CD-ROM 데이터베이스 생산을 늘려 가고 있다.

3. 통신 프로토콜

최근 인터넷을 비롯한 초고속 정보통신망의 확산과 더불어 전 세계적으로 디지털도서관에 대한 논의가 활발해지고 있다. 이제는 과거와는 달리 전 세계적인 네트워크로 연결된 도서관 환경에서 도서관 소장자료의 디지털화, 전 세계적인 도서관 OPAC에의 접근과 탐색, 도서관 상호 대차 및 구입주문, 디지털 형태의 원문제공 및 원문복사 제공 등이 실현되기 시작하였다. 통신 프로토콜이란 컴퓨터 간의 데이터 전송을 위한 규약을 말하며, 광역 통신망 환경에서 특정 컴퓨터 기종에 의존하지 않고 사용할 수 있는 표준적 통신 프로토콜로서 패킷교환망의 X.25 프로토콜, 인터넷의 TCP/IP, OSI 참조모형의 ISO 표준 프로토콜 및 정보검색 응용 프로토콜인 Z39.50 등이 있다.

1) X.25
X.25는 패킷교환망에서의 데이터 전송을 위한 국제적인 표준 프로토콜이며, 컴퓨터 등의 단말기와 패킷교환망 간의 표준 인터페이스를 제공한다.

2) OSI(Open Systems Interconnection) 참조모형
광역 통신망 구축을 위한 국제적인 표준으로 OSI는 다기종 환경에서 컴퓨터 및 네트워크들이 상호작용할 수 있도록 하는 표준 개발을 위한 틀을 제공한다. 따라서 OSI의 목적은 이종의 독립적인 시스템들 간에 통신과 정보교환이 가능하도록 하는 것이다.

3) TCP/IP(Transmission Control Protocol/Internet Protocol)
OSI 참조모형의 대안으로서 최근 각광을 받고 있다. TCP/IP는 인터넷을 포함한 광역 통신망과 근거리 통신망의 설질적인 표준으로서 사용되고 있다.

4) 정보검색 응용 프로토콜 Z39.50

Z39.50 프로토콜은 컴퓨터와 컴퓨터 간에 이루어지는 정보검색을 위하여 제정된 표준이다. 즉 오늘날 인터넷 정보자원 검색을 위한 표준 정보검색 프로토콜로 자리를 잡은 Z39.50은 두 대의 컴퓨터가 서로 상호 작동하기 위해 사용하는 포맷과 절차들을 다루는 일련의 규칙들의 집합인 네트워크 프로토콜이다. 현재 대부분 디지털도서관은 Z39.50 정보검색 프로토콜을 기본으로 하는 클라이언트/서버형 모델을 기반으로 구축되어 있다. Z39.50은 디지털도서관과 관련한 유일한 표준 프로토콜이라는 점에서 중요하다.

5장 국내외 디지털도서관 구축 사례

I. 국내 디지털도서관 구축

디지털도서관 초창기에는 전국적으로 국회도서관, 국립중앙도서관, 한국 과학기술원, 연구개발정보센터, LG 상남도서관 등 5개 기관을 대표적인 디지 털도서관이라고 하였으나 최근에는 대부분 대학도서관 및 공공도서관도 디 지털도서관으로 구축 운영되고 있다. 고도의 정보기술발전으로 인한 사회적 환경에 부응하기 위해서는 아직도 개발하고 보완할 점이 많이 있으며 우리 가 원하는 디지털도서관이 완성되려면 기술적인 면에서 지속적인 연구가 필 요한 과제라 할 수 있다. 본 절에서 국내에 많이 알려진 국립중앙도서관 디 지털도서관, 국회전자도서관, 국가전자도서관, LG 상남도서관과 연구개발정 보센터에 대하여 알아본다. 특히 LG 상남 디지털도서관을 상세하게 소개함 으로써 디지털도서관의 구체적 운영체제를 분석할 필요가 있다.

1. 국립중앙도서관 디지털도서관(디브러리(dibrary), http://www.dibrary.net/)

디지털도서관(디브러리(dibrary))은 국립중앙도서관, 국립어린이청소년도서 관과 더불어 국가도서관 3관 중 하나이다. 국립중앙도서관은 1988년 지금 위 치인 반포로 신축 이전하였고, 약 20년 뒤인 2009년 5월 국립중앙도서관 내 에 디지털도서관(디브러리)이 개관하였다. 디브러리는 디지털과 아날로그가 결합된 세계 최초의 하이브리드 도서관으로서, 물리적인 이용자 서비스 공간인 '정보광장'과 디지털 가상공간인 '디브러리 포털'로 구성되어 디지털과 아날로그를 융합하는 서비스를 제공한다.

① 디브러리의 주요 서비스
- 디브러리 통합검색: 소장정보, 종합목록, 연계정보로 구분하여 제공한다.
- 소장정보: 국립중앙도서관이 소장한 도서, 비도서, 온라인정보, 기타자료(웹 콘텐츠)
- 종합목록: 국립중앙도서관을 중심으로 구성된 전국 공공도서관의 소장자료와 한국 고전적에 대한 목록, 해제, 원문 등 전국의 고전적 소장자료
- 연계정보: 국내외 공공기관 민간기관 등 지식정보 소장기관과 데이터를 연계하여 디지털 자료

② 디브러리의 특성화 정보검색
- 지역정보, 다문화정보, 정책정보, 장애인정보

③ 디브러리 RSS/웹진/블로그 정보
- 국내외 정부기관, 공공기관 및 민간단체에서 발행하는 것 수집하여 제공

2009년 5월에 개관한 국립중앙도서관의 디지털도서관 '디브러리(dibrary)'는 1억 1,600만 건의 디지털 콘텐츠와 25만 건의 동영상 자료를 보유하고 있으며, UCC제작 스튜디오와 복합상영관, 첨단 세미나실이 있다. 첨단장비를 갖춘 오프라인 시설에서는 온라인 서비스를 제공한다. 디브러리는 제공하는 콘텐츠 양에서 유네스코의 세계디지털도서관(WDL)이나 유럽연합(EU)의 '유로피아나(Europeana)'보다 많다. 디지털도서관은 국립중앙도서관 본관 옆에

독립적으로 지어진 건물로 지하 5층, 지상 3층으로 이루어져 있고 연면적은 3만 8,014㎡이다.

또한 252석 규모의 디지털 열람실을 가지고 있다. 디브러리 포털(http://www.dibrary.net)에 접속하여 자료를 검색할 수 있다. 미국 의회도서관과 도쿄대·싱가포르대 등 세계 700여 개 기관이 제공하는 자료도 검색이 가능하다. 디브러리 포털은 외부에서도 접속 가능하지만, 디브러리 내에서 이용하면 유료 데이터를 무료로 볼 수 있다.

복합상영관에서는 시청각 자료 25만 건을 볼 수 있다. 대형 LCD 모니터를 두고 여러 명이 무선 헤드폰으로 동시 관람도 가능하다. 최대 16명을 수용할 수 있는 세미나실 8곳도 갖췄다. 회의 중 전자칠판에 쓴 내용은 참석자들의 e-메일로 전송된다.

디지털도서관의 정보는 국내외로 광범위한 네트워크를 이루고 있다. 이런 네트워크 서비스는 디지털도서관의 핵심기능이고, 공공도서관의 중요한 역할이기도 하다. 디지털도서관 내부에서는 세계 각국의 중요한 연구 도서관이나 국가 정보에 접근할 수 있는데, 각 단체들이 기관회원으로 교류하고 있기 때문이다. 따라서 디지털도서관 안에서는 하버드 도서관의 디지털 라이브러리의 자료를 열람할 수 있다.

한 가지 중요한 것은 디지털도서관이 국가 도서관으로서 전국 도서관의 아카이브 역할을 하고 있는 점이다. 국립중앙도서관을 중심으로 구성된 전국 공공도서관의 소장자료에 대한 검색 및 목록, 목차, 초록 등을 활용할 수 있도록 하고 있다. 그래서 디지털도서관은 도서관을 연구하는 도서관이면서 아카이브의 아카이브다.

디지털도서관의 홈페이지인 디브러리(http://www.dibrary.net)에 들어가 보면 디지털도서관을 통해서 드나들 수 있는 아카이브 네트워크의 양이 얼마나 방대한지 알 수 있다.

2. 국회전자도서관(http://dl.nanet.go.kr/)

국회도서관은 입법활동을 충실히 지원함으로써 국회의 발전과 그 맥을 같이해 왔을 뿐 아니라 인류 역사 발전의 산물인 풍부한 지식과 창작물을 수집, 정리하여 국민들이 편리하게 접근할 수 있게 하는 중요한 기능을 가지고 있다. 1952년 2월 20일 전시수도 부산에서 국회의원들이 자료를 한곳에 모아 공동 이용하고자 3,600여 권의 장서만으로 '국회도서실'이란 이름으로 개관된 이후, 국회도서관은 조직과 기능 면에서 지속적인 성장과 발전을 거듭하여 왔다. 1963년 국회도서관법의 제정으로 국회의 독립기관이 되었으며, 1964년 국회도서관법에 의해 납본이 개시됨으로써 장서가 질적·양적으로 발전하는 계기가 되어 현재 380만 권 이상의 장서를 소장하고 있다. 또한 1988년에는 현재의 도서관 전용건물로 국회의사당 건물 여기저기에 흩어져 있던 도서관자료들을 이전·개관하였다.

특히 1980년대 초부터 도서관자료의 전산화와 업무자동화를 위한 체계적인 전산화계획을 추진하여 국회 내의 모든 사무실에서 국회도서관이 구축한 정보에 대한 검색이 가능하게 되었다. 1997년도 국가전자도서관 구축기본계획에 의거하여 추진한 전자도서관 DB구축사업이 성공적으로 수행됨으로써 인터넷을 통하여 국회도서관의 서지정보뿐 아니라 저작권이 허락된 원문정보를 함께 이용할 수 있게 되었다.

특히 개정 저작권법이 발효된 2000년 7월 1일부터는 학술정보 상호 협력협정을 체결한 전국의 각종 도서관에서도 국회도서관이 구축한 서지정보 원문자료를 온라인으로 이용할 수 있도록 하고 있다. 2006년부터는 대국민 정보서비스를 더욱 강화하여 민간포털사이트를 통해서도 국회도서관 자료를 이용할 수 있다. 또한 디지털 환경에 적합하게 자료이용 방법을 변경하여 이용자 중심의 고객서비스를 획기적으로 향상시켰다.

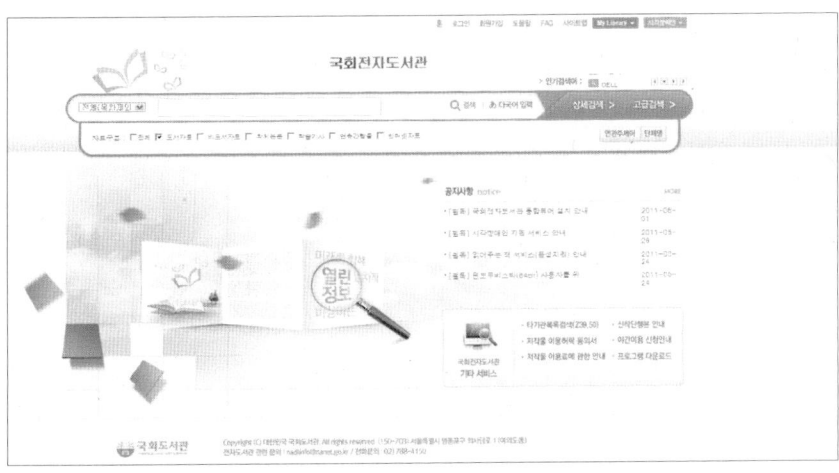

3. 국가전자도서관(http://www.dlibrary.go.kr/)

국가전자도서관에서는 전자도서관 정보서비스 체계의 시범적 효과를 바탕으로 국가 정보자원의 공유체제를 확대, 발전시켜 연구자들은 물론 일반 국민들에게까지 온라인으로 필요한 정보를 제공함으로써 21세기 지식정보 사회에서 국가 경쟁력을 강화하고자 한다.

모든 국민이 지역, 시간의 제약 없이 도서관에 접근하여 필요한 자료를 획득할 수 있고, 정보 획득시간 단축으로 국내연구자들의 연구력이 증진될 것이며, 정보화의 지역격차 해소에 기여할 것이다. 주요 전자도서관의 통합연동체제 마련으로 국내 도서관의 전자도서관 사업을 촉진함과 더불어 주요 도서관별 대상 분야 조정으로 중복투자 방지에 기여할 것이다.

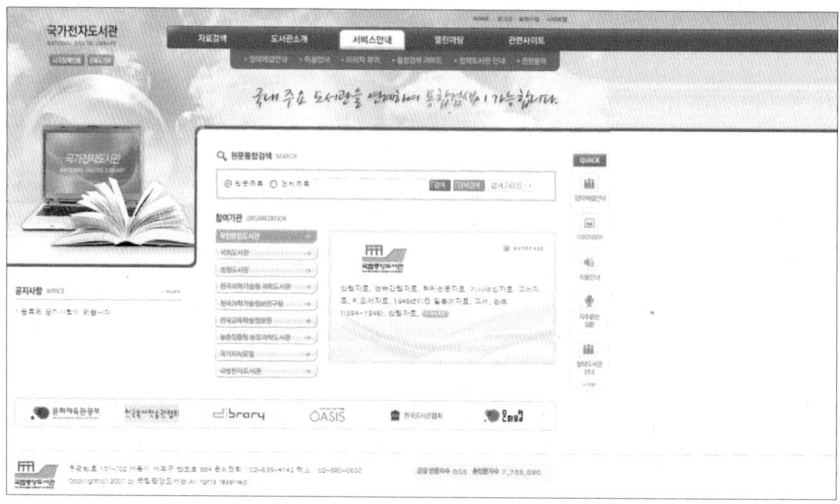

4. 전문도서관-LG 상남도서관(http://www.lg.or.kr/)

1) 국내 최초의 디지털도서관으로 개관

1990년대는 미국의 엘 고어가 정보고속도로(Information Super Highway)를 주창하면서, 인터넷을 통한 정보 혁명의 가시적인 변화가 하루가 다르게 우리 실생활을 변화시켰던 때였다. 전자도서관(Electronic-Library), 디지털도서관(Digital Library), 종이 없는 도서관(Paperless Library)이라는 용어가 국내에 소개되어 화두가 된 것도 이때쯤이었다. 1996년 4월, 디지털도서관에 대한 뚜렷하고 통일된 개념이 정립되지 않은 가운데, '국내 최초의 디지털도서관'이라는 수식어를 자신 있게 내건 LG 상남도서관이 개관되었다.

2) 작은도서관으로 디지털도서관 출발

부지 492평, 면적 463평에 지하 1층과 지상 3층, 지하층에는 서고와 프로젝트실이 있고, 1층에 관장실과 휴게실, 정보상담실과 정보검색실, 전산관리실이 있다. 정보검색실에는 직접 방문하여 정보를 이용하거나 참관하는 사람들을 위해 멀티미디어 시설을 갖춘 13석의 열람석이 있었다. 이곳에서 검색전문가가 정보상담에 응하기도 한다. 2층에는 응접실과 회의실이 있으며 40명을 수용할 수 있는 시청각 세미나실이 있다. 디지털도서관은 작은도서관으로 운영할 수 있다는 것을 LG 상남도서관에서 알 수 있다.

3) 온라인 콘텐츠와 정보서비스

LG 상남도서관은 1996년부터 국내에서 입수하기 힘든 해외 과학기술 논문 168만 편을 디지털화하여 인터넷을 통해 무료로 제공해 왔다. 2000년에 이르러서는 226만 명의 이용자가 566만 건의 논문을 활용하였다고 한다. 또한 1,000여 기관 5,600여 명의 도서관 관계자가 견학을 다녀가 디지털도서관 사업을 추진할 때 한 번은 살펴볼 만한 벤치마킹 기관이 되었다. 전통적인 도서관이 건물과, 장서, 사서를 중심으로 설명되는데, LG 상남도서관은 건물과 사람보다는 디지털도서관의 근간을 이루는 온라인 콘텐츠와 정보서비스를 중심으로 도서관이 설명된다.

4) 유비쿼터스 도서관 최초로 도입

변화하는 사회 환경과 정보기술을 어떻게 수용하여 디지털도서관을 구현하고 새로운 정보서비스를 개발해 왔는지를 주목할 필요가 있겠다. 국내 최초의 디지털도서관이라는 수식어에 뒤이어, 전문가 서비스와 소셜네트워크 서비스를 도입한 'LG-ELIT', 에듀테인먼트형 과학포털 사이트 'LG 사이언스랜드', 유비쿼터스 기술을 적용한 '책 읽어주는 도서관' 서비스 등 LG 상남도서관은 개관이래 십여 년이 지난 지금까지도 개혁과 변신을 거듭하면서 국내 도서관계에 발전방향과 미래상을 제시하는 모델이 되고 있다.

5) 최초 전문포털사이트시스템 개설

2000년 7월, 저작권법이 개정되면서 디지털 자료 전송권이 처음으로 법률적으로 규정되었다. 이전에는 자유롭게 주고받을 수 있었던 디지털 자료 활용에 제약이 생기면서, 디지털도서관의 서비스 근간을 위태롭게 하였다. 변화된 제도적 환경에 유연하게 대처하면서 LG 상남도서관은 제2의 도약과 변신을 준비하게 되었다. 이렇게 하여 탄생한 것인 과학기술 분야의 전문포털사이트인 LG-ELIT(Electronic Library Information Tour) 시스템이다.

ELIT 서비스는 인터넷에 흩어져 있는 양질의 과학정보를 한 번에 찾아 주는 통합검색 시스템을 기반으로 과학기술정보의 길라잡이 역할을 수행하고 있다. 또한 학술논문뿐만 아니라 국제 학술회의 실황 및 유명석학의 특강, 과학 실험 영상 등 총 1,800여 종의 학술영상자료를 제공하고 있다. LG-ELIT 서비스를 통하여 과학기술 연구자들은 빠르게 변화하는 기술동향을 생생하게 체험할 수 있다. 소장 학술비디오의 82%가 국내에서 유일하게 소장하고 있는 정보이기 때문에 질적으로 차별화된 서비스를 제공할 수 있다고 한다.

6) 최초 웹정보 소셜네트워크 개설

2000년 중반에 이르러 웹은 진화를 거듭하여 Web 2.0 시대를 열었고, 2009년 Web 2.0 Summit 컨퍼런스에서는 소셜네트워크(Social Network) 서비스가 미래의 웹을 지배하게 될 것이라는 전망이 보고되었다. 소셜네트워크는 '트위터'나 '페이스북' 서비스처럼 다른 이들의 관심사와 활동에 대해 정보를 공유하거나 온라인 커뮤니티를 형성하는 데 초점을 둔 서비스를 말한다.

요즘 국내외 도서관계의 관심은 네트워크 세상에서 이용자들과 소통하기 위하여 어떻게 하면 성공적으로 소셜네트워크 서비스를 도입할 것인지인 듯

싶다. 이러한 배경 속에서 LG 상남도서관은 2009년 1월 LG-ELIT 웹사이트에 소셜네트워크 개념을 선도적으로 적용하여 '유학 노하우'와 '발표논문 노하우' 서비스를 도입함으로써 네티즌과의 소통의 공간을 열었다.

7) 과학포털사이트 LG 사이언스랜드 구축

LG 상남도서관은 2003년부터 청소년들의 이공계 기피현상을 해소하고 과학마인드를 키워 주기 위해 에듀테인먼트형 과학포털 사이트 LG 사이언스랜드를 구축하였다. LG 사이언스랜드는 구축된 지 불과 2년 만에 독창적인 과학정보 제공 실적과 과학문화 확산의 공헌을 인정받아 2005년에 대한민국 과학콘텐츠 대상을 수상하기도 했다.

특히 매년 '과학송 UCC(User Created Contents)' 공모전을 통해 플래시 애니메이션송을 제작하여 제공하고 있는데, 과학송서비스는 교육현장과 학생들에게 선풍적인 인기를 얻으며 LG 사이언스랜드의 1등 코너로 자리매김하고 있다고 한다. "O형인 부모에게서 AB형 자녀가 나올 수 있나요?" "약, 왜 꼭 식후 30분이지?" 주제별 정보 찾기에서 학생들이 호기심해결사에게 질의한 내용이다. '달에서 공차기', '80일간의 혈관일주' 등 학생들이 쉽고 재미있게 과학적 상상력을 키워 갈 수 있도록 과학게임 콘텐츠도 제공하고 있다.

과학실험실, 실험동영상, 과학전자책 등 LG 사이언스랜드에는 약 18만 건의 디지털 콘텐츠가 구축되어 있다. 사이트를 탐색하다가 설명이 필요하면 '래아'와 '싸이니'라는 3차원 캐릭터가 나와 설명해 준다. 래아는 '미래의 아이'를 의미하며 공모전을 통해 이름을 짓게 됐다. 싸이니는 과학 세상으로의 여행을 위한 길잡이 캐릭터이다. 현재는 학생들을 대상으로 서비스를 제공하고 있지만 향후에는 교사와 학부모를 위한 맞춤형 정보서비스를 확대할 예정이다.

8) 세계 최초의 u-Library '책 읽어주는 도서관'

LG 상남도서관은 개관 10주년을 맞게 된 2006년부터 '책 읽어주는 도서관' 서비스를 개시하였다. '책 읽어주는 도서관'은 유무선 인터넷과 휴대폰을 이용해 음성도서를 들려주는 서비스이다. 시공간의 제약 없이 시각장애인의 정보 접근성을 획기적으로 향상시켜 줌으로써 진정한 유비쿼터스 환경을 구현하였다.

책 읽어주는 도서관 웹사이트를 통해서 음성도서관에 들어가 보면, 신간도서, 베스트셀러, 추천도서, 신문기사 등 메뉴가 보인다. 약시자를 위하여 홈페이지 화면크기 조절이 가능하고 색맹자를 위하여 색깔조절도 가능하다.

5. 연구개발정보센터

연구개발정보센터에서는 과학기술도서정보, 과학기술문헌정보, 과학기술처 연구보고서에 대한 디지털도서관 시범서비스를 제공하고 있다. 현재 자체 개발한, 웹 사용자 인터페이스를 제공하는 정보검색 시스템 KRISTAL-II를 사용하여 시범서비스되고 있는 디지털도서관의 데이터베이스는 다음과 같다.

과학기술도서정보는 과학기술관련 분야 단행본 도서종합 목록으로서 대덕연구단지 내 정부출연연구소를 중심으로 민간연구소, 대학 등 약 40여 개 기관이 소장하고 있는 과학기술 단행본들의 서지사항을 수록하고 있다. 서명, 저자, 출판사항, 소장기관 등 항목으로 되어 있으며 현재 약 40여만 건의 자료가 구축되어 있다.

과학기술문헌정보는 과학기술처 산하의 12개 정부출연연구소와 서울대학교 등 3개 대학이 소장하고 있는 과학기술 관련 자료들을 정보산업, 신소재, 원자력, 해양환경, 기초과학, 생명공학, 전산학, 규격정보 등 총 13개 분야별로 국내외 학회지, 저널, 논문, 기술보고서 등을 수록하고 있다. 제목, 저자, 출판사항, 초록, 키워드, 소장기관 등 항목으로 되어 있으며 현재 약 38만여 건의 자료가 구축되어 있다.

연구보고서는 과학기술처가 지원한 특정연구개발사업 및 목적기초연구사업의 결과물로 얻어지는 연구보고서에 대한 정보를 수록하고 있다. 연구과제명, 연구책임자, 참여연구원, 수행기관 및 수행기간, 초록, 원문 페이지 수 등 항목을 수록하고 있으며 현재 약 13,000건의 자료가 구축되어 있다.

과학기술도서정보, 과학기술문헌정보 및 연구보고서 데이터베이스는 모두 소장기관 항목을 포함하고 있어, 사용자는 해당 정보를 입수할 수 있는 장소를 손쉽게 알 수 있다. 연구보고서의 원문은 스캐너를 통하여 영상파일로 저장되어 있으며, 사용자는 시간과 장소의 제약 없이 원문을 제공받을 수 있다. 또한, 과학기술문헌정보는 저작권 문제 등과 관련하여 관련기관과의 협의를 마친 후, 팩스 또는 우편을 통하여 원문복사 서비스를 실시할 예정이다.

Ⅱ. 국외 디지털도서관 구축 사례

1. 미국

미국은 국가정보기반구축계획(NII)의 토대 위에 디지털도서관에 대한 응용연구가 추진되었다. NSF/ARPA/NASA Digital Library Initiative는 디지털도서관 구축 프로젝트를 추진하였다. 이 프로젝트의 주요 목적은 첫째, 이질적인 환경하에 분산되어 있는 대규모 정보원들에 경제적으로 접근할 수 있는 방법을 제시하고 둘째, 다양한 유형의 정보들을 저장·탐색·처리·검색할 수 있는 이용자 편의적인 인터페이스 개발을 목적으로 하고 있다.

프로젝트의 중심기관은 카네기 멜론대학, U.C. 버클리대학, U.C. 산타바바라대학, 일리노이대학, 미시건대학, 스탠포드대학으로서 각각 독자적인 분야로 구성된 테스트베드(test-bed)를 구축하고 이를 처리하기 위한 기술개발에 역점을 두고 있다.

1) 카네기 멜론대학

카네기 멜론대학의 Informedia 프로젝트는 데이터의 축적·탐색·검색을 위한 새로운 기술을 개발하여 교육, 훈련, 스포츠, 오락용 비디오 도서관 시스템에 이 기술을 적용시키는 것으로서 컴퓨터와 대규모 네트워크를 통한 전문검색 및 지식기반 검색을 가능케 하는 온라인 디지털 비디오 도서관(Online Digital Video Library) 구축을 목표로 하고 있다. 즉 광범위한 데이터 중 이용자의 정보요구에 가장 적합한 정보를 검색해 낼 수 있는 신기술을 개발하여 이를 Video Library System에 적용하고 대규모의 온라인 디지털도서관으로부터 전문탐색과 선택적 검색을 가능케 하는 지능적이고 자동적인 메커니즘을 개발하는 것이다. 연구내용은 다음과 같다.

- 자동적인 언어인식
- 이미지 인식
- 자연어 처리
- 인간-컴퓨터 대화성
- 데이터 배포시스템
- 네트워크
- 보안 및 접근의 경제성 등이다.

2) U.C. 버클리대학

U.C. 버클리대학의 전자환경 도서관 프로젝트(Electronic Environmental Library Project)는 California Environmental Resource Evaluation System(CERES)의 일부로 캘리포니아 환경계획을 지원하기 위한 것이다. 이 프로젝트는 사진, 인공위성 이미지, 지도, 전문(full-text), 다면적인 가치를 가지는 문헌 등으로 이루어진 대량의 분산된 장서에 대한 지능형 접근을 위한 기술을 개발하는 것을 목적으로 하고 있다. 이를 위해 다음과 같은 기술을 개발하고 있다.

- 상호작용의 새로운 패러다임
- 완전 자동화된 색인기법과 지능형 검색
- 가상도서관 응용을 지원하는 데이터베이스 기술
- 클라이언트/서버 정보검색을 위한 효과적인 프로토콜
- 분산된 탐색 알고리즘
- 문헌 분석을 위한 커뮤니케이션 이론적 연구방법
- 원격 브라우징을 위한 압축기법 및 커뮤니케이션 기법 등으로 구분할 수 있다.

3) U.C. Santa Barbara 대학

U.C. Santa Barbara 대학의 디지털도서관 프로젝트는 Alexandria Digital Library로서

- 지리적으로 연결된(geospatially-referenced) 멀티미디어 자료로 구성된 분산 디지털도서관의 구축에 핵심적인 문제를 연구하고
- 이러한 도서관의 지원에 필요한 기술을 개발하며
- 연구 및 개발결과를 기초로 한 시험 시스템을 설계·구축·평가하며

- 시험시스템에서 디지털도서관으로의 전송과 관련된 기관 및 기술적 문제에 대한 해결책을 모색하는 것을 목적으로 하고 있다. 이를 위해 시간/텍스트 결합형 공간질의어 지원 이용자 인터페이스, 메타데이터, 표준 편목법, 자동추출 메타데이터에 대한 연구를 진행 중이다. 장서 중에는 디지털화한 지도와 이미지가 중요한 요소로 구성되어 있으며, 시스템의 구조는
- 문자와 시각적 언어를 조합하여 각각의 도서관서비스에 편리하게 접근할 수 있도록 지원하는 이용자 인터페이스
- 탐색자의 질의에 신속하고 적절하게 응답할 수 있는 목록요소
- 공간적으로 색인된 방대한 자료를 축적하고 고속으로 접근할 수 있는 축적요소
- 사서와 시스템 관리자가 새로운 데이터를 추가할 수 있는 추가요소로 구성되어 있다.

4) 일리노이대학

일리노이대학의 디지털도서관은 대학의 공학 분야를 위한 도서관으로서

- 공학학술지를 대상으로 SGML 문헌을 기반으로 한 디지털도서관 시제품을 구축한 후
- 구축된 시스템을 평가하며
- 기존의 네트워크와의 연계 및 하부구조의 구축을 목적으로 하고 있다. 이 프로젝트는 다수의 이용자가 이 시스템을 이용할 경우 시스템 효율성을 평가하고 고도의 탐색기법을 연구하며, 널리 이용될 수 있는 웹기술을 개발하는 데 중점을 두고 있다.

5) 미시건대학

미시건대학의 디지털도서관 프로젝트(UMDL)는 지구과학 및 우주과학 분야의 정보를 대상으로 하고 있다. 이 프로젝트에서는 디지털도서관의 구축·운영·이용의 측면을 모두 포함하고 있다. 이들은 디지털도서관을 방대하고 계속 증가하고 있는 각종 멀티미디어 전자형태의 정보에 지적·물리적으로 접근할 수 있는 연합 구조라고 정의하고 있다. 미시건대학 디지털도서관의 궁극적인 목적은 개개인이 각자의 PC안에 전 세계의 광범위한 정보자료로 이루어진 개인도서관을 갖는 것이다. 이를 세분해 보면

- 시간과 장소에 구애받지 않는 정보의 제공
- 텍스트, 이미지, 그래픽, 오디오/비디오 자료 등으로 구성된 멀티미디어 자료에 대한 접근 제공
- 이용자에게 친숙하도록 개인화되고 주문 정보에 대한 접근 및 표현을 제공
- 연구 및 교육 등 지적 활동의 강화에 따른 새로운 기술미디어 구조의 중심 등이다.

6) 스탠포드대학

스탠포드대학의 디지털도서관 프로젝트는 미래의 가상도서관에서 구현될 인터페이스와 메커니즘을 실험하기 위한 실험적 연구를 목적으로 한 기술개발에 중점을 두고 있다. 프로젝트의 목적은 방대한 개개의 이질적인 지식의 보고를 잘 조화시킨 단일화되면서 통합되고 또한 전 세계적인 도서관을 위한 기술을 개발하는 것이다. 스탠포드 디지털도서관 계획에 있어 중요한 목적은 자료, 서비스, 정보이용자를 한곳으로 묶는 'Information Bus'에 대한 정의이다. Information Bus는 디지털도서관에 있어 모든 활동을 충분히 만족시킬

수 있는 몇 가지 기본 개념과 언어, 프로토콜로 구성된다. 네트워크의 이용은 디지털도서관에서는 필수적이면서 가장 중요한 사항이라고 할 수 있다.

많은 도서관들은 자체 개발한 네트워크 및 프로토콜을 사용하고 있지만 이는 다분히 지역적이고 한정적이라 할 수 있다. 따라서 이 계획은 이를 통합할 수 있는 높은 수준의 총체적인 개념과 프로토콜을 제공함을 목적으로 하고 있다. 개발내용으로는 INFObus를 설계하여 INFObus가 지원하는 도서관이 다양한 수준의 정보를 정확히 제공함으로써 많은 이용자가 보다 효율적으로 이용할 수 있도록 지원하는 것으로서

- 정보 인터페이스
- 정보발견-Prototyped GIOSS, SIFT Prototype
- DL의 경제적인 측면을 지원하는 기술(SCAM, COPS)
- 하부구조와 모델(메타정보에 대한 모델 포함) 등의 내용을 포함한다.

장서는 우선적으로 컴퓨터화된 문헌을 기본으로 하고 있지만 광범위한 네트워크 자료의 소장에도 많은 관심을 기울이고 있다. 다양한 네트워크 자료에의 접근을 위해 'INFObus'라는 프로토콜을 사용하며 이는 스탠포드대학 도서관에서 자체 개발한 비동기식 프로토콜인 DLIOP(Digital Library Interoperation Protocol)와 함께 상호 보완적으로 사용되고 있다.

7) 하버드대학(SELF)

하버드대학 도서관에서 시작한 SELF 프로젝트는 Self-Enriching Library Facilities의 이름으로, 도서관 온라인 상호 대화적인 특징을 살려 디지털도서관의 설계와 그에 필요한 기술개발과 연구작업을 시행하고 있다. SELF는 크게 이용자를 위한 클라이언트 소프트웨어 요소, 메타데이터 요소, 그리고 데

이터 제공·서버의 기본구성을 갖고 있으며 그중에서도 이용자지원 클라이언트 소프트웨어 개발을 중심으로 하고 있다. 클라이언트 소프트웨어는 기존 방식이나 하이퍼텍스트 방식을 적용하여 이용자 정보검색을 지원하는 시스템으로 지식확장, 정보·분석 등의 기본기능을 갖는다. SELF프로젝트가 디지털도서관 구성에 대한 실험적인 평가를 위해 세분시키고 있는 몇 가지 항목을 보자.

- 정보 데이터베이스 구축에 대한 이용자 작업환경
- 이용자 지원 인터페이스
- 클라이언트/서버 아키텍처
- 지적 소유권과 이용자의 제한적 정보접근 메커니즘

SELF의 테스트베드는 3계층의 구성을 갖는데 첫 계층은 사회과학, 정치학 분야의 학술연구에 관한 브라우징 정보를 포함하여 제2계층은 하버드대학 도서관 목록을 구성하는데, 이 목록은 이미지와 그래픽을 적용시키려는 계획을 갖고 있다. 제3계층은 소위 인프라구조 계층으로 앞에서 언급한 4가지 평가기준인 이용자 인터페이스, 작업환경, 클라이언트/서버 구성, 인터넷 연계 등으로 구축된다. SELF프로젝트가 제시하고 있는 전체적인 디지털도서관의 모형은 클라이언트/서버 구성을 기본으로 하고 있다.

8) 버클리대학

이 프로젝트는 환경정보에 초점을 두어 실무적 차원에서 제 기능을 할 수 있는 멀티미디어 디지털도서관의 모형을 개발하는 데 목적을 두고 있다. 최근 전개되고 있는 연구주제는 아래 사항들을 포함하고 있다.

- 도서관 문헌 자료들을 네트워크상에서 이동될 수 있는 디지털 정보로 변환하여 다면적 가치를 부여시킨다.
- 주제가 분석되기 힘든 자료에 자동적으로 주제를 부여하는 기능을 개발함으로써 텍스트자료에 지능적 접근을 유도하고 이미지 정보에서 얻어 낼 수 있는 모양, 색상, 텍스처, 그리고 그 외 시각적인 요소를 정보 접근점으로 개발함으로써 이미지 데이터에 대해서도 지능적인 접근을 제공한다.
- 이용자를 관찰함으로써 이용자의 정확한 요구를 파악하고 피드백을 수렴하기 위한 이용자 중심적인 인터페이스를 설계한다.

관계형 DBMS 기술에 의한 텍스트베드를 구성하고 있으며 코넬 대학의 Dienst 문헌 서버와의 연계를 위한 다양한 소프트웨어 개발과 이를 근거로 한 테스트베드 데이터와 서비스에 대한 최고 수준의 정보 접근점을 제공함을 목적으로 하고 있다. 최근의 테스트 베드의 규모는 250GB를 능가하고 있으며 지도, 사진 그림 등 형태로 된 약 40,000개의 이미지 데이터와 환경 보고서, 기술 보고서, 잡지, 기사 등을 나타내는 약 50,000페이지가량의 문헌을 포함하고 있다.

2. 영국

영국 국립도서관(British Library)의 디지털도서관 프로그램은 'Strategic Objectives for the year'을 기반으로 구성된 Initiative for Access Projects가 발전된 프로젝트이다. 이 프로젝트는 도서관자료의 디지털화 및 네트워킹을 위한 하드웨어와 소프트웨어의 개발, 데이터의 저장, 색인, 검색, 전송에 관한 표준 및 저작권 관련 연구가 포함되어 있다. 영국 국립도서관에서는 소장자료의 디지털화를 위해 다음 세 가지의 방법을 계획하였다.

첫째, 현재 소장하고 있는 도서관 자료의 디지털화이다. 이와 관련하여 이미 Initiatives for Access Programme에서는 몇 가지 프로젝트를 진행하고 있는데 11세기 필사본 자료대상 Electronic Beowulf Project, 귀중본 대상 Treasures Digitization Project, 마이크로필름 형태로 된 17, 18세기 뉴스 대상 Digitization of Microfilm이 여기에 속한다. 둘째, 특허, 녹음자료 등을 CD-ROM 형식으로 수집하는 것이고, 셋째, 영국에서 간행되는 모든 디지털형태의 자료를 납본받는 것이다. 영국국립도서관은 디지털도서관 구축을 위해 기반구조의 구축, 원문제공서비스의 확장, 특허서비스의 확대, 이용자 접근서비스의 확대, 그리고 소장자료와 서비스의 통합을 선결과제로 삼고 있다.

3. 일본

1) Ariadne 시스템

후지쯔, 히타치, NTT, 도시바 등이 디지털도서관 프로젝트에 참여하고 있고 특히 여러 대학과 후지쯔의 연구 그룹에 의해 개발된 Ariadne 시스템은 디지털도서관과 관련한 다른 프로젝트에도 상당한 영향을 미칠 정도로 뛰어난 특성을 가진 시스템으로 알려져 있다. Ariadne 시스템은,

첫째, 문자, 음향, 화상, 동영상을 데이터베이스에 함께 저장했다.

둘째, B-ISDN을 이용해 원격 이용과 멀티미디어 정보의 초고속 전송을 용이하게 했다.

셋째, 여러 문서의 동시 열람, 사전의 참조, 책갈피, 일-영 및 영-일 자동 키워드 번역 등의 효율적 기능을 구현해 이용자를 지원하는 등 뛰어난 특성을 자랑하고 있다.

Ariadne는 Client/Server 시스템의 형태를 취하고 있으며 인터넷상의 WWW,

WAIS를 효과적으로 이용하여 구축하였다. 따라서 이용자는 Ariadne에서 구축한 정보 외에도 인터넷상에 공개된 정보원에 자유롭게 접근할 수 있다. Ariadne는 주로 정보검색과 검색된 문헌의 전자독서지원 기능에 중점을 두고 하이퍼텍스트나 지능형 검색기술 등을 활용하여 개발되었다. 이 가운데 정보검색기능에는 서지정보 탐색과 하이퍼텍스트 탐색, 키워드 탐색, 계층구조 탐색, 자연어 탐색기능이 있다. 서지정보탐색은 기본의 도서관 목록시스템이나 온라인 정보검색 시스템과 마찬가지로 서명, 저자명, 출판사명, 출판연도 등에 의한 탐색기능을 제공하며 서명에 대해서는 일본어나 영어의 번역어 및 동의어에 의한 탐색이 가능하다. 하이퍼텍스트 탐색은 원정보를 HTML 형식으로 변환하여 관련된 정보의 링크로 참조가 가능하다. 키워드 탐색은 전문의 키워드 탐색이 가능하고 탐색어의 번역어 및 동의어에 의한 탐색도 가능하다. 계층구조 탐색은 서지정보 외에 원정보가 가지고 있는 텍스트구조를 이용한 탐색이 가능하다. 이 외에도 자연어로 질의문을 입력하여 탐색할 수 있는 자연어 탐색기능도 지원된다. 또 다른 중점기능인 전자독서지원 기능은 여러 가지 서비스가 가능하다. 이 가운데 복수도서의 동시참조는 동시에 여러 개의 창을 열어서 각 창에서 다른 종류의 도서나 같은 도서의 다른 부분을 동시에 참조할 수 있다.

구문탐색은 검색결과에서 나타나는 일정한 구문을 지정해서 도서 내에 그 구문을 포함하는 곳을 보여 주는 것이고, 검색결과를 보면서 용어의 의미나 번역어 등의 사전을 불러내어 동시에 찾아볼 수 있는 사전참조 기능이다. 이 외에도 번역, 음성출력 등의 기능도 가지고 있다. 일본국회도서관에서는 전자도서관 연구반을 설치하여 주로 디지털도서관의 기능에 관한 기초적인 조사연구를 진행하고 있고 OCR을 이용한 서지레코드 입력이나 전자출판실을 만들어 일본전자출판협회의 협력하에 CD-ROM 등의 전자출판물을 제공하고 있고 통산성의 지원 하에 정보기술진흥위원회 주관으로 추진 중인 디지털도서관 시스템 프로젝트에 적극 참여하고 있다. 일본국회도서관은 간사이 지역에 제2의 국회도서관을 설립하는 데 있어 전자도서관 프로젝트의 결과를 반영하여 전자도서관의 모델이 될 수 있도록 계획하고 있다.

2) 국회도서관(關西館)

국회도서관(關西館)은 기존 도서관과는 다른 새롭고 확장된 도서관 서비스를 제공하기 위하여 ① 전체 자료의 전자화를 위한 시스템, ② 전자정보의 효과적인 수집 및 배포를 위한 시스템, ③ 신속한 통신망시스템을 갖춘 디지털도서관으로 구축되어 운영되고 있다.

3) NACSIS(학술정보센터)

NACSIS-ELS는 NACSIS(학술정보센터)의 디지털도서관 프로젝트로서 기존의 온라인 정보검색시스템을 통합하고 대체할 차세대 정보서비스 시스템의 모델이다. 이 서비스에서는 과학 및 학술분야의 전자저널기사, 회의 및 기술보고서 등을 대상으로 이미지데이터베이스를 축적하여 서지정보와 함께 탐색할 수 있도록 하고 있다. 즉 잡지에 게재되는 주요한 기사에 대해서는 서지정보를 문자데이터로 수록하고 잡지의 표지, 내용페이지는 스캐닝하여 화상데이터로 수록하고 있다. NACSIS-ELS는 수식이나 다이어그램, 이미지 등이 많이 나타나는 과학기술 분야 학술지의 특성 때문에 대상문헌의 전자화방법으로 래스터 이미지형식을 사용하고 있다. 도서관서비스에는 일본의 학회가 발행하는 학술잡지가 포함되며 이용자들은 기존의 서지데이터베이스 이용방법과 동일하게 학술잡지의 논문을 검색하여 필요한 내용의 이미지를 SINET(Scientific Information Network)을 통하여 전송받을 수 있다. SINET은 초고속 ATM망(156Mbps)을 이용하고 있다.

전자책의 생산유통 방식은 대개 출판사가 전자책 업체에 제작부터 서비스
까지 위탁하는 형태가 주류이며, 일부는 저자가 전자책 업체와 직접 계약하
는 형태이다. 또 콘텐츠의 대부분은 기존에 출판된 종이책을 HTML, XML,
PDF, Flash, 자체 포맷 등 다양한 포맷의 전자책으로 변환한 것이지만, 전자책
으로만 판매되거나 전자책을 먼저 발행했다가 후에 종이책으로 발행하는 경
우도 생기고 있다. 현재 우리나라 전자책 서비스업체들의 주력 출판 장르는
특성화, 전문화되는 추세에 있다. 서비스하는 전자책 콘텐츠의 비중이 다르
며, 이에 따라 분야별 판매량 비중도 업체별로 다른 양상을 보인다. 예를 들
어, <북토피아>와 <미지로>는 문학이 80% 내외이며, <노벨21>은 소설만
을 취급한다. <바로북닷컴>은 주로 무협·환타지·SF 등 엔터테인먼트 장
르가 90%에 육박하고, <드림북>은 컴퓨터·어학·비즈니스 분야가 60%,
<와이즈북닷컴>은 아동 도서, <한국전자북>은 비즈니스 분야가 주류를 이
룬다. <에버북닷컴>의 경우 현재는 판타지가 중심이지만, 점차 경제경영과
교육학습 분야에 주력하고 있다. 전자책은 기존 출판 패러다임의 지형도를
바꾸며 새로운 출판 시장의 가능성을 열어 나가는 데 그치지 않고, 콘텐츠
유료화에 부심하는 e-비즈니스 전반에 걸쳐서도 새로운 전기를 마련해 줄 것
이고, 나아가 국가적인 차원의 중추적인 정보 콘텐츠로서의 역할을 충분히
해 나갈 것으로 기대되고 있다. 특히, 오락·투기·비생산적인 콘텐츠가 지
배적인 현재의 인터넷 콘텐츠 환경의 혁신을 촉진시킴으로써 양질 콘텐츠가

원활하게 생산·유통·소비되는 사회적 시스템 구축에 큰 기여를 할 것이고, 이는 우리나라가 진정한 정보 강국이 되는 길을 앞당기는 것으로 국가적으로도 많은 관심을 기울여야 할 분야이다.

I. 전자책의 장점과 단점

1. 전자책의 장점

(1) 기존의 종이책과는 달리 음성, 그래픽, 동화상 등을 첨가하여 멀티미디어형으로 정보를 이용할 수 있기 때문에 매력적이고, 내용의 이해력도 증진된다.

(2) 독자들이 스크린상에 종이책에서와 마찬가지로 책의 내용에 표시를 해놓거나 책장을 접어 표시하던 것을 종이책보다 더욱 체계적으로 할 수 있다는 장점을 가지고 있기 때문에 분석적인 독서를 가능하게 해준다.

(3) 실시간 대화형(interactive) 커뮤니케이션이 가능하고 하이퍼텍스트(hypertext) 기능을 적절히 발휘할 수 있으며 정보검색이 용이하고 부분만을 선택적으로 이용할 수 있다.

(4) 기존의 종이출판에 비하여 활판 조판비용이나 종이 값, 인쇄비, 제본 값, 발송비 등을 획기적으로 줄일 수 있으며, 반품과 재고관리에 신경을 쓸 필요가 없다.

(5) 저장력의 확대로 인해 종이책보다 더 효율적으로 내용을 보관할 수도 있으며, 많은 내용을 저장할 수 있기 때문에 많은 책을 항상 가지고 다닐 필요가 없다.

(6) 인쇄과정과 유통과정을 거칠 필요 없이 편집과 함께 수용되고, 내용의 개정이나 새로운 정보들의 업데이트가 언제나 가능한 신속성을 갖는다.

2. 전자책의 단점

종이책 특유의 질감을 표현할 수 없고, 모니터 화면은 독서에 부적합하다, 복사 방지라는 절대적 과제를 완벽히 보장하기 어렵다는 점 등을 들 수 있다. 그러나 단점들은 한마디로 기술문제이어서, 상상력을 초월한 기술의 진보에 따라 문제점들은 점차 해결되고 있다.

모니터 화면의 가독성 문제 같은 경우, 새로운 독서용 폰트시스템들의 개발로 기술적으로도 해결된 것이나 다름이 없다. 전자책의 단점을 나열하면 다음과 같다.

(1) 아무리 선명한 모니터를 통해 책을 읽는다고 하더라도 눈의 피로를 피할 수는 없다.

(2) PC 뷰어나 단말기를 이용한 독서에 대한 독자들의 저항감을 해소해야 하고, 다양한 콘텐츠를 가지고 있어야 한다.

(3) 영상(전파)매체의 특성을 가지고 있는 e-Book이 사람의 대뇌 반구의 우측 뇌기능을 강화시키는 데 반해 좌측 뇌기능을 약화시킬 수도 있다. 영상매체는 사람의 직관과 느낌을 강화하는 반면에 논리와 분석력을 약화시킨다. 궁극적으로 읽기와 쓰기, 셈하기가 퇴보될 수도 있다. 이럴 경우 e-Book이 독자의 상상력을 감퇴시키는 요인이 될 수도 있다. 인간의 두뇌 중 대뇌는 형체의 크기가 거의 같되 서로 다른 기능을 수행하는 두 개의 반구, 좌반구(left hemisphere)와 우반구(right hemisphere)로 이루어져 있다. 좌반구는 언어와 논리적 사고를 조정하기 때문에 '지배구 반구', '언어뇌', '디지털뇌'로 불리며 우반구는 공감각, 시각, 정의적인 활동에 관여하므로 '이미지뇌', '아날로그뇌'로 일컫는다. 좌뇌가 발달된 사람은 논리적이고 분석적이며 언어사용 능력이 뛰어나

고 계산에 밝은 반면, 우뇌가 발달된 사람은 직관과 영감이 발달하여 언어보다는 이미지로 표현하고 정서적인 경향이 뚜렷하다. 실험결과 독서를 하지 않고 텔레비전을 많이 보는 어린이들이 독서를 자주 하는 어린이들보다 상상력 발달이 뒤진다.

(4) 종이 책보다 독서시간이 줄어들 위기를 가져올 수도 있다. 종이 책의 경우 그 특성이 뚜렷하기 때문에 오히려 경쟁력을 가지고 있다. 반면 e-Book은 영화, 음반, 신문, TV, 인터넷, 쇼핑 등 정보 복합형 혹은 문화 복합형 단말기를 통해 제공될 가능성이 높기 때문에 오히려 독서시간이 줄어들 수도 있다.

(5) 전문 저작가와 연구자의 감소 문제와 저작권 보호 문제, 독서 토론문화의 상실은 물론 오히려 비판 정신이 감소하는 문제 등도 제기될 수 있다.

Ⅱ. 전자책시장 발전방향

지금의 세계는 정보를 효율적으로 관리하여 새로운 지식을 창출하는 것이 곧 경쟁력으로 직결되는 지식정보사회로 변모하고 있으며, 책이라는 매체도 이에 적합한 형태로 진화되는 것은 당연한 추세이다. 이에 미국, 일본, 싱가포르 등 선진 각국들은 이러한 흐름에 부응하기 위하여 전자책을 개발하였거나 계속 개발하고 있는 상황이다. 우리나라의 도서시장을 선진국에게 잠식당하지 않기 위해 정부와 업계는 다음과 같이 전자책 활성화를 위한 기반을 조성해야 한다.

1. 표준화

미국과 일본의 예가 보여 주듯이, 중복 투자를 막고 효율적인 개발을 유도

하기 위해서는 책 데이터 및 하드웨어, 소프트웨어 요소들에 대한 정부와 업계의 표준화 작업이 필요하다.

2. 컨소시엄 구성

많은 비용이 드는 연구를 공동으로 수행하고 관련 업계들의 유기적인 협력을 도출해 내기 위해, 일본에서 구성된 것과 유사한 하드웨어, 소프트웨어, 출판, 유통업체 등 컨소시엄 구성이 요구된다.

3. 시범사업 개발

정부에서 추진 중인 교육 정보화 사업과 연계하여, 싱가포르의 eduPAD와 같은 전자책 시범사업의 개발이 필요하다.

4. 법과 제도의 정비

디지털 콘텐츠에 대한 저작권 보호 법규 등 전자책 관련법을 정비하고, 세제 혜택을 포함하여 제도를 개선하기 위한 정부의 노력이 필요하다.

7장

디지털도서관의 서비스 내용

I. 디지털도서관 서비스의 특징

종래의 전통적인 도서관과 구분할 수 있는 디지털도서관 서비스의 특징으로는 먼저 정보서비스의 다양화·멀티화의 추진이라고 할 수 있다. 아울러 서비스의 중심도 멀티미디어 정보와 수단을 통해 이루어지며, 이용자 중심체제로의 변환과 함께 이용자 관리에 대한 효율적인 체계가 수립되어야 한다. 또한 멀티미디어 서비스 수요의 폭발적인 증가에 대비한 통신망 등 기반 시설의 강화와 고속, 고품질의 각종 정보를 가장 쉬운 방법으로 어디에서나 접근할 수 있어야 하며, 이용자에게 경제적 부담을 주지 않는 서비스의 특징을 갖는다.

II. 디지털도서관 서비스의 유형

1. 네트워크 사서(Networking Librarian Service)

이용자가 쉽게 접근하고 이용할 수 있는 정보는 계속 증가하지만, 네트워크를 이용하여 방대한 양의 멀티미디어 자료를 탐색하는 경우에는 네트워크 사서의 도움이 필요하게 될 것이다. 이는 네트워크 참고봉사시스템(Network Reference Service System)의 개발과 함께 이용자에게 많은 서비스를 제공할 수 있다.

2. 이용자 편의의 인터페이스(Graphic User Interface: GUI)

이용자는 정보를 탐색하고 수집하는 데 있어서 한 단계의 탐색과정으로 멀티-페이지를 가진 다양한 이미지 데이터를 얻음으로써 온라인 브라우징을 통한 정보의 접근과 신속한 탐색 결과를 얻을 수 있다.

3. 정보 필터링 서비스(Information Filtering Service)

정보 폭발의 시대에 있어서 중요한 역할을 하게 될 서비스로서, 이용자의 양질의 정보요구에 대해서 자료의 타당성, 정확성 및 신빙성에 대한 검증을 제공하는 서비스이다. 또한 시스템이 이용자 프로파일에 개개 이용자의 관심 주제를 등록, 관리하면서 이용자에게 관련된 주제 분야의 정보를 검색하여 어떠한 데이터든지 이용자가 원하는 형태와 방법으로 제공해 준다.

4. 정보판매 서비스(Information Vending Service)

디지털도서관에서는 정보의 수집, 가공 및 축적 등과 같은 서비스에 유료화 개념이 도입되어 이용자가 정보를 탐색, 열람 및 복사하기 위해서는 돈을 지불해야 할지도 모른다(pay-to-read, pay-to-search, pay-to-print, pay-to-mine의 개념). 이를 위해서 디지털도서관은 정보판매를 모형으로 하는 서비스가 요구된다. 즉 정보탐색과 복사 행위에 대한 이용자의 권한 부여와 정보이용에 따른 요금징수, 이용통계 기록 및 저작권 보호에 관한 서비스 등이 포함될 수 있다. 한편 시스템이 이용자의 정보이용별 요금 지불과 이용자의 탐색행태에 관해서 모니터하는 경우에는 이용자의 프라이버시가 보장되어야 한다.

5. 화상정보통신시스템 서비스(Communication and Image Database System)

화상정보통신시스템은 문자, 도형, 사진 등으로 구성된 매우 정교한 멀티미디어 정보를 재가공이 가능한 상태로 입력, 검색, 전송할 수 있는 멀티미디어 DB 시스템으로서 온라인상에서도 고정밀 멀티미디어 정보의 기록과 갱신이 가능하므로 정보의 선명도에 의해 고부가가치를 제공할 수 있는 서비스가 가능하다.

6. 화상응답시스템 서비스(Video Response System)

화상응답시스템 서비스는 문자, 도형 및 사진 등 화상정보를 이용자가 요구하는 경우 개별요구에 응답할 수 있는 시스템으로 사진화면에 텍스트정보 화면을 중복시켜서 표시할 수 있는 기능, 복수의 연속 화면을 일정시간 간격으로 연속적으로 제시하는 애니메이션 기능 및 외부의 컴퓨터와 접속해서 각종 처리를 외부의 컴퓨터로 하거나 외부의 DB를 이용할 수 있는 외부센터 접속기능 등이 가능하다.

7. 기타 서비스

기타 서비스로는 다음과 같은 것들이 있다.

- 광파일 시스템 구축을 통한 원문 정보 제공 서비스 및 잡지 브라우징 서비스
- Multi-networking Information Center 구축을 통한 음성 및 영상정보 서비스와 화상회의 서비스

- 매스미디어의 채널을 전체 멀티미디어 시스템에 통합하여 관리하면서 새로운 뉴스들이 발생할 때마다 그와 관련된 신문기사나 잡지들을 연결하여 제공하는 비디오 뉴스 서비스
- 자동번역 및 자연언어 검색 서비스

　　지식정보화사회에서의 도서관은 점차 컴퓨터, 전자출판, 네트워크, 멀티미디어 등의 발전과 함께 소유에서 접근의 개념으로, 시설로서의 도서관에서 지적체계로서의 도서관 개념으로 변화하고 있다. 이러한 시대상황에서 디지털도서관의 출현은 이용자에게 풍부한 정보와 부가가치 서비스를 보다 신속하게 제공함으로써 전통적인 도서관과 비교하였을 때 여러 가지 장점을 갖는다. 여기에서 디지털도서관 구축에 따른 기대 효과를 살펴보면 다음과 같다.

　　첫째, 시간과 공간을 초월하여 자료에 대한 서지정보, 원문(full text) 및 화상정보 등을 다수의 이용자에 제공할 수 있다.

　　둘째, 신속한 문헌정보의 획득과 자료활용의 극대화를 가능하게 한다.

　　셋째, 인터넷상에서 제공되고 있는 세계의 많은 도서관뿐만 아니라 다른 정보시스템에 접근하여 문헌 및 정보를 획득할 수 있다.

Ⅰ. 향후 디지털도서관(전자도서관)의 전망

1. 전통적인 도서관의 중요성 부각

　　디지털도서관(Digital Library)을 전통적인 도서관과는 별개로 분리하여, 기존의 도서관을 완전하게 대체하는 것이라고 생각하는 경향이 있는데, 이것은 바람직하지 않은 것 같다. 전자도서관이란 최신의 정보기술을 적용하여 기존의 도서관 환경을 보완하고 강화시키기 위한 수단으로 보는 것이 타당할 것 같다. 일반적인 모든 정보가 디지털화된다는 것은 불가능할 것이며, 만약 그렇게 된다손 치더라도 수없이 많은 세월을 필요로 할 것이다. 따라서 그때가 오기 전까지는 오늘날 시스템상에 존재하는 수십억 건의 MARC 레코드로 대표되는 서지데이터가 중심이 될 것이다. 한편, 전문데이터베이스가 확산되고는 있지만, 이것은 서지데이터베이스 중심체계, 즉 전문데이터에 대한 메타데이터 처리체계로서의 전통적인 도서관의 기능은 별로 변화하지 않을 것이다. 다만, 일부 이용자, 일부 도서관 및 일부 도서관의 정보에 의해 구축된 정보공간이 이용자의 다양한 요구에 따라 약간씩 변형될 수는 있다.

디지털도서관은 전통적인 도서관에 그 뿌리를 두고 있기 때문에 전통적인 도서관 기능과 완벽하게 융합되고 통합되지 않으면 그 기능을 충분히 발휘할 수 없을 것이다.

2. 특화된 디지털도서관의 출현

디지털도서관(Digital Library)은 모든 자료, 기술, 업무 등을 고려하는 종합적인 형태로 생각되고 있지만, 매체의 통합이 불가능하거나 의미가 없는 경우가 많고, 사용자군이 다를 수도 있으며, 지적재산권의 특성상 관련 데이터를 한곳으로 집중시키는 것은 불가능하며, 일부 도서관에서는 이러한 업무를 담당할 여력 또는 능력을 가지고 있지 않기 때문에 종합적인 형태의 전자도서관을 구축하는 것은 거의 불가능할 수도 있다.

따라서 정보 분야별, 매체의 종류별, 서비스 형태별, 지적재산권의 특성별 등 매우 다양하고 특화된 형태의 전자도서관이 출현할 것이다. 그러나 정보의 특성상 동종의 정보는 한곳으로 모이고, 이종의 정보는 분리되는 경향이 있기 때문에 다양하고 특화된 형태의 정보는 이합집산의 과정을 거쳐 관련 있는 정보들이 전자도서관이라는 이름으로 한군데 모일 것이다. 다시 말하면, 수많은 중앙전자도서관 및 분관/지역전자도서관이 출현하여 상호 협력을 하게 됨으로써 포괄적이고 종합적인 정보서비스를 가능하게 할 것이다.

3. 디지털화된 데이터의 증가

앞으로의 사회를 정보기술적인 측면에서 보면, 아날로그 기술은 쇠퇴하고 디지털 기술이 지배하는 시대가 될 것이라는 데 대해서는 이론의 여지가 별로 없을 것이다. 물론, 현재의 환경하에서 기존의 모든 데이터를 디지털화한다는 것은 시간도 많이 걸리고, 비용 또한 막대하게 소요될 것이지만, 장기간에 걸쳐 소급데이터의 디지털화도 착실하게 진행될 것이라고 생각된다. 한편, 현재에도 과학기술 분야를 필두로 하여 디지털잡지, 디지털도서, 디지털신문 등의 발행량이 증가하고 있는 것을 보면, 앞으로는 이와 같은 현상은 타 분야로 확산되어 급속한 증가를 나타낼 것이다. 디지털도서관(Digital Library)의 구축 계획을 수립하는 대학의 경우를 보면, 우선 지적재산권 침해의 소지가 별로 없는 자체 대학의 출판물(석·박사학위논문, 교수의 연구저작물, 고서, 자체발간 연속간행물 등)을 전문데이터베이스 구축의 대상으로 하고 있는 경우가 많고, 국가기관의 경우에도 국립중앙박물관, 국립현대미술관, 한국문예진흥원 등은 이미지/영상/화상 데이터를 중심으로 데이터의 디지털화를 진행하고 있다.

그리고 신속하고, 저렴한 비용으로, 표준화된 형태로 데이터를 디지털화할 수 있는 기술들이 연구되고 있기 때문에 정보 분야별, 매체종류별, 서비스형태별 및 지적재산권의 특성별로 여러 기관들이 분담하여 관련 작업을 수행한다면 데이터의 디지털화 작업은 한층 더 가속화될 것이다.

4. 데이터 기술방법의 변화

데이터의 기술방법은 여러 가지가 있을 수 있다. 먼저, 기존 데이터의 기술은 초록을 포함하는 서지데이터를 ASCII 형태의 데이터로 작성하고, 나머지 전문은 이미지 형태로 축적하는 것이 있는데, 이 방법은 당장에는 용이하겠지만, ASCII 형태로 입력된 데이터는 기술방법에 있어서 어느 정도의 기간 동안 공존은 하겠지만 결국은 MARC 형식은 SGML 형식으로 대치될 것이라고 하는 점을 염두에 두어야 할 것이다.

MARC 레코드와 관련 표준이 세계 도서관계의 발전에 큰 영향을 미친 것은 부인할 수 없다. 그러나 디지털시대의 정보환경은 우리의 도서관 내부가 아닌 외부에서 형성되고 있기 때문에 MARC를 중심으로 하는 도서관은 심각한 영향을 받을 수밖에 없을 것이다. 그렇지만 향후 MARC 형식이 SGML 형식으로 대치될 것으로 예측된다고 하더라도 모든 데이터와 시스템을 SGML 형식으로 변환할 수는 없다.

MARC 형식과 SGML 형식을 이용하는 경우에는 두 가지 방법을 사용할 수 있는데, 하나는 MARC 형식과 SGML 형식 중 어느 한쪽을 중점적으로 채택하는 방법이 있고, 또 다른 하나는 MARC 형식과 SGML 형식을 독립적으로 사용하는 방법으로 모든 데이터는 MARC 형식을 사용하여 입력하고 전문데이터로 변환되는 것에 한하여 SGML 형식을 사용하는 방식이다. 그렇지만 두 가지 방법 중 어느 방법을 사용하더라도 양방향 변환 프로그램의 개발이 관건이 된다고 할 것이다.

5. 색인/검색/인터페이스 기술의 발전

디지털도서관(Digital Library)이 그 기능을 충분하게 발휘하기 위해서는 전문(full-text) 데이터를 얼마만큼 축적하느냐가 중요한 요소가 되겠지만, 그러나 더욱더 중요한 것은 이용자의 다양한 현재 및 잠재적 정보요구를 충족시키는 것일 것이다. 이를 해결하기 위해서는 한 차원 높은 색인/검색기법 및 사용자 인터페이스 문제가 중요한 위치를 차지하게 될 것이다. 최근 디지털도서관 관련 국제회의에서 빈번하게 논의되고 있고 가장 중요한 관심사가 자동색인, 정보검색효율, 자연언어처리 등에 집중되어 있는 것을 보면, 결국 데이터베이스의 성공 여부는 색인기술(색인기법, 색인어 추출문제 등)과 관련이 있다고 할 수 있다.

이와 함께, 정보검색 관련 기술은 전문검색 및 통합검색을 기반으로 한 검색결과의 순위 매김에 집중되고 있고, 자연언어처리, VRML(Virtual Reality Markup Language), AVA 등을 이용한 사용자 인터페이스의 설계, 개발 및 평가 역시 중요한 관심사가 되고 있는데, 이것은 비단 문헌정보학, 전산학 등 한 학문분야에서 해결할 수 있는 성질의 분야가 아닌 복합적인 기술을 필요로 하기 때문에 학제적인 협력을 통하여 관련 기술의 발전을 이루어야 할 것이다.

Ⅱ. 디지털도서관의 구축의 장애요인

정보통신기술의 발달로 기존의 문헌정보와 디지털 정보를 이용하고자 하는 이용자의 욕구가 증대됨에 따라 이용자의 다양한 욕구를 충족시키기에는 여러 가지 문제점들이 있다.

우선, 자관에 편의를 고려한 정보만을 DB화하였기 때문에 정보자료의 연계성 부족이 발생되고 있다. 이러한 연계성을 고려하지 않는다면 데이터베이스 통합 시에 문제점이 발생하게 된다. 또한 디지털화가 공급자 중심으로 추진되기 때문에 이용자의 요구를 고려하지 않은 무작위일 수밖에 없으므로 과잉투자, 정보범람 등의 문제가 발생한다. 중복투자의 문제, 국립중앙 도서관, 국회도서관에서 인문과학, 사회과학 분야의 논문을 디지털화함에도 불구하고 일부 대학에서 디지털화를 추진하기 때문에 중복투자의 가능성이 있다.

최근 대두되고 있는 저작권 침해의 소지도 발생한다. 소장 기관이 저작권을 갖고 있지 않음에도 불고하고 소장기관 위주로 디지털화가 되기 때문에 저작권 침해의 소지가 있다. 디지털도서관은 이상의 문제점을 고려하여 구축에 따른 해결을 제시할 수 있다.

첫째, 자체 기관만의 특화된 디지털 콘텐츠를 구축해야 한다. 향후 특화된 정보를 갖추지 못한 디지털도서관은 전문 디지털도서관에 밀려날 수밖에 없으므로 이용자들에게 다른 도서관에 갖지 못한 특징을 소유하고 있다는 것은 인식시켜야 한다.

둘째, 타 기관과의 협력을 기반으로 역할분담을 해야 한다. 중복투자는 자관 면에서뿐만 아니라 국가적으로도 손실이므로 디지털화의 역할 분담이 필요하다. 각 대학마다 논문에 관한 분야별 디지털화가 그 예일 수 있다.

셋째, 공급자보다는 이용자 측면에서 자료의 우선순위를 정하여 디지털화해야 한다. 이용자가 필요한 정보를 제공하기 위해서는 이용빈도가 높은 자료를 우선적으로 디지털화하여야 한다.

넷째, 도서관 자동화 시스템을 바탕으로 이루어져야 한다. 즉 기존의 도서관리 시스템과 디지털도서관 시스템을 분리하는 것은 과도기적인 현상일 수는 있으나, 궁극적으로는 하나의 통합된 구조로 이루어져야 한다. 통합 시스템의 이점으로는 도서관 업무과정에서 생성되는 새로운 정보는 그 즉시 자연스럽게 정보이용자에게 제공될 수 있어야 하기 때문이다. 최근 2001년 4월 다시 개관한 연세대학교 도서관에서는 이러한 통합형 디지털도서관을 구축한 바 있다.

다섯째, 도서관이 관리하는 정보의 범위가 크게 확대될 것이다. 즉 기존의 단행본, 저널 중심의 정보 관리 환경이 다양한 정보에 이르는 것으로 점차

넓어질 것이다. 그러나 도서관에 수용할 수 있는 정보는 한계가 있기 때문에
도서관이 나아가 세분화, 전문화될 것이다.

9장 디지털도서관의 저작권

I. 디지털도서관 저작권의 변화

저작권은 저작물을 창작한 사람의 권리를 보호할 목적으로 만들어진 권리로서 개인의 소유권 가운데 정신의 소산보다 더 특유한 재산권은 없다는 전제에 그 바탕을 둔다. 현행의 저작권법은 저작권을 포괄적으로 정의하여 저작인격권과 저작재산권을 모두 포함하고 있다(제10조 1항).

저작권을 보호한다는 의미는 저작물의 창작자에게 배타적인 권리를 부여하고, 그 저작물을 다른 사람이 이용하는 데는 저작권자의 허락이 필요하며, 그러한 허락을 얻지 않고 이용하는 행위를 위법으로 규정하는 것을 의미한다. 즉 창작자가 갖는 인격적·재산적 권리를 존중하고 나아가서 문화예술과 학문의 발전과 진보를 꾀하자는 것이 저작권 보호의 기본사상이라 할 수 있다. 그러나 초기에 저작권이 성립된 인쇄 환경과 달리 저작권의 환경이 변함에 따라 저작권 제도에 많은 변화와 영향을 미치게 되었다.

첫째, 회계상의 변화이다. 복제의 대가에서 정보사용에 대한 비용청구로의 변화를 의미한다. 정보가 대량 축적되어 전달됨에 따라 대량축적 단계에서만 복제의 대가를 치르고 그 이후는 이용자의 이용에 따른 대가로 변환될 것이다.

둘째, 저작성과 저작물 자체에 관한 변화이다. 디지털 환경에서는 커뮤니케이션 네트워크가 여러 사람에 의해 이루어져 정식으로 체제를 갖춘 작품은 줄어드는 반면 자발적인 학술저작이 많아진다. 또한 기존의 저작물은 2중, 3중으로 재인용되어 저작물과 저작자의 규명이 모호해지게 된다.

셋째, 원정보의 복제가 용이해짐에 따라 저작권 보호사상이 희박해지고 저작권자의 독점적인 권리가 침해받게 된다. 디지털 환경에서는 도서관에서의 정보 소유권이 감소됨에 따라 공익을 목적으로 하는 정보이용권이 줄어들 수도 있으나, 그 반면에 저작권자의 권리도 침해받기 쉽다. 또한 이용자가 저작권 보호를 위해 만들어 놓은 접근통제장치, 복제방지장치 등을 훼손하여 저작권자의 독점적 권리를 침해한다. 따라서 저작물의 불법적 이용을 막기 위해 기술적 관리문제와 더불어 저작권의 집중관리체제의 확립문제가 대두된다.

넷째, 디지털 저작물의 장기보존상 문제이다. 이는 디지털 환경에서 소유권의 혼동이 심하기 때문이며 보존비용이 높다는 것도 보존활동을 제한하는 요인이 된다. 저작권의 환경이 변함에 따라 디지털도서관에서도 저작권을 보호하거나 제한하려는 상반되는 노력이 있다. 출판업자들은 저작권보호를 제한하려는 이용자의 노력이 저작권보호를 주장하는 출판사의 경제성의 개념과 대등해졌다고 주장하면서 저작재산권 보호를 옹호한다. 반면에 이용자들은 저작권이 오히려 학술커뮤니케이션의 장애물이 된다며 디지털도서관에서의 이용자의 권리보호를 주장한다.

디지털도서관에서는 저작물의 생산과 이용의 환경이 변하였다고 해도 다음과 같이 저작권을 보호하고 관리할 필요성이 있다.

첫째, 저작권의 보호를 받는 공식출판물은 저작권을 관리할 필요성이 있다. 공식출판물이 아닌 동료 간에 배포되는 형식의 저작물이나 인터넷상에서 제공되는 공개정보들은 저작권 관리를 필요로 하지 않을 수 있다. 그러나 공식출판물은 동료의 심사과정을 거쳤고 편집·홍보 등 부가가치가 적용되었으며 출판사, 벤더, 도서관 간에 이용허락계약이나 협상절차로 정보이용이 이루어지므로 저작권이 보호되어야 한다. 저작권보호의 해결 없이는 디지털도서관의 데이터는 저작권의 보호를 받지 않는 데이터로만 한정될 것이고 전문 데이터베이스화는 지연될 것이다.

둘째, 저작물을 생산하고 이용하는 환경이 변하였어도 창작자의 정신적인 노력과 창작품을 보호해야 한다. 저자, 출판사, 조직이건 간에 공공에게 유용한 정보를 만들어 주는 대가로 작품의 복제를 통제하기 위한 권리를 주장할 수 있어야 한다.

셋째, 저작권의 본질적인 기능은 시장에서 창작자가 가진 정보에 대한 법적 소유권인 동시에 지식정보사회를 위한 핵심이다. 기술의 발전으로 인해 성립된 저작권법은 단순히 저작자의 배타적인 권리만을 옹호하는 법이 아니라, 저작권자와 이용자의 상반되는 요구를 조절하기 위한 것이므로 디지털도서관에서 공중의 이익을 보장하는 기반이 된다.

Ⅱ. 디지털도서관 저작권의 복제

현행 저작권법 제28조는 도서관에서의 복제 등을 일정 요건하에 허용하고 있다. 구체적으로 저작재산권자의 허락 등이 없더라도 도서관 및 독서진흥법에 의한 도서관 및 도서·문서·기록 그 밖의 자료를 공중의 이용에 제공하는 시설 중 대통령령이 정하는 시설에서는 일정한 경우 보관된 자료를 사용하여 저작물을 복제 등을 할 수 있도록 규정하고 있는 것이다.

이는 비록 저작재산권자의 경제적 이익이 크게 미치는 공적 영역에 속하는 도서관이지만 문학·학술에 관계된 창작적 활동이 그곳에서 활발하게 이루어진다는 점을 고려하여, 조사·연구를 목적으로 하는 경우나 도서관 자료의 보존·활용을 위한 한도에서 저작물의 복제 등이 허용되도록 함으로써 도서관의 문화적·공공적 역할을 다하도록 함에 그 취지가 있다.

도서관 등에서의 복제 등에 의한 허용이 되려면, 다음에서 각각 살피는 저작권법 제28조 제1항에서 정한 일반적 요건과 각 태양에 따른 개별적 요건을 충족하여야 하며, 이와 약간 상이한 형태의 이용인 도서관 등에서의 복제·전송인 경우에도 개별적 요건을 충족하지 않으면 안 된다.

Ⅲ. 디지털도서관 저작권의 관리 모형

저작권 관리를 하는 근본적인 목표는 3가지로 나눌 수 있다. 첫째, 저작재산권의 보호이다. 저작재산권은 대부분 출판사의 권리로 이를 보호하기 위해서는 저작물의 유형이나 이용 목적, 이용자에 따라 이용요금을 징수하여 저작권자에게 분배해야 한다. 또한 무단으로 불법복제하고 배포하는 것을 방지하기 위한 기술적인 방안도 필요하다. 둘째, 주로 저자의 권리로 표현할 수 있는 저작인격권의 보호이다. 저작인격권을 보호하기 위해서는 문헌의 동일성을 유지하고, 문헌의 고유성을 입증할 수 있어야 하며, 남용이나 표절과 같이 잘못 이용되는 것을 방지하기 위한 기술이 필요하다. 셋째, 도서관과 이용자의 공중의 이익을 보호하는 것이다. 저작권은 저작권자와 사회공중의 상반된 요구의 균형을 맞추기 위한 것이므로 디지털도서관 환경에서도 도서관과 이용자의 정보이용에 대한 권리를 보장해야 한다.

이러한 목표를 이루기 위해 출판사와 각 로컬디지털도서관은 여러 가지 기술적인 기법들을 고려하여 저작권의 문제를 해결하려고 한다. 그러나 기술적인 방안과 더불어 저작권 관리를 위한 시스템 설계에 기본이 될 개념적인 모형이 필요하다.

따라서 디지털도서관에서의 저작권 관리 모형을 수립하는 데 전제가 되는 기본원칙을 다음과 같이 제시할 수 있다.

첫째, 디지털도서관에서의 저작권 관리는 자관의 이용자뿐만 아니라 외부의 이용자도 정보를 이용할 수 있는 분산디지털도서관 환경에서 수립한다.

디지털도서관은 단위의 로컬디지털도서관에서 자관의 소속이용자에게 전문(全文)을 전자적으로 제공하는 것만이 아니다. 저장 측면에서는 정보원이 분산 저장되어 있고, 이용 측면에서는 이용자가 원격지 접속을 통해 공간의 제약 없이 정보원을 이용하는 분산디지털도서관 환경이기 때문이다.

둘째, 디지털 저작물의 관리에 대해 저작권집중관리(Collective Administration of Copyright)방식과 개별관리방식을 적용한다.

저작권의 집중관리란 저작권이 집중적으로 관리됨으로써 이용허락을 원하는 자는 소정의 대가만 지급하면 저작물을 간편하게 이용할 수 있도록 하는 것이다. 이러한 저작권집중관리 체제는 전자출판물의 출현으로 저작권 보호의 필요성과 저작물 이용의 활성화를 동시에 충족시키기 위해 매우 중요하다. 그리고 개별관리방식은 집중 관리되지 않는 저작물에 대해 로컬디지털도서관이나 정보 제공자가 저작권자나 출판사에게 일일이 이용허락을 얻어 디지털화한 저작물을 소장하여 이용자에게 제공할 때 관리하는 방식이다.

셋째, 저작권의 집중관리를 원하는 저작권자는 디지털 저작물과 그에 대한 저작권을 일정기관에 등록한다.

저작권의 집중관리를 위해서는 우선 일정한 기관이 원저작물의 등록을 받고 공표된 원저작물의 목록과 저작자 등에 관한 정보를 관리하고 있어야 한다. 그러나 우리나라의 현행 저작권법은 무방식주의에 입각하고 있기 때문에 저작권 등록이 저작권의 존부와는 무관한 절차일 수 있지만, 저작물 이용의 활성화를 위해 저작물에 관한 정보를 일정한 기관이 집중적으로 수집·관리해야 한다는 지적이 많이 나오고 있다. 따라서 디지털 저작물을 등록함으로써 디지털 저작물을 이용하려는 이용자에게 저작물에 관한 정보를 제공하고, 저작권에 관한 권리변동을 공시하여 거래의 안전을 도모하고, 저작권집중관리의 효율적인 운영을 위한 밑거름이 되는 데 의의가 있다.

넷째, 분산디지털도서관에서 디지털 저작물의 등록업무를 담당하고 저작권을 집중 관리할 센터디지털도서관을 수립한다.

센터디지털도서관은 데이터의 종류와 특성에 따라 로컬디지털도서관들을 그룹화하였을 경우 그룹들의 대표가 되는 도서관이라 가정한다. 또한 저작권의 집중관리는 저작권법이 정한 기관에서만 실시할 수 있으므로 센터디지털도서관을 저작권법이 정한 저작권 관리기관이나 위탁기관이라 설정한다. 예를 들면, 특허자료의 디지털 저작물을 위해 특허청이 센터디지털도서관의 역할을 담당하고, 미술 관련 정보를 위해서는 미술 관련 센터디지털도서관이 존재하여 센터디지털도서관의 역할을 담당한다.

다섯째, 로컬디지털도서관과 정보 제공자는 개별 관리하는 디지털 저작물의 서지정보와 저작권 관리정보를 센터디지털도서관에 등록한다.

개별 관리하는 디지털 저작물의 서지정보와 저작권을 센터디지털도서관에 등록한다는 것은 저작권집중관리를 의미하는 것이 아니다. 이는 센터디지털도서관에 주기적으로 업로드된 데이터베이스를 통해 이용자가 저작물을 검색하고, 저작권 관리정보의 이용조건에 따라 정보이용을 판단할 수 있도록 하기 위해서이다.

여섯째, 모든 디지털도서관은 저작권처리시스템을 구축해야 한다.

저작권처리시스템이란 이용자에게 자관이나 외부의 디지털 저작물을 전달하기 전에 이용요금에 대한 처리를 하는 시스템이다. 따라서 이용자의 정보이용을 측정하여 이용조건에 따라 요금을 징수하는 등 처리를 포괄한다.

일곱째, 로컬디지털도서관에서 최종이용자에게 정보이용을 통제하여 저작권을 처리하는 시점은 이용자가 디지털 저작물을 전자형태에서 종이로 출력하거나 전자형태에서 전자형태로 다운로딩할 때부터 적용한다.

여덟째, 디지털도서관에서의 보안의 개념은 하나하나의 개별 트랜잭션에 대하여 이용자가 저작권의 처리가 이루어진 저작물만을 이용하고, 이용자의 프라이버시가 유지되어야 하고, 받은 정보의 고유성을 입증할 수 있어야 하며, 허가 없이 재배포되지 않아야 한다는 것이다.

아홉째, 이용자에게 자유열람에 대한 정보이용의 권리를 인정하기 위해 경우에 따라 전문의 무료 브라우징을 허용한다. 무료 브라우징을 허용하는 경우는 로컬디지털도서관의 소속이용자에게 허용하는 경우와 저작물의 유형에 따라 허용하는 경우로 나눌 수 있다. 소속이용자에게 전문의 브라우징을 허용하는 것은 모기관의 이용자로서의 혜택을 누리도록 하는 것이다. 따라서 로컬디지털도서관은 자관의 정보원이건 외부정보원이건 소속이용자에 앞서 저작권처리를 담당하고, 이를 위한 재정을 확보해야 한다. 그리고 저작물의 유형에 따라 브라우징을 허용하는 것은 저작재산권의 보호 정도에 따라 고려할 수 있다. 소설과 같이 상업적인 성격이 짙은 저작물은 무료 브라우징을 허용할 수 없는 반면, 전문서적과 같은 학협회의 학술잡지 기사 등은 무료 브라우징을 허용한 후 이용자가 출력을 하거나 다운로딩을 할 경우에 정보이용의 대가로 이용요금을 징수할 수 있다.

Ⅳ. 디지털도서관 저작권의 문제점

국내 저작권법 제28조의 적용을 받는 도서관은 비영리성을 그 특징으로 한다. 즉 정보에 대한 공적 접근을 보장하는 제도적 장치로서의 도서관이다. 이것은 저작권법 시행령 제3조에서도 확인할 수 있는바, 영리를 목적으로 하는 법인 또는 단체에서 설립한 특수도서관을 제외한다고 규정함으로써 저작권법 제28조의 적용대상이 되는 도서관의 특성을 비영리성으로 한정시키고 있다. 이러한 규정을 통하여 파악해 볼 수 있는 것은, 그동안 저작권법은 제28조 도서관 면책규정을 통하여 비영리적 목적으로 도서관의 자료를 이용하고자 하는 이용자의 권리와 그러한 이용자에게 서비스하려는 도서관의 기능을 법적으로 뒷받침하고 있었다는 점이다. 문제는 디지털도서관에서 발생한다. 디지털도서관에 대한 정의, 본질, 역할 등에 대한 논의는 끊임없이 이어지고 있지만, 대체로 그것이 정보에 대한 원격접근제공을 기본 특징으로 한다는 점에는 이견이 없는 듯하다. 그렇다면 기존 도서관의 역할을 제대로 수행할 수 있도록 법적으로 뒷받침하였던 저작권법이 디지털도서관의 역할 수행에도 그 법적 기능을 다하고 있는가를 질문해 볼 수 있다.

Ⅴ. 디지털도서관 저작권의 보호 방안

1. 저작권정보 관리 시스템 구축

정보화사회가 성숙되어 가고 멀티미디어문화가 발전함에 따라 멀티미디어콘텐츠의 재료원인 저작물에 대한 수요가 급증하고 이용양태도 다양화되고 있다. 그러나 이용자가 모든 내용의 개별적인 저작권을 확인하고 협의를 통하여 저작물 이용과 권리를 획득하기에는 절차상 많은 어려움을 수반하고 있다.

만약 저작권에 관한 정보를 효율적으로 공급해 줄 수 있는 창구가 마련되어 있지 않아 우수한 창작물이 사장되거나 멀티미디어 콘텐트 산업 내지 문화산업의 성장을 저해하고, 한편으로는 많은 비용을 투자하여 구축한 정보통신 인프라가 제 기능을 발휘하지 못하고 있다면 국가경쟁력 강화 차원이나 멀티미디어콘텐츠 산업 및 정보산업 육성을 위해서라도 종합적 저작권정보 관리 시스템의 구축이 시급하다 하겠다.

그렇다면 저작권자에 대한 각종 정보의 관리는 어떤 기관에서 책임을 지고 수행하여야 할 것인가를 논의해 보고자 한다. 이것은 저작권 권리자를 위하여 저작권법에 의하여 보호되는 저작물의 복제·공연·방송권 등을 대리·중개하거나 신탁관리 하는 사무를 시행하도록 되어 있는 저작권위탁관리업자가 수행하는 것이 바람직할 것이다.

2. 디지털도서관에서 유료 본문정보를 등록 관리할 수 있는 시스템 구축

유료본문정보등록은 저작권정보 관리 시스템과 연계하여 기존에 운영되고 있는 전자도서관 시스템을 활용하여 구축된 본문정보별로 기록하면 될 것이다. 또한 도서관이 본문정보를 구축하였으나 저작권자와 협약이 체결되지 않아 온라인으로 서비스하지 못하고 있는 자료는 저작권위탁관리업체에게 저작권자와 협약을 체결할 수 있도록 의뢰하여 온라인서비스가 될 수 있도록 준비한다.

3. 유료정보서비스 제공방법

전자도서관 이용자 중 유료정보의 이용을 원하는 이용자에게는 이용료를 알려 주고 신용카드회사와 협정을 체결하여 이용자의 신용카드번호를 입력하고 승인을 받은 후 사용하게 한다.

네 번째 대금정산방법이다. 대금정산은 신용카드회사가 회원들에게 대금을 신청하고 도서관에서는 카드회사와 저작권위탁관리업체에게 이용자별 사용내역을 통보하여 대금이 지급되도록 조치하여야 할 것이다. 또한 전자상거래가 정착되면 이 방법을 활용하여 융통성 있는 대금정산방법을 정립하여 활용해야 할 것이다.

Ⅵ. 저작물의 종류

1. 보호되는 저작물

저작권법 제2조를 보면 "창작물을 만들었다고 해서 모두 저작권법으로 보호되는 것은 아니다. 그 창작물이 문학, 예술 또는 예술의 범위에 속하는 저작물이어야 하며 무엇보다도 그 저작물은 독창성이 있어야만 한다"고 규정하고 있는데 여기서의 독창성이란 기존의 저작물과 전혀 다른 새로운 내용이 되어야 한다는 의미는 아니며, 독자적인 창작의 요소가 있어야만 한다는 것이다. 따라서 문학, 학술 또는 예술의 범주가 아닌 자연법칙을 이용한 기술적 사상의 창작물은 비록 지적 소유물이라 할지라도 저작권법의 보호 대상이 될 수 없고 공업소유권으로 보호된다. 나아가 저작권법은 표현된 것을 보호하는 것이지 그 아이디어 자체를 보호하는 것은 아니며 이 점에서 공업소유권과 구분된다. 예를 들면 요리책을 그대로 복사하는 행위는 저작권법에 의해 저작권 침해가 되지만 요리책 속에 쓰인 방식대로 요리를 하는 것은 저작권법과는 아무런 관계가 없는 것이다.

또한 저작물의 제목은 비록 그 제목이 독특한 것이라 해도 제목 그 자체만으로는 저작권법으로 보호받기는 어렵다는 것이 통설, 판례이다. 이러한 경우는 저작권법보다는 공정거래법이나 상표법과 같은 법률의 적용을 받을 것이다.

저작권법상 예시되어 있는 저작물의 종류는 어문저작물, 음악저작물, 연극저작물, 미술저작물, 건축저작물, 사진저작물, 영상저작물, 도형저작물, 컴퓨터프로그램저작, 2차적저작물, 편찬저작물로 구분되어 있다. 이상의 저작물들은 다음과 같이 나누어 설명할 수 있다.

1) 어문저작물

이는 단순히 서책, 잡지, 팸플릿 등만이 해당되는 것이 아니라 문자화된 저작물과 연술 등과 같은 구술적인 저작물이 모두 여기에 포함된다. 일반적으로 카탈로그나 계약서식 등은 저작물로 인정되지 않으나 표현의 방법인 경우에는 저작물로 인정될 수도 있다.

2) 음악저작물

음악저작물이란 클래식, 팝송, 가요 등 음악에 속하는 모든 저작물을 말한다. 음악저작물에는 악곡 외에 언어를 수반하는 오페라, 뮤지컬 등도 모두 포함된다. 즉흥 음악과 같이 악곡이나 가사가 고정되어 있지 않다고 하더라도 독창성이 있으면 이는 음악저작물로 보호받을 수가 있다.

3) 연극저작물

이 저작물 속에는 연극, 무도, 무언극과 같이 인간의 사상이나 감정을 신체의 동작으로 표현한 것은 모두 포함된다. 연극이나 무도 그 자체는 하나의 실연이므로 저작인접권의 보호 대상에 속하지만 무도 등은 연극저작물로 보호된다.

4) 미술저작물

미술저작물이란 형상 또는 색채에 따라 미적으로 표현된 것을 뜻하며 회화, 미술, 도안, 조각, 공예, 응용미술품 등이 포함된다. 흔히 미술작품과 같은 저작물의 경우에는 그 저작물을 소유하는 사람이 모든 저작권을 행사할 수 있다고 생각하기 쉽지만 이는 잘못이다. 즉 미술작품의 소유권과 저작권은 구별되어야 한다. 만약 소유자가 미술작품을 저작자의 허락 없이 그림엽서 등으로 만들어 팔게 되면, 이는 미술작품의 저작자의 권리를 침해하는 것이 된다는 점을 유의해야 한다.

5) 건축저작물

건축저작물이란 건축물을 건축하기 위한 설계도, 모형과 건축된 건축물을 포함한다. 통상적인 형태의 건물이나 공장 등은 건축저작에 포함되지 않으며 사회통념상 미적인 가치가 인정되는 것만이 보호된다.

6) 사진저작물

저작권법상 사진저작권이란 단순히 기계적인 방법을 통하여 피사체(被寫體)를 다시 재현시킨 것이 아니라 사진작가의 사상, 감정을 창작적으로 표현한 사진으로서 독창적이면서도 미적인 요소를 갖춘 것이어야 한다.

7) 영상저작물

영상저작물이란 음의 수반 여부에 관계없이 연속적인 영상이 수록된 창작물로서 기계 또는 전자장치에 의하여 재생하거나 볼 수 있는 것을 말한다. 통상적으로 영화, TV필름, 비디오테이프 등이 이 범주에 포함된다.

8) 도형저작물

도형저작물이란 지도, 또는 모형 등으로 표현된 저작물로서 평면이나 공간에 선이나 형태로 표현된 점에서 미술저작물과 유사하나 학술적 내용의 표현이란 점에서 차이가 있다.

9) 컴퓨터프로그램 저작물

컴퓨터프로그램도 저작물에 포함되지만 컴퓨터는 일반 저작물과는 다른 특성이 있기에 별도 법률인 「컴퓨터프로그램보호법」에 의하여 보호를 하도록 되어 있다.

(1) 2차적 저작물

2차적 저작물이란 기존의 원저작물을 번역, 편곡, 변형, 각색, 영상제작 그 밖의 방법으로 작성한 창작물을 말한다. 예를 들면 소설을 영화로 만드는 경우 그 영화는 2차적 저작물이 되며, 외국소설을 한국어로 번역하는 경우 그 번역물도 2차적 저작물이 된다.

(2) 편찬저작물

편찬저작물이란 그 소재나 구성 부분의 저작물성과 관계없이 소재의 선택 또는 배열에 창작성이 있는 저작권을 말한다. 편집저작물의 대표적인 예로는 백과사전이나 명시선집 등을 들 수 있다.

위에서 언급한 몇몇 예들은 어디까지나 하나의 예시이기 때문에 이외에도 다른 형태의 저작물이 있을 수도 있다.

2. 보호받지 못하는 저작물

저작권은 공중의 이용에 필요한 몇몇 저작물에 관해서는 아예 보호받지 못하는 저작물로 규정하여 처음부터 국민대중의 공유물로 하고 있다. 구법에서는 비저작물이라 하여 원칙적으로 그 저작물성을 부인하는 방법을 택했으나 현행 저작권법에서는 원칙적으로 그 저작물성은 인정하면서 공중의 자유이용에 공한다는 취지를 달성하고 있다.

저작권법상 보호를 받지 못하는 저작물은 법령, 법원의 판결·결정·명령, 사실의 전달에 불과한 사실보도, 국회 또는 지방의회에서의 연술 등이다. 그러나 보호받지 못하는 저작물이라 하더라도 이들을 선택·배열함에 있어서 창작성이 인정될 수 있는 경우에는 따로 편집저작물로서 보호된다. 위의 사실의 전달에 불과한 시사보도란 시사성을 띤 소재를 기자 등의 주관적인 비평·논평 없이 그대로 전달하는 것을 말하며, 단순한 시사보도가 사진과 함께 게재되어 있는 경우에 그 사진에 학술·예술적인 창작성이 인정될 수 있는 경우에는 그 사진은 따로 보호의 대상이 된다. 그러나 공무원 등이 국가의 기획 아래 연구서·보고서 등을 작성한 경우에는 국가가 저작권을 갖게 되는 것이며 저작물로 보호된다.

Ⅶ. 저작물의 요건

1. 문학·학술 또는 예술의 범위에 속하는 저작물

저작권법 제2조 1호에서 저작물이란 "문학·학술 또는 예술의 범위에 속하는 창작물"이라고 정의하고 있다. 그러므로 저작권법의 보호를 받는 저작물이 되기 위해서는 문학·학술 또는 예술의 범위에 속해야 하고, 창작물이어야 하며, 그리고 어떤 형태로든 밖으로 표현되어야 한다는 의미이다. 문학·학술 또는 예술의 범위에 속하는 저작물이어야 한다는 의미는 저작물이 질적으로 높은 수준이 되어야 한다는 의미는 아니다.

이러한 3가지 요건은 동시성을 갖지 않으면 저작권 보호를 받을 수 없다. 다시 말해서 어떤 저작물이 문학·학술 또는 예술의 범위에 속하기는 하지만 독창성이 없거나 표현되어 있지 않는 경우 또는 문학·학술 또는 예술의 범위에 속하고 독창성을 지녔지만 표현되지 않는 경우 또는 독창성을 지니고 있고 표현되어 있지만 문학·학술 또는 예술에 속하지 않는 기계적 제품이나 발명품 등인 경우에는 저작권의 보호를 받을 수 없다.

2. 창작성

창작성이란 저작자가 자신의 사상이나 감정을 표현한 것으로서 남의 것을 단순히 모방한 정도의 작품이 아니며, 또한 누가 하더라도 같거나 비슷할 수밖에 없는 내용의 것이 아니어야 한다는 의미이다. 창작성은 특허법 등에서 말하는 '신규성(novelity)'과는 구별해야 한다. 신규성이란 지금까지 동일한 것이 존재하지 않고, 오로지 처음으로 만들어지는 것을 말한다. 그러나 저작권법은 신규성과 관계없이 창작적 저작물에 확대된다. 비록 창작성을 지닌 두 개의 동일한 저작물이 존재한다 하더라도 저작물을 작성하는 과정에서 저작자 간에 서로 인접(隣接)한 적이 없다는 것이 입증되면 두 개의 저작물은 독립적으로 보호된다는 것이 저작권법의 일반 원칙이다.

3. 표현성

저작물이란 저작자의 사상이나 감정이 밖으로 표현된 것을 말한다. 표현되지 않고 머릿속에 생각만 하는 것은 아이디어에 불과하다. 아무리 창작성이 있다고 하더라도 표현되지 않으면 저작권법의 보호를 받을 수 없다. 따라서 저작물에 기술, 설명, 예증(例證) 또는 구체화되는 형태를 불문하고 아이디어, 절차, 과정, 체제, 작동방법, 개념, 원칙 또는 발견 등은 저작권 보호를 받을 수 없다. 예를 들어, 자동차 엔진의 조절방법에 관한 잡지 기사는 저작권 보호를 받을 수 있다. 그러나 그 기사에 담긴 아이디어, 사실 또는 절차는 그것들이 아무리 창작성을 지녔다 하더라도 저작권 보호를 받을 수 없다. 저작권 보호를 받는 것은 그 아이디어, 사실 및 절차의 표현일 뿐이다. 그러므로 누구든지 잡지 기사에 나타난 자동차 엔진의 조절 방법에 관한 아이디어, 사실 및 절차는 이용할 수 있다. 다만 다른 사람이 이용할 수 없는 것은 그와 같은 아이디어, 사실 및 절차를 기술 또는 설명한 저작자의 창작적 표현이다.

여기서 저작자의 사상이나 감정이 밖으로 표현되어야 한다는 의미는 저작물을 공중에 알리는 발행과 공표와는 엄연히 구별된다. 발행이라 함은 저작물을 일반공중의 수요를 위하여 복제·배포하는 것을 말하고, 공표라 함은 저작물을 공연·방송 또는 전시 그 밖의 방법으로 일반공중에게 공개하는 경우와 저작물을 발행하는 경우를 말한다. 발행과 공표가 저작물을 공중의 이용에 제공하거나 공중에게 배포하는 것을 의미하는 반면에, 표현성은 저작자의 사상이나 감정이 어떤 방법을 통하여 외부적으로 인식할 수 있고 그것이 이용될 수 있는 경우를 말한다.

10장

최근 디지털도서관의 기술 동향

Ⅰ. 유비쿼터스 도서관

1. 유비쿼터스 도서관의 개념

유비쿼터스 도서관은 언제, 어디서나 원하는 정보를 자연스럽게 이용할 수 있도록 유무선의 통신망이 통합된 컴퓨팅 환경에 기반을 두고 정보를 제공하는 디지털도서관을 의미한다. 전통적인 도서관은 물리적인 형태의 정보자원을 중심으로 한 소장 중심의 도서관이었으나, 이제는 무선 인터넷을 기반으로 개인별 정보의 네트워크화를 통한 유비쿼터스 도서관의 모습으로 발전하고 있다. 유비쿼터스 도서관은 가상공간이 생활공간과 결합된 새로운 통합 공간으로 존재하며, 더욱 강력해진 접근 중심의 도서관으로 변화될 것이다.

모든 곳에 존재하는 네트워크라는 것은 지금처럼 책상의 PC의 네트워크화뿐만 아니라 스마트폰, 휴대전화, TV, 게임기, 휴대용 단말기, 카 네비게이터, 센서 등 PC가 아닌 모든 비 PC 기기가 네크워크화 되어 언제 어디서나 누구나 대용량의 통신망을 사용할 수 있고 저요금으로 커뮤니케이션할 수 있는 것을 가리킨다. 1988년 유비쿼터스라는 말을 처음 사용한 미국 제록스 펠로 앨토연구소의 Mark Weiser 소장은 유비쿼터스 컴퓨팅이 메인프레임, PC에 이은 제3의 정보혁명의 물결을 이끌 것이라고 주장하였고 일본의 트론(TRON) 프로젝트를 주도해 세계의 주목을 받은 바 있는 도쿄대 사카무라 켄 교수는

[그림 2-2] 유비쿼터스 도서관 서비스

저서 『유비쿼터스 컴퓨팅 혁명』을 통해 선진국의 경우 사회로의 이행이 가속화되고 있는데 유비쿼터스컴퓨팅은 지속적 성장이 가능한 순환형 시스템의 정책을 가능하게 해 줄 것이라고 전망하고 있다.

2. 유비쿼터스 도서관의 유형과 관련 기술

유비쿼터스 도서관의 유형은 관리적 측면에서는 무선인식기술을 이용한 RFID 도서관을, 이용자 정보접근의 다양화 측면에서는 모바일 도서관으로 양분할 수 있다.

1) 모바일 도서관

모바일 도서관은 무선통신(Mobile) 기술을 이용하여 신호·부호·영상·음성 등 정보를 교환하는 도서관을 말한다. 모바일 도서관은 언제 어디서나 휴대폰이나 PDA 등을 통해서 도서관 홈페이지에 접속하여 도서관의 다양한 서비스를 이용할 수 있는 무선 인터넷 서비스라고 할 수 있다.

모바일 서비스는 유선 인터넷 서비스에 비해서 상대적으로 느린 전송속도, 입출력 인터페이스의 불편함, 콘텐츠의 부족, 고가의 통화료 등이 문제가 된다. 그러나 정보이용의 이동성, 편리성, 신속성의 장점 때문에 여러 분야에서 무선 모바일 기술을 활용하여 업무의 생산성과 효율성을 제고시키고자 하는 노력이 계속되고 있다. 이러한 현상은 정보기술의 영향을 받고 있는 정보서비스 분야에서도 예외가 아니며 국내의 경우, 이미 일부 도서관을 중심으로 모바일을 통한 정보서비스가 활발하게 이루어지고 있다.

(1) 모바일 도서관의 관련 기술

모바일 도서관을 위한 기술로는 기기간의 통신을 위한 프로토콜과 데이터 표현을 위한 마크업 언어에 대한 고려가 전제되어야 한다. 모바일 서비스를 위해서는 PDA 또는 휴대폰을 이용하여 인터넷에 접속할 수 있도록 해 주는 무선 프로토콜이 필요하다. 현재의 표준방식으로는 폰닷컴, 노키아, 에릭슨, 모토로라 등이 주축이 되어서 개발한 WAP(Wireless Application Protocol) 방식과 마이크로소프트사에서 개발한 ME(Mobile-Explore) 방식, 일본 NTT Docomo의 I-mode 방식 등이 있다.

마크업 언어는 유선 인터넷이 HTML을 표준으로 채택하는 것에 반해서 무선 인터넷에서는 HDML, mHTML, WML 등 통신업체마다 서로 상이한 마크업 언어를 사용하고 있다. 따라서 이동통신 업체에 관계없이 정보서비스를 제공하기 위해서는 하나의 콘텐츠마다 3개의 다른 표현형식을 갖추어야 하

며, 이를 위해서는 직접 변환할 수 있는 마크업 언어 간 자동변환 솔루션이
필요하다.

(2) 모바일 도서관의 서비스

모바일 도서관의 서비스는 주로 무선단말기를 통하여 도서관의 이용안내,
소장자료의 검색, 희망도서의 신청, 대출 예약 및 연장, 개인공지사항, 이용
자 커뮤니티, My Library, SMS(단말기문자서비스) 등을 제공하고 있다. 모바일
도서관을 통하여 제공되는 도서관의 서비스의 형태는 다음과 같다.

- 이용안내: 도서관과 자료이용 등에 대한 안내정보 조회
- 정보검색: 소장자료에 대한 검색(서명, 저자명, 서명 키워드, 신착자료
  검색)
- 대출조회: 대출상황 조회 및 대출기간 연장
- 자료구입: 도서구입 신청 및 신청도서의 상태 조회
- 참고질의: 즉답형의 제한된 질의응답 제공
- 공지사항: 공지사항 조회
- 건의사항: 도서관에 대한 건의사항
- 연락사항: 이용자에게 도착한 연락사항 통보

2) RFID 도서관

현재 RFID는 무선인식, 전파식별, 전자태그 등 다양한 용어로 쓰이고 있
다. RFID는 비접촉 정보 액세스를 가능하게 하며 인간의 개입 없이 원거리
모니터링 및 트랜잭션 처리를 지원해 준다. 이를 위하여 RFID 시스템은 기본
적으로 태그와 안테나, 리더, 응용서버로 구성된다. 인터넷의 보편화로 인해
서 발전된 디지털도서관은 RFID(Radio Frequency IDentification)와 같은 무선통

신기술이 도서관에 접목되면서 유비쿼터스 도서관으로 변모하고 있다. 무선인식기술(RFID)은 일종의 반도체 칩을 활용하여 내부의 정보를 읽고 기입할 수 있는 첨단기술을 말한다. RFID는 장서 관리, 대출반납 외에도 다양한 분야에서 그 가능성을 제시하고 있다. 자료의 소장 여부 및 도서의 대출 및 반납 상황을 비롯한 정보서비스의 프로세스 전반을 파악할 수 있으며, 그에 따라 병목 현상을 진단하여 적절한 개선 조치를 내릴 수도 있다. 또한, 무인 반납대 등을 통하여 이용자들에게는 보다 편리하고 빠른 반납 체제를, 사서에게는 단순 반복적인 대출·반납업무를 경감시킬 수 있다는 장점이 있다.

〈표 2-1〉 도서관에서의 RFID 시스템 도입 기대 효과

구 분	효 과
관리측면	• 대출 반납의 단순반복적인 업무의 경감 • 24시간 대출 반납이 가능한 무인 시스템의 구축 • 장서점검의 시간과 노력의 경감 • 대출반납 자동화에 따른 보다 명확한 자료 선정 • 이용자들을 위한 고급서비스에 더 많은 시간과 노력 투자 가능 • 자료의 빠른 원위치 배열로 이용 효율의 증대 • 자료의 정확한 위치 파악 보장 • 보다 합리적이고 이용자의 요구에 부합하는 장서 구성 • 도서관 자료의 분실 차단 및 분실 방지 • 이용자와의 마찰 및 도서관 자료의 분실에 대한 직원의 심리적 부담감 해소
이용측면	• 간편한 대출 시스템으로 대기시간의 감소 • 자료의 반납 절차의 간소화에 따른 자료 접촉의 기회 증대 • 시간의 제한 없는 자료의 대출, 반납 • 이용자의 편의성 증대 • 이용자 중심의 보다 향상된 서비스 제공

(1) RFID 도서관의 구성요소

RFID 시스템은 리더, 안테나, 태그, 응용서버로 구성된다. 태그(Tag)는 발신자에 해당하며, 경로를 추적할 필요가 있는 자료에 부착하여 자료와 관계되는 정보를 수록한다. RFID 도서관에서 사용하는 태그는 ROM이나 RAM과 같은 반도체를 사용하며, 저장용량은 512bit 이상, 크기는 ISO카드의 형태를

지니고 있다. 데이터를 영구히 저장할 수 있고, 10만 회 이상의 Read-Write가 가능하여 반영구적인 활용이 가능하다.

리더(Reader)는 태그로부터 발생되는 신호 정보를 생성 및 해독하는 역할을 하며, 태그와 통신이 가능한 주파수를 가져야 한다. RFID 도서관의 리더는 손으로 휴대 가능한 장서점검기와 고정 설치되는 사서용 데스크 탑 리더 두 가지 형태가 있다. 이들은 모두 태그로부터 전송되는 정보를 판독하는 기능을 하며, 표준 통신방식을 사용하여 서버와 통신한다.

안테나(Antenna)는 리더로부터 신호를 전송하거나 태그로부터 발생되는 신호를 수신하는 역할을 한다. RFID 도서관에서는 주로 게이트웨이 안테나(Gateway Antenna)가 사용된다. 이 게이트웨이 안테나는 한 쌍의 3D 안테나로 이루어져 있으며, 주로 자료의 대출 및 반납을 관리 및 통제하는 기능을 한다. 안테나와 패널 사이의 거리는 90cm 이상이며, 정상적인 대출 자료와 무단 반출 자료를 구분하여 경고음을 발생시킨다. 특히, 신호의 처리에 있어서 1초에 20개 이상의 태그를 동시에 인식할 수 있어 일괄 동시처리가 가능하다.

응용 서버(Application-Server)는 사용목적에 따라 업무에 필요한 항목들을 관리하는 역할을 한다. RFID 시스템의 응용 서버는 사용되는 애플리케이션에 따라 다양한 부가서비스를 개발할 수 있으며, 이용자의 인지를 피해서 부지불식간에 주위환경 정보를 수집하여 이용자가 원하는 수준의 정보를 제공할 수 있다.

(2) RFID 도서관의 작동원리

RFID 도서관은 태그의 정보를 수집하여 자료의 대출 빛 반납, 반납도서의 분류, 위치추적 등 도서관 자료의 흐름을 실시간으로 자동 처리할 수 있다.

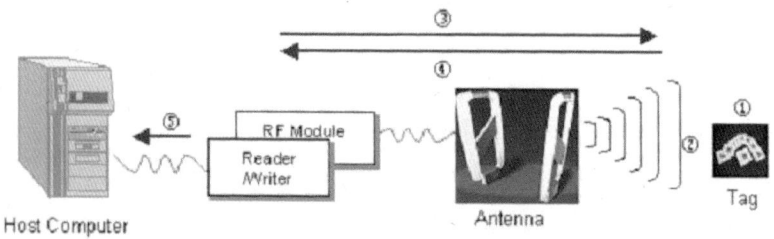

[그림 2-3] RFID 작동원리

RFID 도서관 시스템의 작동원리는 다음과 같다.

① Reader/Writer기기를 통해 Tag의 메모리에 정보 저장(암호화된 방식)

② 안테나 전파 범위 내에 Tag 진입

③ Tag의 메모리 칩에 전원 공급

④ 메모리에 저장된 정보 전송

⑤ 정보처리 시스템에게 전달

3. 모바일 서비스와 모바일 도서관

1) 모바일 서비스

모바일 서비스는 무선인터넷이 가능한 환경을 기반으로 개발된 것으로서 휴대폰이나 PDA를 통해 도서관 서비스에 저속하여 자료를 찾거나 신착도서 및 대출연장 등을 신청할 수 있도록 한 것을 의미한다. 이러한 의미의 모바일 서비스는 유선 인터넷 서비스와 달리 무선 인터넷을 이용함으로써 도서관에 직접 오지 않고도 항상 휴대하면서 이동 중에도 신속하게 정보에 접근하거나 대출 상황 등을 조회할 수 있게 해 주는 큰 장점을 제공한다.

2) 모바일 도서관

모바일 도서관은 무선통신(Mobile) 기술을 이용하여 신호, 부호, 영상, 음성 등 정보를 교환하는 도서관을 말한다. 모바일 도서관은 언제 어디서나 휴대폰이나 PDA 등을 통해서 도서관 홈페이지에 접속하여 도서관의 다양한 서비스를 이용할 수 있는 무선인터넷 서비스라고 할 수 있다. 모바일 서비스는 유선 인터넷 서비스에 비해 상대적으로 느린 전송속도, 입출력 인터페이스의 불편함, 콘텐츠의 부족, 고가의 통화료 등이 문제가 된다. 그러나 정보이용의 이동성, 편리성, 신속성의 장점 때문에 여러 분야에서 무선 모바일 기술을 활용하여 업무의 생산성과 효율성을 제고시키고자 하는 노력이 계속되고 있다. 이러한 현상은 정보기술의 영향을 받고 있는 정보서비스 분야에서도 예외가 아니며 국내의 경우, 이미 일부 도서관을 중심으로 모바일을 통한 정보서비스가 활발하게 이루어지고 있다.

3) 모바일 도서관의 서비스

모바일 도서관의 서비스는 주로 무선 단말기를 통하여 도서관의 이용안내, 소장자료의 검색, 희망도서 신청, 대출 예약 및 연장, 개인공지사항, 이용자 커뮤니티, My Library, SMS(단문문자서비스) 등을 제공하고 있다. 모바일 도서관을 통하여 제공하는 도서관의 서비스는 다음과 같다.

(1) 이용안내

도서관 이용에 대한 간략한 안내를 받을 수 있는 도서관 이용안내 서비스이다. 예를 들면 도서관 개관 시간이나 자료열람, 대출 책 수 등 도서관과 자료 이용에 대한 안내 정보를 조회할 수 있다.

(2) 정보검색

도서관이 소장한 자료를 검색할 수 있는 소장자료 검색 서비스이다. 검색 기능으로는 서명검색, 저자검색, 서명 키워드검색, 신착자료검색 등이 가능하다.

(3) 대출조회

이용자의 대출상황을 조회하거나 대출기간을 연장할 수 있는 개인대출상황 조회서비스이다. 화면상으로 서명, 반납, 예정일 정도를 볼 수 있다.

(4) 자료 구입

도서구입을 선정하거나 구입 신청한 도서의 상태를 확인할 수 있는 자료구입 신청 조회 서비스이다. 이 서비스에서는 검색내용은 서명, 저자, 발행연도, 처리상태 등을 볼 수 있다.

(5) 참고질의

참고사서에게 질의응답 할 수 있는 참고 질의응답 서비스이다. 내용은 즉답형 참고질의로 제한하여 간략하게 보여 주고 있다.

(6) 공지사항

도서관에서 이용자에게 알리는 공지사항을 조회하는 서비스이다. 제목과 입력일자, 공지사항 리스트를 보여 준다.

(7) 건의사항

이용자가 도서관에 대한 불편사항이거나 건의사항을 알려 주는 서비스를 제공한다.

도서관은 이와 같은 서비스뿐만 아니라 개인별 포털사이트에 등록된 저널, 키워드, 동향정보, SDI 서비스 등을 모바일을 통해 조회하거나 통보해 주는 개인별 맞춤서비스를 제공하고 유선 인터넷에서와 유사하게 잡지명, ISSN, 기사별, 저자명, 발행연도, 권호, 페이지, 의뢰범위, 발송방법 등을 선택 또는 입력하여 원문을 신청하는 원문서비스를 제공할 때 원문서비스는 대부분 유료서비스로서 선불 혹은 후불 방식으로 요금을 정산해야 하는 번거로움이 있는데 휴대폰 요금과 통합하여 지불하는 방법을 사용하면 편리하다. 그리고 pay-per-view 방식으로 전자저널을 열람, 다운로드받아 이용할 수 있는 서비스를 제공하기 위해서는 사용시간에 기반을 둔 요금 정책을 이용요금 종량제, 정액제 도입 등의 다양한 과금방식이 도입되어야 한다.

4. 모바일 도서관의 전망

모바일 도서관의 서비스에서 나타나는 문제점으로는 구현기술의 표준화와 서비스의 단순성, 콘텐츠의 인터페이스의 문제가 있다.

1) 통신 프로토콜의 표준화
모바일 서비스는 프로토콜의 제공방식이 상이함에 따른 이용방법의 차이가 가장 큰 장애요인이 된다. 데이터의 표준방식도 유선 인터넷이 HTML을 표준으로 사용하고 있는 반면에 무선 인터넷은 HDML, mHTML 등 통신업체마다 서로 다른 마크업 언어를 사용하고 있으므로 하나의 콘텐츠마다 3개의 각각 다른 표현형식을 갖추어야 한다는 문제점이 있다. 따라서 프로토콜의 표현형식 표준화가 시급한 과제라고 할 수 있다.

2) 인터페이스의 불편함 개선

현재 모바일 서비스에 접속하기 위해서는 무선 인터넷이 가능한 휴대폰에서 각 도서관이 무선 인터넷 주소를 입력해야 하는 불편함이 따른다. 텍스트의 입력방식이 아닌 그래픽 모드로의 접속 및 검색, 화면 디자인 등에서 이용자 사용의 편리성이 적극 고려되어야 할 것이다.

3) 독립된 예산 확보

모바일 시스템의 운영, 다양한 내용의 내용 서비스 제공 및 서비스 범위의 확대는 독립된 예산 편성하에서 안정적으로 운영될 것이다.

4) 다양한 과금방식에 대한 연구

이용자의 통화료에 대한 경제적인 부담을 줄이면서 다양한 콘텐츠의 제공이 지원될 경우 모바일 서비스가 보다 확산될 것이다. 따라서 통신 이용 요금의 부담을 줄일 수 있도록 이용요금의 종량제, 정액제의 도입, 모바일 뱅킹과의 연계 등 다양한 과금방식에 대한 연구가 추진되어야 할 것이다.

5) 서비스 내용의 질적 향상

현재 모바일 서비스는 부진함을 보이고 있지만 유선인터넷 서비스와는 달리 도서관 밖에서도 항상 휴대하면서 이동 중에도 필요한 정보를 신속하게 이용할 수 있다는 장점이 있다. 따라서 양질의 이용자 중심의 서비스 제공을 위하여 다음과 같은 서비스 내용으로의 질적 향상을 적극 모색해야 한다.

- 모바일 서비스는 단순한 정보서비스에 그칠 것이 아니라 유선서비스의 정보 제공과 상호 보완적인 측면에서 발전 가능성을 도모하여야 할 것이다.

- 개인별 맞춤 정보서비스를 모바일로 확대하여 실시해야 할 것이다. 즉 이용자가 개인별 맞춤서비스인 SDI나 Alert 서비스, 동향정보 등을 신속하게 제공받을 수 있게 해야 할 것이다.
- 모바일에 의한 원문제공 서비스는 단말기 액정의 크기, 전송속도 등으로 인한 현실적 어려움이 따르므로 최소한의 서지정보 입력을 통해 이루어지는 원문신청 서비스의 활성화를 도모해야 할 것이다.
- 실시간 연중무휴 서비스로 디지털 참고봉사를 확대 실시해야 할 것이다.
- 이용자가 선정한 자료의 목차나 초록정보를 모바일로 제공해야 할 것이다.
- 궁극적으로는 우수한 학술정보 콘텐츠를 충실히 갖추어 정보이용자에게 모바일로 제공해야 할 것이다.

6) 단말기 액정크기의 제한 극복

현재 휴대폰의 경우 멀티미디어 정보나 원문정보를 보기에는 화면의 크기가 작아 매우 불편하다. 이 문제를 해결할 수 있는 다양한 단말기가 개발되어 저렴한 가격으로 보급되어야 할 것이다.

7) 국가적 차원에서의 솔루션 개발 및 업그레이드 지원

모바일 서비스의 솔루션 개발 및 업그레이드에 드는 비용을 각 공공도서관이 제각기 부담하는 것은 국가적인 차원에서의 비용의 낭비이며, 많은 시간 및 노력의 중복도 뒤따른다. 향후 이러한 비효율성을 줄이고 이용자에게 향상된 모바일 정보서비스를 제공하는 데 주력할 수 있도록 국가적인 차원에서 모바일 서비스의 솔루션 개발 및 기능의 업그레이드화 사업을 지속적으로 총괄하여 추진하고 이를 공공도서관에 무상으로 제공하는 정책이 강구되어야 할 것이다.

Ⅱ. 스마트폰을 이용한 모바일 도서관

1. 스마트폰의 개념

스마트폰(smartphone)은 PC와 같은 기능과 더불어 고급 기능을 제공하는 휴대전화와 동일하다. 스마트폰은 응용 프로그램 개발자를 위한 표준화된 인터페이스와 플랫폼을 제공하는 완전한 운영 체제 소프트웨어를 실행하는 전화로 볼 수도 있겠지만 어떤 사람들에게 스마트폰은 전자 우편, 인터넷, 전자책 읽기 기능, 내장형 키보드나 외장 USB 키보드, VGA 단자를 갖춘 고급 기능이 있는 모바일 전화라 할 수 있기 때문에 모바일 도서관 등 스마트폰의 다양한 기능을 활용할 수 있다. 다시 말해 스마트폰은 전화 기능이 있는 소형 컴퓨터라 볼 수 있다. 무선인터넷을 이용하여 인터넷에 직접 접속할 수 있을 뿐 아니라 여러 가지 브라우징 프로그램을 이용하여 다양한 방법으로 접속할 수 있는 점, 사용자가 원하는 애플리케이션을 직접 제작할 수도 있는 점, 다양한 애플리케이션을 통하여 자신에게 알맞은 인터페이스를 구현할 수 있는 점, 그리고 같은 운영체제(OS)를 가진 스마트폰 간에 애플리케이션을 공유할 수 있는 점 등도 기존 피처 폰(feature phone)과 차별성이 있다고 본다.

다시 말하면 스마트폰은 종래의 휴대폰에 PC의 기능을 더하고 전화망과 컴퓨터 네트워크를 연결하여 다양한 서비스 사용을 가능하게 한 모바일 단말이라고 정의할 수 있다. 스마트폰의 주요 특징은 PDA 기능, Wi-Fi를 통한 무선 인터넷 서비스, 쿼티(QWERTY)자판 등을 탑재하고 있으며 범용 운영체제를 사용하고 표준화된 응용소프트웨어의 개발환경을 제공하여 누구나 응용소프트웨어를 개발하여 다른 사람과 공유할 수 있다. 즉 일반 컴퓨터처럼 운영체제를 탑재하여 사용자가 원하는 다양한 응용프로그램(애플리케이션)을 설치하고 동작시키고, 휴대폰 하나로 인터넷, 멀티미디어, 사무업무 기능 등을 종합적으로 이용할 수 있으며, 컴퓨터처럼 새로운 애플리케이션을 계속 추가하여 활용할 수 있는 휴대폰인 것이다.

2. 스마트폰 도서관 모바일 서비스

도서관에서는 오래전부터 모바일 서비스를 시행하고 있다. 소장자료 검색을 휴대기기를 통해 가능하게 하고, 대출, 연장, 예약 등 My Library 내의 서비스가 이용가능하고, 휴대기기에 이용자 바코드를 저장하여 모바일 열람증 서비스를 실시하고, 반납요청서비스, 예약도서도착서비스 등 다양한 공지사항을 문자 메시지로 공지함으로써 업무의 신속, 효율성을 제고시키고 이용자의 요구에 발 빠르게 대처하는 모습을 보였다. 하지만 무선랜이나 이동통신사의 무선 인터넷 서비스는 느린 전송속도와 입출력 인터페이스의 불편함, 콘텐츠의 부족, 고가의 통신요금 등의 저해요인들로 인해 투자대비 이용자들이 체감하는 만족감을 충족시키기에는 다소 어려움이 있었다. 이러한 문제점들로 인해 기존의 도서관 모바일 서비스는 크게 활성화되지 못했으며, 특히 고가의 무선인터넷 이용료에 대한 부담감으로 인해 모바일 서비스의 이용률이 증가하지 못하였다.

반면에 스마트폰을 통한 도서관의 모바일 서비스는 기존의 모바일 서비스의 저해요인을 상당 부분 극복할 수 있는 새로운 모바일 서비스이다. 스마트폰에서는 일정한 요금에 따라 무선인터넷을 무료로 사용할 수 있는 Wi-Fi 망의 이용이 가능한데, 이것은 기존의 모바일 서비스 중 가장 큰 문제였던 고가의 무선인터넷 이용료 문제를 해결해 주는 요소이다. 또한 기존의 일반 휴대기기보다 넓어진 화면 크기로 인해 입출력 인터페이스와 시각적인 명확성이 크게 개선되었으며, 인터넷의 WWW 서비스를 동일하게 이용할 수 있다는 점은 기존 웹서비스와의 호환성을 보장하기 때문에 좀 더 많은 서비스를 안정적으로 제공할 수 있도록 해 준다. 이러한 장점들로 인해 최근 들어 도서관의 스마트폰 전용 서비스들이 늘어나고 있는 추세이다.

3. 스마트폰 모바일 서비스 제공방식

스마트폰을 통한 모바일 서비스 제공방식에는 애플리케이션이라고 불리는 모바일 웹과 기존의 웹사이트를 모바일에 최적화시켜 개발한 모바일 웹이 있다.

스마트폰은 컴퓨터처럼 운영체제를 탑재하여 사용자가 원하는 응용프로그램, 즉 애플리케이션을 스스로 개발할 수 있고, 이것을 다른 이용자들과 공유할 수도 있다. 애플리케이션은 웹 방식에 비해 상대적으로 실행속도가 빠르고 다양한 인터페이스를 제공할 수 있는 장점이 있다. 스마트폰 운영체제에 따라 해당 애플리케이션마켓인 애플 앱스토어, 안드로이드마켓에 앱을 등록하고 유·무료로 다운로드할 수 있게 하여 다양한 이용자들이 자신들의 이용목적에 맞는 앱을 개발하여 활용할 수 있다. 또한 'QR코드'와 같은 다소 복잡한 기술을 쉽게 이용할 수도 있지만, 스마트폰의 OS(Operation System)별로 각기 다른 응용프로그램을 만들어야 하기 때문에, 중복개발의 문제와 개발 및 유지비용이 든다. 앱은 네트워크에 맞게 알맞은 디자인을 해야 하기 때문에 사용자가 보기에는 편리하나 호환성이 낮고, 운영체제에 따른 개별 관리를 해야 한다는 단점이 있다.

한편, 모바일 웹 방식은 인터넷에 탑재되어 있는 웹브라우저를 통해 인터넷을 이용하는 방식으로 주로 도서관 전용 웹사이트를 통해 서비스가 제공된다. 모바일 웹은 스마트폰의 화면크기가 일반 PC 모니터의 크기보다 현저하게 작기 때문에 필요하다. 스마트폰의 화면 크기에 맞게 만들어진 모바일 웹은 간단하게 구성하여 불필요한 트래픽을 줄이고, 웹사이트의 로딩 속도가 빠르다. 일반 웹사이트의 각종 이미지와 플래시, 동영상 등은 스마트폰에서 트래픽을 유발시키고, 과도한 통신요금, 느린 로딩속도를 일으키기 때문이다. 모바일 웹은 기존의 웹을 이용해서 필요한 것만 선택하여 만들기 때문에 개발 및 유지비용이 애플리케이션에 비해 적으며, 콘텐츠의 업데이트나 웹사이트의 수정이 실시간으로 가능하다. 하지만 애플리케이션방식에 비해 네트워크 부하가 높아 속도가 느릴 수 있으며, 복잡한 기능과 화려한 인터페이스는 구현할 수 없다는 단점이 있다.

따라서 애플리케이션의 방식과 모바일 웹의 장점을 접목시킨 하이브리드적인 도서관 모바일 서비스가 제공될 필요가 있다.

4. 스마트폰 앱을 활용한 모바일 서비스 전략

정종기(2011)는 모바일 앱을 활용한 도서관 서비스 전략으로 네 가지를 제시하였다. 모바일 웹과 앱을 연계한 하이브리드 서비스체제를 구축, 도서관 서비스에 적용할 앱 평가 원칙을 수립, 대학도서관의 마케팅과 교육서비스에 앱을 활용, 앱 서지서비스를 제공을 제시하였다. 우선, 스마트폰에는 앱과 웹 그리고 두 방식이 혼합된 하이브리드 앱이 있다. 스마트폰에는 아이폰 운영체제, 안드로이드 운영체제를 사용하는데 앱의 경우 각 운영체제에 최적화하여 빠른 속도를 제공하고 단말기의 기능들을 효과적으로 활용할 수 있는 장점이 있는 반면, 운영체제에 맞게 개별적으로 앱을 개발해야 하는 단점이 있다. 웹의 경우 스마트폰의 종류와 상관이 없고, 호환성이 높고 제작비용이 경제적이라는 장점이 있지만, 오프라인 처리와 단말의 특성 정보를 활용할 수 없고, 대용량의 처리 등에 한계를 갖는 단점을 갖고 있다. 앱과 웹의 장점만을 살리는 하이브리드 앱이 있다. 이것은 웹 표준을 준수한 모바일 홈페이지를 만든 뒤 앱으로 연동시키는 모델이 바람직하고, 도서관 모바일 웹사이트를 개설하고 도서관 앱을 소개하거나 다운로드할 수 있도록 연계시키는 방안도 좋다. 현재는 모바일 앱이 대세를 이루고 있으나, 2~3년 뒤에는 하이브리드적 앱이 대세로 자리 잡을 것이라 예상된다. 이용자들이 스마트폰으로 도서관전용 앱을 계속 사용할 수 있게 하기 위해선 앱 평가 원칙을 만들어야 한다. 예를 들면, 앱을 다운로드받는 비용, 앱의 파일 크기, 앱의 최신성, 업데이트가 꾸준히 이루어지고 있는지 등을 관리해야 한다. 그리고 페이스북, 플리커, 퀵, 위키피디아, 트위터 등과 같은 소셜네트워크를 이용하여 대학도서관을 홍보하고, 참고정보서비스를 위한 앱 서지를 개발하여 이용자들 쉽고 빠르게 서지사항을 알 수 있게 한다.

또한 스마트폰용 전자책 서비스를 실시해 이용자들이 쉽게 전자책을 이용할 수 있게 한다. 실제로 안성시립도서관을 비롯한 여러 공공도서관들은 도서관 홈페이지에서 온라인 서비스로 제공하고 있는 전자책 도서관(e-book) 자료를 각 스마트폰의 운영체제에 맞게 만들어 다운로드받아 이용할 수 있게 하였다. 대학도서관도 이처럼 도서관에서 소장하고 있는 전자책을 스마트폰용 앱으로 개발하여 학생들이 쉽게 이용할 수 있도록 해야 한다.

11장

메타데이터 관리

Ⅰ. 메타데이터의 개념

메타데이터는 공통적 지식(common knowledge), 즉 데이터에 대한 데이터 혹은 정보에 대한 정보이다. 또는 메타데이터의 구조적 의미를 강조하면서 데이터에 대한 구조적 데이터(structured data about data)로 정의되기도 한다. 메타데이터라는 개념은 새로운 것이 아니다. 도서관 사서들은 수백 년 동안 도서와 저널을 목록해 왔는데, 그러한 도서관 목록은 이용자가 자원을 검색하는 것을 도울 수 있도록 자원에 대한 기술사항을 제공하는 것으로서, 다양한 레코드와 데이터를 포함하는 메타데이터의 한 예라고 볼 수 있다. 그러나 메타데이터는 도서관 목록과 같은 인쇄 자료에 대한 정보에만 한정되는 것이 아니라 인쇄 자료나 전자 자료 모두에 대한 정보를 포함한다. 즉 웹 환경에서 인터넷의 전자적 자원과 비전자적 자원을 조직하고 기술하며, 규명하고, 위치를 찾아내어 검색하는 것을 도울 수 있는 데이터를 의미한다.

1. 메타데이터의 정의

메타데이터는 '데이터에 관한 데이터(data about data)'로 정의할 수 있다. 추상, 초월을 의미하는 'meta-'와 자원을 의미하는 'data'를 합성한 용어로, 도서관의 목록이나 색인의 개념과 유사하다. 종전에는 메타데이터가 출판물에 대한 카탈로그 혹은 목록 등을 의미했으나, 최근 들어 데이터 혹은 데이터 세트를 효율적으로 접근하고 관리할 수 있도록 해 주는 데이터에 대한 정보를 총칭하는 용어로 사용되고 있다. 즉 데이터가 생성됨에 따라 결정되는 데이터의 구조, 표현 기법, 참조 정보, 내용 서술 정보, 데이터의 접근, 획득, 배포, 활용에 관한 정보, 생성자 및 관리자 정보 등을 광범위하게 서술하는 데이터 세트 또는 정보를 의미한다. 최근에는 '웹 자원(혹은 네트워크 자원)을 기술한 데이터'란 의미로 주로 사용되고 있다. 이런 점에서 메타데이터는 데이터에 관한 구조화된 데이터로서, 자원과는 독립적으로 존재하면서 다양한 접근점과 네트워크 주소를 포함한 레코드라고 할 수 있다.

이러한 메타데이터는 과거에는 책이나 메모 혹은 참조 매뉴얼의 형태로 존재해 수동으로 접근이 가능했지만, 오늘날은 일반적으로 컴퓨터의 계층적 저장 시스템 내에서 컴퓨터 온라인 시스템 혹은 온라인 시스템과 오프라인 시스템이 결합된 전자적인 포맷을 가진 형태로 존재한다. 메타데이터의 정의를 영어로 'information about resource'로 표현하기도 한다. 자원들의 관계를 표현하고, 원하는 자원을 찾고, 효율적으로 사용을 지원하는 정보이다. 따라서 메타데이터는 그 대상이 되는 자료의 형식이나 장소에 구애받지 않고 많은 분야에서 쓰이는 포괄적인 개념이다. 메타데이터는 디지털도서관에서 다루게 되는 다양한 정보자원들을 기술, 조직하는 역할뿐만 아니라 이용자들에게 그 자원들을 검색하도록 하며, 각종 부가적인 서비스를 제공하는 기반이 된다. 즉 디지털 정보콘텐츠에 대한 통로(pathway) 역할을 한다.

2. 메타데이터의 생성 방법

메타데이터의 생성은 처리방법에 따라 몇 가지로 구분할 수 있다. 어떠한 방식으로 생성되더라도 메타데이터는 수정과 보완 검증 작업을 통해 적정

수준의 품질을 유지하여야 한다.

1) 기계처리에 의해 메타데이터를 자동생성

DC-dot와 같이 웹사이트의 HTML 문서를 분석하여 메타데이터를 자동으로 생성하는 경우이다. 이렇게 생성되는 메타데이터에는 질적인 문제가 발생할 수 있다.

2) 정보자원의 저자가 직접 생산하는 경우

저자 생성 메타데이터라고 한다. 저자가 정보자원을 특정한 시스템에 등록할 경우 직접 생성하여 데이터 값이 정확할 수 있지만, 메타데이터를 기술하는 전문지식이 부족하여 전체적인 품질수준을 떨어뜨릴 수 있다.

3) 메타데이터 작성 전문가에 의해 생성하는 경우

도서관 사서와 같은 전문가에 의해서 메타데이터를 생성한다. 콘텐츠의 규모가 매우 방대할 경우 이 방식은 과도한 비용을 유발할 소지가 있다.

4) 이용자가 메타데이터를 생산할 경우

이용자가 콘텐츠에 대한 메타데이터(목록, 주제어, 주석 등)를 작성하는 경우에 해당된다.

5) MARC에 의한 메타데이터 생성

도서관 시스템의 경우, 그동안 대표적인 메타데이터로 MARC을 사용해 왔다. MARC는 모든 유형의 자료에 포괄적으로 적용되는 범용의 메타데이터 표준이었다. 그러므로 스키마 구조가 방대하고 복잡하다.

3. 메타데이터의 유형

IFLA의 보고서에 의하면 메타데이터의 유형을 다음과 같이 6가지로 구분하고 있다.

1) 관리적 메타데이터(Administrative Metadata)

생성, 수정, 타 레코드와의 관계 등과 같은 레코드 그 자체에 관한 정보로 다음과 같은 요소가 해당된다.

- 레코드 번호
- 레코드 생성 날짜
- 최종 수정 날짜
- 레코드의 저작자/검토자의 식별
- 레코드의 언어
- 주기사항
- 타 레코드와의 관계

2) 기술적 메타데이터(Descriptive Metadata)

디지털 아이템 또는 객체의 물리적이고 지적인 특성 또는 내용을 기술(서술)하는 정보로 다음과 같은 요소가 해당된다.

- 서명(대등서명, 부서명, 단축서명 등 포함)
- 저작자(저자, 작곡자, 만화가, 예술자 등 포함)
- 날짜
- 출판자

- 고유 식별자(ISBN, URL 등)
- 요약, 설명 주기, 리뷰 등
- 이용대상층 수준
- 물리적 매체, 포맷 등
- 아이템 또는 객체의 언어
- 버전

3) 분석적 메타데이터(Analytical Metadata)

자원의 내용에 대한 접근을 분석하고 강화하는 데 필요한 정보이며, 주로 다음과 같은 '주제 메타데이터'로 언급된다.

- 통제된 주제어(예: 주제명표목, 디스크립터 등)
- 주제 키워드
- 초록, 목차
- 분류시스템 또는 범주관련 표준들에서 얻어진 코드 값
- 자관에서 중요하게 다루는 요소들(예: 기관 소속, 다른 관련 콘텐츠의 링크)

4) 권한관리 메타데이터(Rights Management Metadata)

디지털 아이템 또는 객체의 접근, 이용 등의 제약에 관한 정보로 다음과 같은 요소가 해당된다.

- 이용 제약
- 허용 조건
- 구독/라이선싱/이용당 지불요금

- 감사
- 저작권 공시
- 보유 계획
- 품질 평점
- 이용 기권자

5) 기술적 메타데이터(Technical Metadata)

아이템 또는 객체를 디지털 포맷으로 변환, 저장, 디스플레이할 때 사용하는 H/W 또는 S/W 정보로 다음과 같은 요소가 해당된다.

- 디지털화 장비 규격
- 카메라 위치
- 촬영조건
- 코딩 파라미터
- 음성인식 및 되읽기 H/W와 S/W
- 광학 스캐너 규격
- 이미지 변환 방비
- 파일 유형과 변환 S/W 규격

6) 기타, 자관, 지역, 조직 등의 요구 또는 국가적으로 필수적으로 요구한 메타데이터 표준에서 특별한 요소들

4. 기능

일반적으로 메타데이터는 정보자원의 구조적인 형태와 속성(attribute) 정보

들을 기술하는 자원기술(resource description)을 목적으로 한다. 또한 메타데이터는 검색된 정보자원의 레코드에서 원하는 데이터를 식별하는 기능을 제공한다. 이러한 메타데이터의 기능에 대한 논의는 FRBR 모형에서 제시한 것과 NISO에서 제시한 것이 많이 알려져 있다.

1) FRBR 모형에서 제시한 메타데이터의 기능

(1) 검색기능

이용자가 제시한 검색기준에 부합되는 것들을 검색한다. 검색결과는 단일의 정보자원 또는 복수의 정보자원들을 제시하게 된다.

(2) 식별기능

정보자원의 객체를 식별한다. 즉 이용자가 원하는 객체임을 확신한다.

(3) 선택기능

이용자의 요구에 적합한 객체를 선택한다. 즉 내용, 포맷 등 이용자가 요구한 것에 부합하는 것을 선택하고, 부합하지 않는 것은 포기한다.

(4) 획득기능

선택한 객체에 대한 접근을 획득한다. 즉 구매나 임대 등을 통하거나 온라인으로 객체에 접근하여 획득한다.

2) NISO에서 제시한 메타데이터의 기능

서로 다른 H/W와 S/W 플랫폼의 이용, 데이터 구조 및 인터페이스 등에서의 데이터 교환과 공유를 위한 능력의 입장에서 메타데이터의 기능을 다음과 같이 정의하였다.

  (1) 자원의 탐색
   · 적합성 기준에 의한 자원들의 검색
   · 자원들의 식별
   · 유사한 자원들을 한곳으로 배열
   · 유사하지 않은 자원들을 분리
   · 소장처 정보의 부가

  (2) 전자자원의 조직
   · 이용대상층 또는 주제 영역에 따라 자원들의 링크를 조직
   · 데이터베이스에 저장된 메타데이터로부터 이 페이지들을 동적으로 구성

  (3) 상호 운용성의 이용
   · 정의된 메타데이터 스키마들, 전송 프로토콜들, 스키마들 간의 변환(crosswalk)
     을 이용하여, 네트워크에 분산된 자원들을 통합적으로 검색
   · Z39.50 프로토콜 기술 등을 이용한 분산시스템 검색(cross-system search)
   · OAI 프로토콜 등을 이용한 메타데이터 수확

  (4) 디지털 식별
   · 표준번호 형식의 요소들(예: ISBN) 사용
   · 파일명, URL, 영구식별자(PURL, DOI 등) 등을 이용하여 디지털 객체의
     소장 정보를 식별

- 디지털 정보는 깨지기 쉽고, 손상될 수 있음
- 저장기술의 변경으로 인해 사용불가가 될 여지가 있음
- 포맷전환과 에뮬레이션 기법은 이러한 위기를 극복하는 전략이 될 수 있음
- 메타데이터는 미래에도 자원들의 영속성과 접근성을 보장하는 핵심적인 역할 수행
- 디지털 객체의 계통을 추적하고 물리적인 상세한 특성을 기술하고, 미래의 기술로 에뮬레이션하기 위한 행동들을 문서화하는 등과 같이 아카이빙과 보존을 위한 특별한 요소들이 필요함

5. 메타데이터 선정의 원칙

NISO는 개별적인 디지털 객체에 대한 기술적 정보를 표현하여 이용자들에게 검색 가능하도록 해 주는 메타데이터를 선택하고 구현하기 위한 6가지 기본 원칙을 다음과 같이 제시하고 있다.

1) 메타데이터 원칙 1

우수한 메타데이터는 장서 내의 자료들, 장서의 이용자들, 그리고 디지털 객체의 의도된, 현재와 미래의 이용에 적합해야 한다.

2) 메타데이터 원칙 2

우수한 메타데이터는 상호 운용성을 지원해야 한다.

3) 메타데이터 원칙 3

우수한 메타데이터는 전거통제와 통제어휘들과 같은 콘텐츠 표준을 사용한다. 이것은 객체의 콘텐츠와 관련된 콘텐츠를 함께 제공하기를 원하는 이용자의 기대에 부응하게 된다.

4) 메타데이터 원칙 4

우수한 메타데이터는 디지털 객체의 사용에 관한 조건들에 대한 명확한 설명을 포함한다.

5) 메타데이터 원칙 5

우수한 메타데이터는 장서 내에서 객체들의 장기적 관리를 지원한다.

6) 메타데이터 원칙 6

우수한 메타데이터 레코드는 그 자체가 바로 객체가 되므로 우수한 객체로서 가져야 하는 권위성, 진본성, 보존성, 영속성, 유일 식별성 등 품질수준을 갖추어야 한다.

Ⅱ. 표준 메타데이터의 스키마

메타데이터 스키마(schema)는 메타데이터 요소와 특정 목적을 위해 정의된 사용 규칙의 집합을 말한다. 메타데이터가 일종의 표준화된 규격을 갖추어 정의되었을 경우에 메타데이터 스킴(scheme) 또는 요소세트(element set)라고 부르기도 한다. 이들과 달리 메타데이터 스키마는 의미구조(semantics), 내용규칙(기술규칙), 그리고 구문구조(syntax)로 구성되어 보다 완전한 형식으로 정의될 경우 사용한다.

의미구조는 메타데이터 요소들 자체의 의미를 명시하는 것이며, 스키마에 포함되는 각각의 메타데이터 요소들의 이름, 정의, 설명 등을 제시해 준다. 또한 각 요소가 필수적인지, 재량적인지, 반복 가능 여부 등을 지시해 주어야 한다.

내용규칙은 메타데이터 요소의 값이 어떻게 선정되고 표현되는지 명시한다. 예를 들어 메타데이터 스키마의 의미는 'author'라는 이름의 요소에 대한 정의를 설정하더라도 내용 규칙은 어떤 에이전트가 저자로서의 자격을 갖고 (선정), 저자의 이름은 어떻게 기록해야 하는가(표현)와 같은 정보를 명시하게 될 것이다.

구문구조는 어떻게 기계 가독 형식으로 인코딩하는가 하는 것이다. 실제로 메타데이터를 처리하기 위한 시스템은 메타데이터 포맷과는 다른 내부 저장 포맷을 가질 수 있다. 특히 어떤 스키마의 명시된 구문은 어떤 로컬 시스템에서 데이터가 어떻게 저장되는지에 대해 규정하기보다는 당사자 간에 메타데이터를 상호 교환하기 위한 공통의 상호 교환용 포맷을 제공하기 위해 이용되는 경우가 더 많다. 메타데이터 스키마의 구문이 상호 교환용 포맷, 전송 구문 등으로도 불리는 이유가 여기에 있다.

1. 핵심요소

메타데이터 레코드의 핵심요소는 핵심수준(core level)의 메타데이터 요소를 말한다. 즉 어떠한 표준의 메타데이터 스키마에서든 공통적으로 포함되어야 하는 요소의 세트이다. 어떠한 유형이나 형식 또는 메타데이터의 응용 영역의 디지털 자원들을 기술할 수 있는 메타데이터 요소이다. 디지털 자원의 저자나 출판사가 자원탐색을 위한 서지레코드를 작성할 때 사용할 수 있다. DC의 15개 기본요소는 이러한 역할을 위해 개발된 측면이 있다. 이런 의미에서 보면 앞서 언급한 피진 메타데이터와 성격이 비슷하다.

　이러한 핵심요소에 관한 논의는 메타데이터 스키마를 설계하고, 상호 운용성을 높이기 위한 방안으로 요구가 많았다. 가장 대표적인 작업이 IFLA의 메타데이터 이용에 관한 워킹그룹의 활동이다. FRBR의 기능모형과 DC 메타데이터 스키마를 참조하여 <표 2-2>와 같은 10개의 핵심요소를 제안하였으며, 각종 IFLA 회의를 통해 발표하였다.

〈표 2-2〉 IFLA 제안의 핵심요소

핵심요소		내 용
Subject	주제	자원의 지적인 내용을 표현하는 키워드나 문장
Data	날짜	자원과 관련된 연, 월, 일의 표시
Condition on use	이용조건	자원의 접근을 제한하거나 접근 이후에 사용되는 방법에 관한 법률적 규정의 표시
Publisher	출판사	자원의 이용에 관한 책임을 지는 실체의 이름, 위치 등의 표시
Name assigned to the resource	자원명	제목과 같이 자원에 부여된 이름
Language/Mode of expression	언어/ 표현방식	자원의 지적 내용에 관한 언어 또는 스크립트, 보조언어 등을 표시
Resource identifier	자원식별자	다른 자원과 구별이 되는 고유한 이름, 알파벳코드, 숫자 등
Resource type	자원유형	내용의 유형과 매체의 유형
Author/Creator	저자	자원의 지적인 내용을 생산하거나 편집한 기관명 또는 개인명
Version	버전	버전, 판사항 등에 관한 정보 제공

1) 메타데이터 표준 스키마의 사례

　다음 <표 2-3>은 표준 스키마, 즉 메타데이터 표준 스키마의 사례를 정리한 것이다. 다양한 영역에서 디지털 장서와 콘텐츠 관리를 위해 정의하여 사용 중에 있다.

<표 2-3> 영역별 표준 메타데이터 스키마 사례

대상영역	표준 스키마
도서관	· MARC(Machine Readable Cataloging) · MODS(Metadata Object Description Schema) · TEI(Text Encoding Initiative) Headers
교육	· LOM(Learning Objects Metadata) · GEM(Gateway to Educational Materials) · SCORM(Sharable Content Object Reference Model · KEM(Korea Educationa Metadata)
박물관, 미술관	· VRA(Visual Resource Association) · CDWA(Categories for the Description of Works of Art) · CCO(Cataloging of Cultural Objects)
기록물	· MARC AMC(MARCD Format for Archival and Manuscripts Control) · EAD(Encoded Archival Description)
출판유통	· ONIX(ONline Information eXchange) · INDECS(INteroperability of Data in E-Commerce Systems)
저작권	· ODRL(Open Digital Rights Language) · XrML(eXtensible rights Markup Language)
지리정보	· FGDC(Federal Geographic Data Committee) · CSDGM(Content Standard for Digital Geospatial Metadata)
통계데이터	· DDI(Data Documentation Initiative)
멀티미디어	· MPEG-7(Moving Picture Experts Group-7) · PBCore(Public Broadcasting Metadata Dictionary) · AMD(LC-AV Audio Metadata Extension Metadata) · ID3(Iterative Dichotomiser)
에이전트	· vCard · FOAF(Friend of a Friend)
기타	· DC(Dublin Core Element Set)

2) DC(더블린 코어)

메타데이터의 표준 스키마로서 가장 많이 알려진 것이다. 더블린(Dublin)은 DC 메타데이터 관련 워크숍을 개최한 미국 오하이오(Ohio) 주의 도시를 말하며, 코어(Core)는 광범위한 정보자원들을 기술하는 데 있어 기본 또는 핵심 메타데이터 요소라는 의미를 포함하고 있다. DC는 도서관, 전산, 문서 인코딩, 박물관 등 다양한 영역의 전문가들이 모여 개발한 메타데이터 스키마이다.

이처럼 다양한 영역의 네트워크 자원 기술을 위한 표준이며, 단순성, 확장성, 구문 독립성 등과 같은 특성을 지니고 있다. 비디오, 오디오, 이미지, 텍스트뿐만 아니라 웹페이지와 같은 복합매체에도 쉽게 적용이 가능하다. 메타데이터의 요소가 너무 단순하여 디지털도서관, 교육매체관리 등과 같은 응용영역에는 부족하다는 비판이 있지만, 단순한 구조의 시스템 개발, 교환 및 유용성이 매우 많다. DC의 15가지 기본 요소는 <표 2-4>와 같다.

〈표 2-4〉 더블린 코어의 15개 기본요소

요소명		설 명
Title	표제	자원에 부여되는 이름
Creator	제작자	자원의 내용물을 만드는 데 일차적인 책임을 가지는 개체
Type	유형	자원의 내용물의 성격이나 장르
Contributor	기타 제작자	자원의 내용물에 기여한 책임을 가지는 개체
Publisher	발행처	자원을 이용할 수 있도록 만드는 데 책임을 가지는 개체
Data	날짜	자원의 존재 기간 동안 발생하는 이벤트에 관련된 일자
Language	언어	자원의 지적 내용의 언어
Format	형식	자원의 물리적 구현 형식 또는 디지털 구현 형식
Description	설명	자원의 내용물에 대한 설명
Subject	주제	자원의 내용물에 대한 주제
Relation	관계	관련 자원에 대한 참조
Identifier	식별자	특정 맥락 내에서의 자원에 대한 명백한 참조
Rights	권한	자원이 가지는 권리나 자원에 대한 권리에 관한 정보
Source	출처	현재 자원이 파생된 자원에 대한 참조
Coverage	범위	자원의 내용물의 수량이나 범위

참고문헌

〈국내문헌〉

게이츠, 빌(1995), 미래로 가는 길, 도서출판 삼성.

김종선(2011), 전자책 서비스, 원주시립도서관.

김태수·유양근·정준민·최석두(2000), 디지털도서관, 사이텍미디어.

나낙균(2000), 정보화 사회에서 미디어와 저작권, 진한도서.

레스크, 마이클(2000), 디지털도서관, 사이텍미디어.

박미현 외(2009), 전자문서의 이해와 활용, 이한출판사.

유양근(2000), 정보사회와 정보이용, 한국디지털도서관포럼.

_____(2009), 지식정보사회의 이해와 정보활용 방법, 한국학술정보원.

윤선희(2004), 지적재산권법, 세창출판사.

이수성(2008), 디지털도서관 운영론, 한국도서관협회.

이진영(2011), Internet & Utility 활용, 강남대학교.

이홍주(2004), 유비쿼터스 혁명, 이코북.

임정수(2004), 디지털 시대의 미디어 산업, 한울 아카데미.

장승권·최종인·홍길표(2004), 디지털권력-디지털기술, 조직 그리고 권력, 삼성경제연
　　　구소.

장혜란(2011), 디지털 시대의 정보 표현과 검색, 한국도서관협회.

정기욱(2005), U Dream 유비쿼터스 드림, 매일경제신문사.

정영미·안현수(1998), 전자도서관 구축론, 구미무역.

정진명(2003), 가상공간법 I, 법원사.

최문기(2007), 과학기술과 지식재산권법, 신지서원.

최윤철 외(2003), 컴퓨터그래픽스 배움터, 생능출판사.

한국법제연구원(2000), 디지털콘텐츠보호에 관한 법제동향과 과제, 한국법제연구원.

한국전산원(2005), 유비쿼터스 사회연구 시리즈, 유비쿼터스사회연구 시리즈 1~9호.

황금숙(2000), 디지털도서관론, 학문사.

고성순·강혜영(2005), "유비쿼터스 도서관 시대의 정보서비스에 관한 고찰", 한국문헌
　　　정보학회지, 29(1).

구중억(2011), "대학도서관의 모바일 서비스 사례 분석 및 웹 접근성 평가에 관한 연

구", 한국문헌정보학회지, 45(1), 75~101.

김대선(2010), "언제, 어디서나, 도서관이 내곁에!: 154개 경기도 도서관이 모바일 속으로", 도서관문화, 51(7).

김동민·이칠우(2010), "스마트폰 사용자 인터페이스 기술 동향", 정보과학회지, 28(5), 15~26.

김동숙(2010), "스마트폰을 활용한 모바일 학술정보서비스", 도서관문화, 51(7).

김동환(2007), "디지털 컨버전스 제품 구매의도에 영향을 미치는 요인", 연세대학교 석사학위논문.

김성혁(1997), "디지털도서관의 문헌 특성 및 관리", 한국문헌정보학회지, 제31권 제1호.

김태문(2002), "멀티미디어 교육자원의 메타데이터 요소 설계의 관한 연구", 중앙대학교 대학원 석사학위논문.

김혜주(1994), "대학도서관 자동화에 따른 도서관 조직변화: 경인지역을 중심으로", 중앙대학교 대학원 문헌정보학과 석사학위논문.

남재우·남태우(2010), "도서관 모바일 웹사이트의 콘텐츠 구성에 관한 연구", 정보관리학회지, 27(4), 153~168.

노동조(2004), "유비쿼터스 컴퓨팅에 기반한 유비쿼터스 도서관의 과제와 전망에 관한 연구", 한국 비블리아, 15(2).

노옥순(1993), "자동화와 정보기술이 도서관의 조직구조 및 기능에 미치는 영향", 한국문화연구원논총, 62(2).

명진규(2011), "통계로 보는 스마트 코리아", 아시아경제.

박종일(2011), "전자책도서관 스마트폰 서비스 실시", 아시아경제.

배방희(2005), "유비쿼터스 컴퓨팅을 활용한 통합물류서비스의 활성화에 관한 연구", 건국대학교 박사학위논문.

서환주·이영수(2001), "정보통신기술의 총요소생산성 기여도 및 외부효과분석: 38개 국을 대상으로", 정보통신정책연구, 제8권 제2호, 정보통신정책학회.

_____(2001), "정보기술, 금융화와 구조변화: 미국경제를 중심으로", 국제경제연구 제7권 3호, 한국국제경제학회.

송재술(2010), "스마트폰 열풍과 도서관의 IT 기술 방향", 국회도서관보, 47(11).

신정아(1999), "대학도서관에서의 정보기술 수용에 관한 연구", 연세대학교 대학원 문헌정보학과 석사학위논문.

안현수·이혜옥(1997), "디지털도서관 구축을 위한 표준에 관한 고찰", 정보관리연구, Vol.28, No.4.

양수미(1997), "자동화에 따른 대학도서관 조직구조변화에 관한 연구", 이화여자대학교 대학원 문헌정보학과 석사학위논문.

오일석 외(2002), 김수형·유태웅·곽희규, "문서 영상 처리 기술과 전자도서관", 정보과학회지.

유양근(1996), "도서관의 변화와 미래도서관", 한국디지털도서관포럼.

윤선영(1996), "전자매체 시대의 저작권", 국회도서관보, 33(6).

임춘성(2005), "유비쿼터스: 기술인가, 서비스인가?", 연세대학교 CITE Research.

정종기(2011), "스마트폰 애플리케이션을 활용한 국내외 대학도서관의 모바일 서비스에 관한 연구", 한국비블리아학회지, 22(1).

한국전산원(2005), "유비쿼터스사회의 5대위협과 대응과제", 유비쿼터스사회연구 시리즈 제2호.

한상완(1998), "디지털 시대의 도서관 환경변화와 그 대응 연구", 한국문헌정보학회지, 제32권 제2호.

허종석(2010), "디지털 테마 컬렉션 모바일 서비스: 국립중앙도서관 모바일 서비스 모델 구축", 도서관문화, 51(7).

홍미라(2004), "유비쿼터스 대학도서관 모형에 관한 연구", 연세대학교 석사학위논문.

홍재현(2005), "유비쿼터스 시대의 한국 공공도서관의 RFID 시스템의 모바일 서비스 활성화 연구", 한국비블리아학회지, 16(2).

홍정서(2005), "초·중등학교 교수-학습 관련 메타데이터 요소의 KORMARC 적용 방안", 공주대학교 교육대학원, 석사학위논문.

〈국외문헌〉

Beniger, ames R.(1986), *The Control Revolution: Technological and Economic Origins of the Information Society,* Cambridge, MA. Harvard Univ. Press.

Capron, H. L.(1996), *Computers: Tools for an Information Age,* New York: Benamin/Cummings.

Castells, Manuel(1996), *The Rise of the Network Society,* London: Blackwell.

Donald Hearn & M. Pauline Baker(1994), *Computer Graphics*(2nd Edition), Prentice Hall.

Ioannis Pitas(1993), *Digital Image Processing Algorithms*, Prentice Hall.

Kidwell P. A. & Paul E. Ceruzzi(1994), *Landmarks in Digital Computing,* Washington: Smithsonian Institute Press.

Rafael C. Gonzalez & Richard E. Woods(1993), *Digital Image Processing,* Addison Wesley.

Rifkin(1995), *The End of Work*, New York: Putnam.

Aglietta, M.(2000), "Shareholder value and corporate governance: some trick questions", *Economy and Society*, vol. 29, no. 1.

Borgman, C. L.(1999), "What are digital libraries? Competing visions", *Information Processing and Management*, 35(3).

Seadle, Michael and Greifeneder, Elke.(2007), "Defining a digital library", *Library Hi Tech*, 25(2).

U.S. International Trade Commission(1995), "Global Competitiveness of the U.S. Computer Software and Service Industries".

Leiner, B. M.(1998), "A Brief History of the Internet and Related Networks", http://www.simmons.edu/~pomerant/techcomp/cerf.html

Berkeley Digital Library SunSITE(http://sunsite.berkeley.edu)
British Library(http://portico.bl.uk)
National Diet Library(日本 國立國會圖書館)(http://www.ndl.go.jp)

찾아보기

국문

유양근 ────────────────────────────────

서울교육대학교 졸업
강남대학교 문헌정보학과 졸업
한양대학교 교육대학원 교육학석사(사서교육)
단국대학교 대학원 이학 석·박사(정보과학)
웨스트민스터 신학대학원(Th. M.) 1년 수료
Washington State University(Visiting scholar)
강남대학교 정보전산소 소장·자체평가연구위원장·학생처장·도서관 관장·
전략기획운영단 단장·대학원 원장 역임
현) 강남대학교 인문대학 문헌정보학과 교수·교학부총장

한국정보전산협의회 상임이사 역임
전국학생처장협의회 부회장 역임
경인지역학생처장협의회 회장 역임
한국교육문화포럼 회장 역임
한국정보관리학회 이사 역임
한국도서관정보학회 이사 역임
현) 한국교육문화융복합학회 회장
　　한국정보관리학회·한국도서관정보학회·한국문헌정보학회·한국정보처리학회·
　　한국정보교육학회 종신회원

『정보시대의 컴퓨터과학』(1997, 공역)
『도서관자동화 프로그램』(1997, 공역)
『컴퓨터와 정보사회』(1998, 공역)
『디지털도서관』(2000, 공역)
『정보사회와 정보이용』(2001)
『문헌정보학연구방법론』(2007)
『지식정보사회의 이해와 정보활용 방법』(2009)

컴퓨터와
디지털
도서관의
이해

초 판 인 쇄 | 2012년 3월 30일
초 판 발 행 | 2012년 3월 30일

지 은 이 | 유양근
펴 낸 이 | 채종준
펴 낸 곳 | 한국학술정보㈜
주 소 | 경기도 파주시 문발동 파주출판문화정보산업단지 513-5
전 화 | 031) 908-3181(대표)
팩 스 | 031) 908-3189
홈 페 이 지 | http://ebook.kstudy.com
E - m a i l | 출판사업부 publish@kstudy.com
등 록 | 제일산-115호(2000. 6. 19)

ISBN   978-89-268-3319-3 93020 (Paper Book)
          978-89-268-3320-9 98020 (e-Book)